북즐 지식백과 시리즈 03

논어–지도자의 길
알아두면 쓸 데 있는

북즐 지식백과 시리즈 3 ───

논어─지도자의 길

알아두면 쓸 데 있는

펴 낸 날   초판 1쇄 2021년 2월 8일

───

풀   이   김 홍
펴 낸 곳   투데이북스
펴 낸 이   이시우
교정·교열   김지연
편집 디자인   박정호
출판등록   2011년 3월 17일 제307-2013-64 호
주   소   서울특별시 성북구 아리랑로 19길 86, 상가동 104호
대표전화   070-7136-5700 팩스 02) 6937-1860
홈페이지   http://www.todaybooks.co.kr
페이스북   http://www.facebook.com/todaybooks
전자우편   ec114@hanmail.net

ISBN 978-89-98192-95-2 03140

북즐
지식백과
시리즈
03

논어-지도자의 길
알아두면 쓸 데 있는

투데이북스
TodayBooks

책을 내면서

『논어-지도자의 길』 개정 증보판을 내려고 원고를 정리하고 보니, 처음 책을 출간할 때 생각이 떠오른다. 고덕 복지관 수필반에서 수필을 지도하시는 오정순 선생께서 논어 풀이한 것을 교재로 채택하였고, 이것을 출간할 것을 권유받았을 때 이렇게 쓴 글도 책으로 만들 수 있을까? 하는 생각에 망설여졌지만, 한편으론 설레기도 했다.

우여곡절 끝에 1차로 준비된 111장을 책으로 만들었다. 나는 책이 나와서 설레는 마음으로 책을 펴보고 감격스러웠다. 처음 내가 생각했던 것보다 훨씬 공감이 가고 내용도 충실하다는 생각이 들었다. 그러나 그것도 잠시의 행복이었다. 논어가 지향하는 사상의 핵심을 뽑아 만들었다고 생각했으나, 논어 20편 499장 중에서 111장으로는 논어 전체를 표현하기에는 어디엔가 허전함이 있었다.

그때부터 나는 이 책을 증보(增補)하기로 마음먹었다. 그러나 모두 풀이하는 것은 내 건강상의 문제나 시간상으로 보아 불가능하다는 판단이 들었다. 그래서 전부가 아니라도 지금 나온『논어-지도자의 길』을 개정(改訂)하고 증보하여 완벽하지는 못해도 논어가 지향하는 뜻을 더 많이 추려서 증보판을 만들고자 결심하고, 그때부터 준비했다. 1년이면 충분히 될 것으로 생각하고 시작은 했으나, 건강이 좋지 않아 입원과 퇴원을 반복하고, 그러는 사이 건강 악화로 작업 시간이 줄어들고 일의 진척이 더디어 지금까지 많은 시간이 소요되었다. 그래도 나는 포기하지 않고, 천천히 그리고 완성될 때까지 힘을 다해서 노력하여 지금에 이르렀다.

처음 증보판을 만들려 할 때는 막연히 많은 국민이 이 책을 읽고 공감하면 올바른 생활을 하는 데 도움이 될 것이라는 생각이었다. 그러나 지금은 더 큰 욕심이 생긴다. 특히 지금 정치를 하는 정치인들이나 행정을 주관하는 정부 요원 즉 논어에서 자주 언급(言及)되는 '군자(君子)'라는 위치에 있는 사람들이 이 책을 읽고 정치활동이나 실무행정에 적극적으로 실천하려고 노력한다면 국민이 정치를 걱정하거나, 정부 정책을 걱정하는 고통을 당하지 않을 것이라는 생각이 든다.

어차피 논어는 "자신을 수양하고 그 수양한 정신으로 나라를 다스리고 천하를 다스린다." 즉 수신제가치국평천하(修身齊家治國平天下)가 기본 정신의 바탕이 되고, 그것을 가르친 것이 공자 사상의 주류가 되는 것이다.

공자께서는 아무리 권력을 가진 군주라도 백성을 잘 돌보지 않으면 가차 없이 비판했다. 당시 군주가 아니면서도 군주 이상의 권력을 가진 노(魯)나라 실권자 계강자(季康子)가 공자에게 정치에 대해 물어오니 공자께서 답하여 말하길 정치란 바로잡는 것이다〈정자정야(政者正也)〉. 당신이 바르게 하면 감히 누가 부정을 하겠는가? 〈자솔이정, 숙감부정(子帥以政, 孰敢不正)〉라고 쏘아붙이는 경우도 있다.

당시에는 나라의 권리가 군주에게 있는 군주 국가임에도 백성을 우선하는 것을 기본으로 했다.

그런데 지금은 나라의 주권이 국민에게 있는 주권재민(主權在民)인 민주국가임에도 주인이 도리어 하인을 모시듯 한다. 공무원이란 국민의 공복(公僕)이다. 복(僕)이란 그야말로 '하인'이다. 그런데 하인이 주인의 곳간의 돈을 쌈짓돈같이 쓰고, 주인을 업신여기고, 주인에게 도리어 호령하니, 논어에서 가르치는 충·효에도 어긋나고, 논어가 강조하는 도(道)에 어긋난 것이다. 이러한 것이 이 책을 보면 잘못된 점이라는 것을 알고 고칠 것이라 생각한다. 또 앞으로『논어-지도자의 길』을 갈 젊은이들은 미리 수신(修身)하는 교과서로 이 책을 읽어야 한다고 말하고 싶다.

사실 논어 어느 것도 빼고 읽으라고 권하고 싶지 않지만, 일반인이나 학생들이 방대한 양과 깊은 내용의 논어 전체를 읽고 이해하기에는 부담이 클 것 같다. 나는 학교에서 체계적으로 가르쳐본 적은 없으나, 독자로서 오랜 기간 동안 수십 번 읽고 궁금한 것은 관련 서적을 스스로 찾아 독학으로 공부해서 터득한 지식이므로, 실제 독자로서 논어의 난해도(難解度)를 잘 알고 있다. 그러므로 장(章)을 선별하는 데 있어 여타 학자나 선생들보다 잘 알 수 있어 이 책을 내는 데 도움이 됐다고 자부한다. 이 책은 논어의 일부를 취사선택(取捨選擇) 하였으므로 이 책의 내용을 전부 터득한다면 논어 전체의 대강은 알 수 있을 것이다.

앞에도 언급했지만, 이 책은 지금 현직에 근무하는 장·차관 이상은 물론이고, 공무원 중에서도 간부급(서기관, 이사관 이상)들은 반드시 읽고 실천하면 좋을 내용이다. 특히 정치인(국회의원, 보좌관, 시군구의원 등)들이나 앞으로 정치를 지향하는 사람들은 반드시 읽고, 무엇이 국민을 위하는 것이고 나라를 위한 것인가를 깊이 생각하시면 길잡이가 되어줄 것이다.

이 책은 논어 일부를 발췌한 것이지만, 전체 흐름은 파악할 수 있어 들어간 노력과 시간에 비해 유익한 점이 크다. 아무쪼록 독자 여러분의 기대를 충족시키는 책이었으면 좋겠다.

지금까지 『논어-지도자의 길』 개정·증보판이 나오기까지 수고하시고 저의 모든 것을 살펴봐 주신 분들께 고마움을 전하지 않을 수가 없습니다. 먼저 수필교실 지도 선생이신 오정순 선생님. 책을 내도록 격려해 주시고 용기를 주었고, 첫 『논어-지도자의 길』부터 개정·증보판까지 많은 도움을 주셔서 좋은 열매가 맺어진 것 같습니다. 또 빼놓을 수 없는 분은 임혜일님, 여러 어려움이 있는 것을 극복하시고 저의 원고를 꼼꼼히 정리해 주시고, 항상 관리해 주셔서 저는 마음 놓고 작업을 할 수 있었습니다. 고맙습니다. 이 책을 만드신 투데이북스 이시우 사장님, 최선을 다하시는 수고로 책이 되어나온 것 같습니다. 고맙습니다.

2021. 1. 25.

日智 金 弘

목차

제5편 공야장(公冶長)

제6편 옹야(雍也)

제7편 술이(述而)

제8편 태백(泰伯)

제14편 헌문(憲問)

제15편 위령공(衛靈公)

제1편

학이(學而)

유가(儒家)에서 가장 중요시하는 수신제가치국평천하(修身齊家治國平天下) 중에 수신(修身)과 치국(治國)을 논한 편(篇)으로 논어 20편 중에서 가장 기본적이고 중요한 편이다. 총 16장으로 여기에서는 10장을 수록했다.

학자들이 편(篇)에 평(評)한 것은 많지 않으나 유독 1편은 많은 학자가 자신의 견해를 밝혀 평하고 있다. 주자는 '도에 들어가는 문턱이자 덕을 쌓는 기본으로 배우는 사람들이 앞세워 힘써야 할 가르침'이라 하였고, 황간은 '옥돌도 다듬지 않으면 옥그릇으로 빛나지 못하듯, 사람도 배우지 않으면 도를 모른다.'라고 한 『예기(禮記)』의 말을 인용하여 배움을 강조한 중요한 편이라 했다. 논어 20편이 어느 것 하나 중요하지 않은 것이 없지만 학이는 특히 수신과 치국을 강조함으로써 논어 전반에 흐르는 논리의 기본을 이루므로 매우 중요하다 하겠다.

공자의 군자 3락

學而 時習之 不亦說乎
학 이 시 습 지 불 역 열 호
有朋自遠方來 不亦樂乎
유 붕 자 원 방 래 불 역 락 호
人不知而不慍 不亦君子乎
인 부 지 이 불 온 불 역 군 자 호

배우고 수시로 익히니 기쁘지 아니한가?

친구가 스스로 찾아오니 즐겁지 아니한가?

남이 몰라주어도 성내지 아니하니 군자가 아닌가?

第一篇 學而 一章
제 일 편 학 이 일 장

본장은 용어를 잘 해석함으로써 내용을 파악할 수 있다. 학(學)이란 가르침을 받는 것 즉 배우는 것이고, 습(習)이란 배운 것을 복습하고 익히는 것을 말한다. 시습(時習)이란 배운 것을 익히기 위해 수시로 노력하는 것을 말하는 것이다. 기쁘다는 표현을 열(說)이나 락(樂)으로 표현을 달리하고 있는바, 각기 쓰임을 자세히 알아볼 필요가 있다. 옛 학자들 간에도 뜻이 조금씩 다른 표현으로 쓰고 있으나 대체적인 것은 열(說)은 마음속에서 우러나는 기쁨, 즉 마음속으로 느끼는 것을 말하는 것이며, 락(樂)이란 기쁨을 밖으로 드러내어 표현하는 것이라는 설명이다. 붕(朋)은 우(友)라 하지 않고 붕(朋)이라고 썼을까? 친구라고 하면 우선 우(友)를 생각하게 된다. 그런데 본장에서는 붕(朋)이라고 표현하였다. 무슨 뜻이 있으며 붕(朋)과 우

(友)는 어떤 차이가 있는가? 논어를 해석한 옛 문헌 중에서 공양전(公羊傳)에는 "동문(同文)을 붕(朋)이라 한다."라고 했고 『주례(周禮)』에서는 "스승을 같이한 사이를 붕(朋)이라 한다."라고 하였다. 이 학설을 종합해 보면 같이 배우고 같은 길을 가는 벗을 붕(朋)이라 할 수 있겠다. 반면 우(友)는 단순히 같은 뜻을 가진 벗을 이른다고 할 것이다. 또 여기에서 중요한 단어는 군자이다. 앞으로 논어의 전체적인 내용으로 군자에 대한 것이 많이 나오며 그 나오는 곳마다 의미가 조금씩 다른 것을 느낄 것이다. 그러나 대체적인 뜻은 크게 다르지 않다. 군자란 인을 실현하고 임금을 섬기면서 나라의 정치를 담당하는 위치에 있는 사람을 이른다. 요즘 말로 한다면 엘리트라고 표현하면 크게 틀리지 않을 것이다.

이렇게 본장의 중요한 용어를 정리했으니, 공자의 사상이나 말하고자 하는 내용을 살펴보자. 공자께서는 배우기를 좋아했고, 가르치기를 게을리하지 않으셨다. 논어 술이(述而) 2장에서는 학이불염(學而不厭)[배우기에 물리지 않았다.]이라 했고 술이(述而) 18장에서는 발분망식(發憤忘食)[발분하면서 식사도 잊는다.], 낙이망우(樂以忘憂)[걱정도 잊는다.], 부지노지장지운이(不知老之將至云爾)[늙어가는 것도 알지 못한다.]라 했다. 이렇게 적극적으로 학문을 했고, 가르치는데 지치지 않았다고 했다. 학문은 결코 남에게 보이기 위한 것이 아니며 어디까지나 자기의 인격 수양에 있는 것이다. 그러므로 남이 나를 몰라준다고 해서 성내지 않는 것이 바로 군자로서 실천해나갈 태도라는 것이다.

　공자의 가르침은 일상생활에서 우리가 느끼고 실천할 수 있는 것들을 많이 이야기하고 있다. 위의 문장도 쉬운 것은 아니라 하더라도 마음먹기에 따라서는 실천할 수 있고 느낄 수 있는 가르침이다.

　배우고 익히는 것과 나를 좋아하는 사람을 보고 즐거워하는 것과 남을 원망하지 않는 마음가짐, 오늘을 살아가는 우리도 다시 한번 이 가르침을 보고 자신을 돌아보는 기회가 되었으면 한다.

말이나 낯빛을 잘 꾸며 보이는 사람은
어진 사람이 드물다

巧言令色 鮮矣仁
교 언 영 색 　 선 의 인

좋은 말이나 좋은 낯을 꾸미는 자는 인(仁)이 적으니라.

第一篇 學而 三章
제 일 편 　 학 이 　 삼 장

　진정성이 없는 꾸민 말을 많이 하는 사람이나, 진정성이 없고 마음에도 없으면서 좋은 척하는 행동 등을 말하는 것이다. 남에게 잘 보이려고 없는 말을 교묘하게 하는 말에는 진정성이 없는 말이 많다. 항상 조심하고 살펴서 진정성을 파악해야 할 것이다. 얼굴에 나타나는 낯빛도 가식적 웃음과 미소로 자신의 속마음을 가려 현혹시켜 판단을 흐리게 하는 경우도 있다. 이런 사람에게는 인덕(仁德)이 있는 사람이 드물다고 하였다.

　사람과 사람 사이에 신뢰를 가졌으면 좋으련만 교언영색(巧言令色)으로 사람을 속이거나 혼란시키는 경우가 많다. 이것을 경계하는 경고의 말 같다.

　공야장(公冶長)에서도 공자는 언용영(焉用佞)[어찌 말을 잘할 필요가 있는가?]이라 하고 가식적으로 말을 잘 할 필요가 없음을 강조하고 있다.

　진정성 있는 말은 조리 있게 말해야 진정으로 말을 잘하는 것이다. 헌문(憲問) 5장에서 유덕자필유언(有德者必有言)[덕 있는 사람은 반드시 올바른 말을 한다.]이라고 했다. 교언영색(巧言令色) 하는 사람은 덕이 없는 사람이다.

하루 세 번 돌아본다

曾子曰 吾日三省吾身
_{증 자 왈 오 일 삼 성 오 신}
爲人謀而不忠乎
_{위 인 모 이 불 충 호}
與朋友交而不信乎
_{여 붕 우 교 이 불 신 호}
傳不習乎
_{전 불 습 호}

나는 매일 세 번 반성한다.

남을 위해 일을 도모함에 진정성이 결여됨이 없는가.

벗과 사귐에 신의(信義)가 결여됨이 없었던가.

선생님에게 배운 것을 익히지 못한 것이 없었는가.

第一篇 學而 四章
_{제 일 편 학 이 사 장}

증자는 항시 자신을 반성하며 인을 실천하고자 노력하였으니 그 내용이 첫 번째는 남을 위해 일하면서 진정성이 결여됨이 없는가? 진정성이 결여되었다면 남을 위해 일하는 것이 아니고, 남을 위해 일하는 척하는 것이다. 두 번째는 친구와 사귐에 신의(信義) 없음이 있지 않았는가? 붕우(朋友) 간에는 믿음이 중요한 덕목이다. 신의 없는 친구는 진정한 친구가 될 수 없다. [붕(朋)은 같은 스승 밑에서 배운 친구를 말한다.] 세 번째는 배운 것을 충분히 익혀 실천해야 하는 것이 군자의 도(道)임에도 충분히 익히지 못하고 남에게 나섬은 군자의 도가 아니기 때문에 반성하는 항목에 포함시켰다.

그러나 주자(朱子)는 오일삼성오신(吾日三省吾身)을 "하루 세 가지를 반성한다."라고 풀이했다. 그러나 전체적인 취지로 보아 3가지 반성은 증자가 강조해서 말한 것이지 꼭 3가지만 반성하라는 것은 아닌 것으로 보인다. 하루 세 번 반성하는 것 가운데 대표적으로 세 가지를 말한 것으로 보인다.

　　사람은 실수를 하지 않고 살지는 못한다. 실수를 반성하고 고쳐 나감으로써 발전하는 것이 인간이다. 위령공(衛靈公) 26장에서도 과이불개 시위과의(過而不改 是謂過矣)[잘못하고도 고치지 않는 것이 잘못이다.]라고 하여 잘못을 나무라는 것이 아니라 잘못을 고치지 않는 것을 나무라라고 하고 있다.

　　학이(學而) 8장에는 과즉물탄개(過則勿憚改)[잘못은 즉시 고쳐라.]라고 하였다. 우리는 항상 잘못을 반성하고 고치려고 노력해야 하겠다.

효는 인의 근본

子曰 弟子入則孝 出則弟 謹而信 汎愛衆 而親仁
_{자 왈 제자입즉효 출즉제 근이신 범애중 이친인}
行有餘力 則以學文
_{행 유 여 력 즉 이 학 문}

젊은이들은 집에 들어가서는 효도하고, 밖에 나가서는 공손하며,

행실을 삼가고 근신하여, 신의를 지키며, 넓게 사람을 사랑하며,

더욱 어진 이를 가까이할 것이며 이렇게 하고

여력이 있으면 비로소 글을 배우라.

第一篇 學而 六章
_{제 일 편 학 이 육 장}

본장은 알고 있는 지식을 실천하는 것이 새로운 학문을 배우는 것보다 중요하다는 것을 강조한 것이다.

기본적으로 젊은이들이 지켜나갈 도리를 다섯 가지 덕목으로 말씀하셨다. 첫째로 집에서는 효도하고, 둘째로 밖에 나가서는 윗사람을 공경하고 순종하며, 셋째로 참되고 신중한 행동과 언행이 일치하고, 넷째로 널리 많은 사람을 사랑하며 다섯째로 어진 이를 가까이 함으로써 어진 행동을 배우라고 했다.

이것은 실천을 중요하게 생각하고 생활 중에서 우리가 지켜나갈 기본적인 도덕이나 교양을 말한 것이다. 특히 젊은이들이 지켜나갈 도리를 지키지 못한다면 이는 결국 학문을 하는 목적을 실현하지 못하는 것이다.

특히 효·제(孝·弟)는 인의 근본이다. 효·제는 반드시 지켜나가야 하는 바른길을 가는 도(道)인 것이다. 그렇기 때문에 젊은이들에게 이를 강조하는 것이 바로 본장의 의미라고 할 것이다. 젊은이들은 무한한 가능성이 있으니 기본을 잘 배워 알고 바르게 실천해야 진정으로 배운 학문을 실천하는 힘이 생기는 것이다.

모두가 기본적인 예(禮)를 바르게 행하여 나감으로써 혼탁한 사회를 깨끗하게 하는 한줄기의 물줄기가 되자.

어진이를 어진이로 대접하기를

子夏曰 賢賢易色 事父母 能竭其力
자하왈 현현역색 사부모 능갈기력
事君 能致其身 與朋友交 言而有信
사군 능치기신 여붕우교 언이유신
雖曰未學 吾必謂之學矣
수왈미학 오필위지학의

어진 이를 어진이로 존경하기를 여색을 좋아하듯이 하며,
부모를 섬기는 데는 능히 그 힘을 다하며,
임금을 섬기는 데는 능히 그 몸을 바치며,
벗과 사귀는 데는 말이 믿음이 있으면,
비록 배우지 않았더라도 나는 그를 반드시 배운 사람이라 하겠다.

第一篇 學而 七章
제 일 편 학 이 칠 장

평범한 사람들이 특별히 배우지 않아도 배운 사람과 같이 생활 속에서 실천할 수 있는 덕을 실천한다면, 비록 배우지 않아도 배운 사람과 같이 대우하겠다는 것이 자하의 말이다. 유교 사상은 결코 심오한 진리를 행하는 것이 목표가 아니다. 생활 속에서 인간이 지킬 도리를 지키고 인을 행함으로써 평범한 도를 실천하는 것이다.

현현역색(賢賢易色)의 해석에서 주자는 공자께서 자한(子罕) 17장, 위령공(衛靈公) 12장에 오미견호덕호색야(吾未見好德好色也)[나는 덕을 좋아하기를 여색을 좋아하듯이 하는 사람을 보지 못했다.]라는 말을 두 차례나 했고, 중용(中庸) 20장에도 여색을 멀리하는 것

으로서 어진 이를 권면하였으니 그 뜻이 분명해졌다. 여색을 좋아하는 마음을 바꿔 어진 이를 좋아해야 한다고 주장하고 있다. 본장의 해석은 주자의 해석을 따랐다. 그러므로 본문의 해석도 위와 같은 것이다.

그밖에 3가지 덕목도 자세히 살필 일이다. 특히 여붕우교, 언이유신(與朋友交, 言而有信)[벗을 사귈 때에는 말에 신의가 있어야 한다.]은 우리들이 벗을 대할 때 꼭 지켜야 할 덕목이다. 그리고 현현역색(賢賢易色)은 학자들 간에도 해석이 서로 달라서 어떤 해석이 자하의 뜻을 정확하게 표현하였는지 알 수 없으니, 학자들의 해석을 소개하겠다. 어떤 것이 더 정확한 표현인지는 각자 읽는 사람이 판단하기 바란다.

※공안국(孔安國): 여색을 좋아하는 마음으로 어진 이를 좋아하면 착하다.
※안사고(顔師古): 어진 이를 존경하며 높이고, 여색을 가벼이 여기는 것이다. 『한서』 「이심전」
※황간(黃侃): 만약 어진 이를 존중하고자 한다면 그 평상시의 낯빛을 바꾸어 장경(莊敬)[공경함.] 하는 용모를 더욱 일으켜야 한다.

중후하지 못하면 위엄이 없다

子曰 君子不重則不威 學則不固
자왈 군자불중즉불위 학즉불고
主忠信 無友不如己者
주충신 무우불여기자
過則勿憚改
과즉물탄개

군자는 중후하지 못하면 위엄이 없으니 배워야 고루하지 않다.

충성과 신의를 지켜라. 나만 못한 자를 벗하지 말라.

잘못했으면 꺼리지 말고 즉시 고쳐라.

第一篇 學而 八章
제일편 학이 팔장

　사람이 독실(篤實)[인정 있고 성실함.]하고 중후(重厚)[태도가 점잖고 침착함.]하지 않으면 다른 사람에게 권위가 없으니 위엄이 서지 않는다. 이는 비록 용모만을 말하는 것이 아니라, 그 사람의 행동이나 마음 쏨쏨이 등 모든 면에서 남의 모범이 될 만한 사람을 군자라고 한다. 이러한 군자의 도는 배우고 익혀서 고루한 태도를 없애야 한다.

　군자는 충성과 신의를 지켜나가고, 나만 못한 사람을 사귀지 말아야 한다고 하였다. 여기에서 무우불여기자(無友不如己者)[나만 못한 자를 벗하지 말라]는 범애중(汎愛衆)[여러 사람을 두루 사랑하라]과 상충되는 것 같으나 본장의 무우불여기자는 보통 사람의 일반적인 사귐의 사랑이 아니고, 어디까지나 학문과 인격 수련을 위해 선자

종지(善者從之)[올바른 사람을 따르다.]하는 뜻으로 보면 별로 상충
될 것이 없을 것이다.

　과즉물탄개(過則勿憚改)[잘못했으면 꺼리지 말고 즉시 고쳐라.]는
우리가 살아가면서 꼭 지켜나갈 덕목이니, 꼭 지켜 나가도록 노력
해야 한다.

　공자께서는 위령공(衛靈公) 29장에서 과이불개시위과의(過而不改
是謂過矣)[잘못하고도 고치지 않는 것이 잘못이다.]라고 했다. 사람
들은 살아가면서 잘못하지 않고 살기는 힘들다. 그러나 잘못한 것은
용기를 갖고 과감히 고쳐 나가야 한다.

아버지가 살아계시면 뜻을 받들라

父在 觀其志 父沒 觀其行 三年 無改於父之道 可謂
부재 관기지 부몰 관기행 삼년 무개어부지도 가위
孝矣
효의

부친이 살아계시면 뜻을 살피고, 돌아가셨으면 살아 계실 때 행적을 살펴라.
3년을 두고 선친의 도를 고치지 않아야 비로소 효라고 할 수 있다.

第一篇 學而 十一章
제일편 학이 십일장

　효도는 부모의 마음을 헤아려 거슬리지 않는 것으로부터 시작된
다. 아버지가 살아계시는 동안은 그분의 뜻을 거스르지 않고, 그 뜻
을 받들고 실천해야 하며 돌아가셨으면 그분의 행적을 살펴보고 그
뜻이 어디에 있는가를 가려서 행동하고, 아버지의 행적을 따라 그
가 행한 일 중에서 잘하고 못한 판단을 섣불리 하여 함부로 고치지
말아야 한다고 했다. 선친의 도를 3년간은 고치거나 개정하는 일이
없어야 효라고 했다. 이것은 모든 백성에게 해당되는 것이다.
　군자는 어버이의 과실은 잊어버리고 마음에 두지 않으며, 어버이
의 행적 중에 잘한 것과 좋은 것을 기리고 공경해야 될 것이라고 할
것이다. 증자는 증자본효(曾子本孝) 편에서 말하기를 "아버지가 죽고
3년 동안은 감히 아버지의 도를 고치지 않고, 또 아버지의 친구를
잘 섬겨야 한다."라고 하였다.
　본장은 대체적으로 일반 백성에게 영향을 미치는 내용과 군왕과

세자의 관계에서 정치가 미치는 것을 중요하게 보는 것으로 나누어 생각할 수 있다. 특히 삼년무개어(三年無改於)[3년을 고치지 않음.]에서 군왕과 세자의 관계로 세자가 부왕(父王)의 뒤를 이어 즉위하였을 때 선왕의 폐정(弊政)이 심했다면 과연 3년간을 기다려 효를 행해야 하는가?라는 것으로 학자들 간의 논의가 많다.

군주국가(君主國家)의 왕은 정치나 사회에 절대적인 영향을 미치므로 3년이라는 기간은 백성의 생활에 폐정(弊政)이 미치는 기간이 너무 길어 폐정이라면 3년까지 효를 위해 희생되어서는 안 될 것으로 판단된다. 오히려 이를 고쳐 부친의 폐정을 고쳐서 백성들의 원성을 중지한다면 이것이 효일 것이다.

군자는 배불리 먹기를 구하지 않는다

子曰 君子 食無求飽 居無求安 敏於事而愼於言
자왈 군자 식무구포 거무구안 민어사이신어언
就有道而正焉 可謂好學也已
취유도이정언 가위호학야이

군자는 배불리 먹기를 구하지 않고, 편히 있기를 구하지 않으며
일에는 민첩하고 말은 신중하며, 도를 쫓아 바르게 고치면
배우기를 좋아하는 사람이라 할 수 있다.

第一篇 學而 十四章
제 일 편 학 이 십 사 장

군자는 자기만의 안락만을 추구하지 않고 인도(仁道)를 실천하고 백성들의 삶을 풍족하게 하고 안락하게 하는 것과 자기 수양을 적극적으로 하며, 말을 앞세우지 아니하고 신중하게 하면서도 행동은 먼저 민첩하게 해야 하는 것이다.

이인(里人) 24장에서는 군자욕눌어언, 이민어행(君子欲訥於言, 而敏於行)[군자는 말은 둔하되 행동은 민첩하고자 한다.]이라고 하여 말보다 실천이 중요함을 강조했고 본장에서도 민어사이신어언(敏於事而愼於言)[일은 민첩하고 말은 신중하다.]이라 하여 말을 앞세우기보다 실천을 먼저 하라고 한 것이다. 이런 것들이 군자의 도라 할 수 있다.

군자는 인의 도를 실천함으로써 백성을 올바르게 인도하여 사회정의를 실현하는 사명을 갖고 있다.

지금 사회는 부(富)가 모든 정의의 표준이 되고 돈이 모든 가치의 중심이 되어 진정한 정의, 사명, 명예, 권위… 등을 삼켜 버리고 있다. 그러나 우리는 극기복례(克己復禮)[자기를 이기고 례로 돌아감]하여 인을 이룩하도록 모두가 노력하자.

가난해도 아첨하지 않는다

子貢曰 貧而無諂 富而無驕 何如
_{자 공 왈 빈 이 무 첨 부 이 무 교 하 여}
子曰 未若貧而樂 富而好禮者也
_{자 왈 미 약 빈 이 락 부 이 호 례 자 야}
子貢曰 詩云 如切 如磋 如琢 如磨 其斯之謂與
_{자 공 왈 시 운 여 절 여 차 여 탁 여 마 기 사 지 위 여}
子曰 賜也 始可與言詩已矣 告諸往而知來者
_{자 왈 사 야 시 가 여 언 시 이 의 고 저 왕 이 지 래 자}

자공이 물었다.

"가난하여도 아첨하지 않고 부자라도 교만하지 않으면 어떻겠습니까?"

공자께서 말씀하셨다.

"괜찮다. 그러나 가난하면서도 낙도하고 부유하면서도 예를 좋아하는 사람만 못하다."

자공이 말했다.

"절차탁마란 바로 그것을 뜻하는 것이군요."

공자께서 말씀하셨다.

"사야! 비로소 너와 시를 함께 논할 수 있겠구나?

과거를 말해 주면 미래를 아느니"

第一篇 學而 十五章
_{제 일 편 학 이 십 오 장}

가난하면 이익을 위해 또는 생존을 위해 아첨하기 쉽고 부자이면 거만하고 잘난 체하기 쉽다. 이러한 것이 없는 사람이면 되겠느냐는 자공의 질문에 공자께서는 그것도 좋지만, 더욱 정진하여 가난해도 락(樂)을 즐기고 부자라도 예를 지키고 업그레이드해 자기개발을 하

라고 독려하고 있다. 이렇게 소극적인 사고에서 정진 노력하여 적극적이고 더욱 높은 경지를 가지도록 가르치고 있다. 여기에서 자공은 절차탁마(切磋琢磨)의 의미로 말하니, 공자는 과거를 이야기해 주니 미래를 안다.라고 격려하는 것이 이장이다. 절차탁마란 말은 여기에서 나온 고사(故事)이다. 빈부와 삶을 돌아보고 우리는 부만을 정의로 보는 오늘을 돌아보고 어떻게 사는 것이 잘 사는 것인가를 생각해보게 하는 말이다.

　공자는 부를 싫어한 것이 아니라 청부(清富)를 바랐던 것이다. 또한 빈(貧)을 부끄럽게 여기지 말고 낙도(樂道) 하면서 살기를 격려하고 있다. 공자께서는 학이(學而) 17장에서 군자식무구포, 거무구안(君子食無求飽, 居無求安)[군자는 배부르게 먹기를 구하지 않고, 편히 있기를 구하지 않는다.]이라고 했다. 결국, 빈·천(貧·賤) 가리지 않고, 낙을 즐기는 것이 아니겠는가?

남이 나를 몰라줌을 걱정하지 말라

不患人之不己知　患不知人也
불 환 인 지 불 기 지　환 부 지 인 야

남이 나를 몰라준다고 걱정할 것이 아니라
내가 남을 알지 못하는 것을 걱정하라.

第一篇 學而 十六章
제 일 편 학 이 십 육 장

군자는 남이 나를 알아주기를 바라서 학문을 하는 것이 아니다. 다만 몸과 마음을 닦아 바른길을 가기 위하여 정진하는 것이다. 남이 나를 몰라주더라도 그것을 걱정할 것은 아니다. 학문은 자신이 자기 수양을 위해 하는 것이지 다른 사람에게 보여서 자랑하려고 하는 것이 아니니 남의 칭찬이나 주목을 받으려 하지 않아야 하며, 자신이 남을 알아 남을 배려하는 것이 옳을 것이다. 그렇기에 내가 남을 잘 몰라서 상대방을 배려하지 못하는 것을 염려하라는 것이다.

우리가 살아가면서 자신의 처지나 상황을 다른 사람이 몰라서 나를 잘못 생각하거나 배려해 주지 않을 것을 먼저 생각하고, 자신을 위해 행동할 것이 아니라, 내가 상대방을 고려하고 배려할 줄 모를까 하는 것을 걱정하는 편이 오히려 좋을 것이다. 학이(學而) 1장에서 공자께서는 인불지이, 불온, 불역군자호(人不知而, 不慍, 不亦君子乎)[남이 알아주지 않아도 성내지 않으면 또한 군자가 아닌가?]라고 하였다.

　우리는 남이 나를 알아주기를 바라지 말고, 남을 위해 그 사람을 알려고 노력하는 마음을 가지고 살아야겠다.

제2편
위정(爲政)

위정은 학이와 같은 맥락이다. 학이가 수신제가(修身齊家)를 먼저 강조한 것이라면 위정은 치국평천하(治國平天下)를 중심으로 말하고 있는 정도의 차이라 할 수 있다. 정치를 함에는 기본적으로 효(孝)·경(敬)·신(信)·용(勇)을 갖춘 성현(聖賢) 군자여야 한다는 것이다. 공자께서는 정치란 예로서 하고 인(仁)으로 구현해야 하는 것이라는 것이다.

공자께서는 정치란 바르게 하는 것이다. 정자정야(政者正也) 그러므로 수기치인(修己治人)[자기를 수양해서 타의 모범을 보임으로 다스려 나간다.] 하는 것이라는 것이다. 인정(仁政)으로 덕치를 하여 인본주의를 실현하자는 것이다. 그러므로 이 장에서는 주로 효와 정치의 요체를 많이 다루었다. 총 24장 중 13장을 수록하였다.

덕으로 나라를 다스림은

子曰 爲政以德 譬如北辰 居其所 而衆星共之
자왈 위정이덕 비여북신 거기소 이중성공지

덕으로써 다스림은 마치 북극성이 제자리에 있으면서
여러 별들이 한결같이 공수(拱手)하고 있는 것과 같으니라.

第二篇 爲政 一章
제 이 편 위정 일 장

　정치란? 백성에게 강요하거나 탄압하는 패도(覇道)나 폭정으로 행
하는 것은 안된다. 어디까지나 덕치로 인정을 하여 백성의 마음을
사야 한다. 이런 정치를 우주의 원리대로 운행하는 밤하늘 별들의
운행과 같이 현실 정치와 비교해서 설명한 것이 본장의 내용이다.

　공자께서는 정(政)이란? 바로 하는 것이라 했다. 바로 한다는 것은
제(齊)나라 경공이 정사에 관해 묻자 안연(顔淵) 11장에서 군군, 신
신, 부부, 자자(君君, 臣臣, 父父, 子子)[임금은 임금답고, 신하는 신하답
고, 아비는 아비다우며, 자식은 자식다워야 한다.]라 하고 각자 자
기 할 바를 다할 수 있도록 하는 것이 바로 위정이덕(爲政以德)[덕으
로 다스림]이라 했다. 덕으로 다스림은 위정자가 모범을 보임으로써
백성이 감화를 받고 올바로 할 것이기 때문이다. 공자께서는 안연
(顔淵) 17장에서 정자정야, 자솔이정, 숙감부정(政者正也, 子帥以正, 孰
敢不正)[정사는 바르게 하는 것이니, 바른 것으로 이끌면 누가 감히
바르지 않으리오.]이라 하였고, 자로(子路) 6장에서는 기신정, 불령이
행, 기신부정, 수령부종(其身正, 不令而行, 其身不正, 雖令不從)[위정자 자

신이 올바르면, 명령을 내리지 않아도 만사가 이루어지고, 자신이 바르지 못하면 비록 호령해도 백성들이 따르지 않는다.]이라 하였다.

위(衛) 출공(出公)에 대해서는 자로(子路) 3장에서 필야정명호(必也正名乎)[명분을 바로잡겠다.]라고 하였다. 이것들이 모두 위정이덕(爲政以德)이라 할 것이다. 다만 상황에 따라 행할 우선순위와 강조할 부분이 다를 뿐이다.

북신(北辰)이란? 북극성을 가리키는데 이는 곧 위정자와 비교하여 말하는 것이다. 거기소(居其所)란 자기 위치에서 자리를 지키는 것이 비교되고 있으며 중성공지(衆星共之)는 별들이 북극성을 중심으로 배치되어 있음이며 이는 백성들이 위정자를 중심으로 함께 하는 것과 비교하였다. 덕으로 나라를 다스림을 우주의 원리와 서로 비교하여 보는 데에서 현재 알고 있는 과학적 사실과 다르다는 것은 다 아는 것이지만 그것은 별로 중요하지 않다고 생각한다. 당시의 우주관으로 비교했고 춘추시대에는 정치 또한 왕정이니 공자께서 비교한 북신(北辰)[북극성]의 개념이 당시와 같으니 우리는 그것을 감안하면 될 것이다.

법으로 정치를 하고

子曰 道之以政 齊之以刑 民免而無恥
　자왈　도지이정　제지이형　민면이무치
道之以德 齊之以禮 有恥且格
　도지이덕　제지이례　유치차격

법으로 이끌고 형벌로 다지면 백성들이 형벌은 면하나 부끄러움을 못 느
낀다.

그러나 덕으로 이끌고, 예로서 다지면 염치를 느끼고 또한 착하게 된다.

第二篇 爲政 三章
제 이 편 　 위 정 　 삼 장

　본장에서 말하는 도란 백성을 인도하여 간다는 뜻으로 쓰인 것이
다. 또 정(政)이란 법률, 제도 등을 말하는 것으로서 법률이나 제도
를 가지고 정치를 하고, 형벌로 백성을 다스리면, 백성들은 구차하
게 형벌을 피하고 살지만 이를 부끄러워하지 않는다. 악행 할 마음
은 갖지 않지만, 이를 부끄럽게 여기지는 않을 것이다.

　그러나 덕으로 인도하고 베풀며, 예로서 백성을 가르치고 이끌면
백성들은 감화 받아 잘못된 행동에 대하여 부끄러움을 느끼게 되는
것이다. 격(格)이란 감화란 뜻으로 쓰인 말이다. 덕치와 교화로 정치
를 해야 함을 강조했던 것이다. 지금은 법치만을 최선의 통치 수단
으로 여기고 있다. 이는 덕치가 힘들다고 생각하기 때문에 통치 수
단으로서 손쉬운 법치를 주장하고 있는 것이다. 그러나 역사를 내
다보고, 앞날을 멀리 본다면, 도덕정치가 정착되어야 국민들의 신의
를 얻는 정치가 될 것이라고 본다. 2,500년 전이나, 지금이나, 국민의

신의는 국가 통치의 가장 중요한 요체임을 알 수 있다.

공자께서는 안연(顔淵) 7장에서 자공이 정치에 대해 물으니 족식, 족병, 민신지의(足食, 足兵, 民信之矣)[식량을 충족시키고, 군비를 충분히 하고, 백성을 믿게 하는 것이다.]라고 하면서 최종적으로 한 가지만 선택해야 한다면 민신(民信)을 선택할 것이라고 하면서 민신을 강조했다. 도덕정치는 국민을 믿게 하는 가장 올바른 정치라 할 것이다. 그리고 안연(顔淵) 17장에서 계강자(季康子)가 정치에 대해 물으니 공자께서는 정자정야(政者正也)[정치는 바로잡는 것이다.]라고 하면서 자솔이정, 숙감부정(子帥以正, 孰敢不正)[선생께서 솔선하여 바르게 나간다면 누가 감히 부정할 수가 있겠습니까?]라고 했다. 이것은 계강자에게 스스로 부정을 삼가고 솔선하여 도덕정치를 하면 백성들은 저절로 따라올 것이라고 하였다.

공자 인생 삶의 과정

子曰 吾十有五而志于學
자 왈 오 십 유 오 이 지 우 학

三十而立
삼 십 이 입

四十而不惑
사 십 이 불 혹

五十而知天命
오 십 이 지 천 명

六十而耳順
육 십 이 이 순

七十而從心所欲 不踰矩
칠 십 이 종 심 소 욕 불 유 구

나는 열다섯 살에 학문에 뜻을 두었고

서른 살에 독립했고

마흔 살에 현혹되지 않았고

쉰 살에 천명을 알았고

예순 살에 남의 말을 순순히 들었고

일흔 살에 마음 내키는 대로 해도 법도를 넘어서지 않았다.

第二篇 爲政 四章
제 이 편 위 정 사 장

공자께서 일생을 살아오면서 겪어오고 느끼고 경험한 생활을 나이별로 정리한 것을 적은 장이다. 공자께서 위대한 성인(聖人)으로서 이름을 세상에 남겼지만, 자신이 나면서부터 모든 것을 알았던 것이 아니고 옛것을 열심히 배우고 익혀 알았을 뿐이라고 했다. 술이(述而) 19장에 보면 아비생이지지자, 호고민이구지자야(我非生而知之者, 好古敏以求之者也)[나는 태어날 때부터 아는 자가 아니요, 옛것을 좋아하여 민첩하게 구하는 자다.]라고 했다. 또한 위정(爲政) 11장에서는 온고이지신(溫故而知新)[옛것을 익혀 새로운 학문을 배운다.]라고 하여 옛것을 배우기를 좋아했다고 했다.

공자께서는 15세에 학문에 입문했다고 한다. 지우학(志于學)에 대해서 주자(朱子)는 고자십오이입대학(古者十伍而入大學)[옛사람들은 15세에 대학(大學)을 들어갔다.]하여 학을 대학(大學)이라고 보았다. 그러나 상서(尙書) 『주전(周傳)』에서는 십오입소학, 이십입대학(十伍入小學, 二十入大學)[15세에 소학을 배웠고 20세에 대학을 배웠다.]이라 했다. 어쨌거나 15세부터 학문을 했다는 것이다.

삼십이입(三十而入)은 30세가 되니 학문을 터득했고, 그 학문을 바탕으로 세상에 나설 수 있었고, 어엿한 사회인이 되었다고 할 것이다. 이 시기가 공자께서 야심 차게 정치에 참여했고, 자신의 뜻을 펴고자 노력을 시작한 것으로 볼 수 있다.

그리고 사십이불혹(四十而不或)은 40세 정도 되니 자신의 학문이나 신념이 확고하게 되어 사회의 혼란이나 부귀·명예·권세 등의 유혹을 극복할 수 있는 경지에 도달하였다고 보았다.

또 오십이지천명(伍十而知天命)은 하늘의 뜻을 안다는 것이다. 실제로 공자께서는 40대 후반 노(魯)나라 정공(定公) 때 마침내 대사구(大司寇)[지금으로는 법무장관이지만 그 권한은 검찰총장, 대법원장을 겸한 직책]에 올랐다. 공자께서는 대사구에 오르자 곧바로 소정묘(少正卯)를 처단한다. 소정묘는 대부(大夫)로서 온갖 비리를 저지르면서도 대부라는 지위 때문에 아무도 그를 나무라거나 잘못을 지적하지 못했으나 공자께서는 그를 향원(鄕原)[양화 13장에 나옴]이라 하여 처단해 버리고 노(魯)나라의 무너진 기강을 세우려고 한다. 그리고 그 후 50중반 애공(哀公) 시대에 와서는 참월무도(僭越無道)하면서 전권을 휘두르던 삼환씨(三桓氏)[맹손(孟孫), 숙손(叔孫), 계손(季孫)]를 누르고 애공(哀公)의 복권을 시도했으나 실패하고 제(齊)나라로 피신을 가고, 또한 각국을 다니며 현명한 군주를 찾아 민본정치, 도덕정치를 실현하고자 애를 썼으나 제대로 되지 않아 다시 노(魯)나라로 돌아와 교육에 일생을 바치는 시기였으므로 인간의 힘으로는 되지 않는 것이 있다는 것을 알았다. 이것이 진인사대천명(盡人事待天命)[인간의 힘으로 할 것을 다하고 하늘의 명을 기다린다.]을 한 시기이다. 그래서 50세를 지천명(知天命)이라 했으리라 생각한다.

60세를 이순(耳順)[귀가 순하다.]이라 했다. 즉 남의 말이나 주장을 잘 받아들였다는 뜻이다. 여기에 대해서는 학자들 간에 주장이 달라 각 주장들을 소개한다. 주자(朱子)는 성입심통, 무소위역, 지지지지, 불사이득야(聲入心通, 無所違逆, 知之之至, 不思而得也)[소리를 들어 마음이 통해 어기는 바가 없고, 지혜가 최고에 달하여 생각지 않아도 해득한다.]이라고 했고, 정현(鄭玄)은 문기언이지기미지(聞其言而知其微旨)[그의 말을 듣고 그의 숨은 뜻을 알았다.]라 했으며, 정자(程子)는 소문개통(所聞皆通)[듣는 데는 다 통한다.], 황간(皇侃)은 순위불역야(順謂不逆也)[순종함은 어기지 않는 것이다.]라고 했다. 남의 말을 잘 받아들인다는 것은 같은 것이라고 보인다.

70세에 종심소욕, 불유구(從心所欲, 不踰矩)[마음 내키는 대로 해도 법도를 넘어서지 않는다.]라고 했다. 마음속의 생각이 나 원하는 바대로 해도 법도를 넘지 않았다고 했다. 그러나 평범한 인간은 그것이 잘되지 않을 것 같다. 잠시 우리를 돌아보자.

나이를 물어보면 불혹(不惑)입니다. 지천명(知天命)입니다.라고 쉽게 말한다. 이 말은 공자가 자신의 성장 과정을 쉽게 설명한 것이나 결코 쉬운 삶은 아니라는 것이 살아보면 알게 된다. 불혹이 그렇게 쉬운가? 정말 유혹되지 않는다는 것이 결코 말처럼 그렇게 쉽지 않다. 그러니 부정부패 비리가 끊이지 않고 욕심이 끝이 없다. 누가 유혹을 끊어 삶을 깨끗이 할 수 있는가? 지천명이라 하지만 정말 천명을 알고 자기 분수를 지켜서 사는 사람이 얼마나 있는가? 역시 성인의 삶을 돌아보고 우리가 따르고자 할 뿐.

이순(耳順), 남의 말을 순순히 듣는다는 것 또한 마찬가지로 어렵다.

종심소욕, 불유구(從心所欲, 不踰矩)라 했는데, 유명한 우리 정치사의 말을 한번 보자. '마음을 비웠다.' 그러나 끝없는 욕심으로 국민을 실망시키는 것을 우리는 보았다.

※구(矩): 정방형을 재는 척(尺)[자]

요즘 효자

子游問孝 子曰
<small>자 유 문 효   자 왈</small>
今之孝者 是謂能養 至於犬馬 皆能有養
<small>금 지 효 자   시 위 능 양   지 어 견 마   개 능 유 양</small>
不敬 何以別乎
<small>불 경   하 이 별 호</small>

자유가 효를 묻자, 공자께서 말씀하셨다.

근자에는 효를 공양하는 것이라고만 생각하나 개나 말도 키움을 받을 수 있다.

부모를 존경하지 않으면, 무엇이 다르겠는가?

第二篇 爲政 七章
<small>제 이 편   위 정   칠 장</small>

효란 예의 시작이자 마지막이다. 효를 행하지 않는 사람은 예를 논할 자격도 없다. 효는 자기를 낳아준 부모를 존경하고 받들어 모시는 것을 기본으로 한다. 부양하는 것으로 효를 다했다고 할 수 없는 것이다. 부양하면서 존경하고 받들지 않으면 개나 말 같은 동물과 무엇이 다른가? 하고 공자께서 말씀하셨다.

능유양(能有養)을 후세 학자들이 두 가지로 해석하고 있다. 첫 번째 해석은 개나 말도 주인을 봉양한다. 개는 사람을 지켜주고, 말은 사람을 위해 노역을 대신함으로써 공양을 한다. 그런데 사람으로서 공양은 하면서도 공경하는 마음이 없으면 어찌 개나 말과 구별할 수 있겠느냐? 마땅히 공양하고 부모를 공경하는 마음이 있어야 한다. 두 번째 해석은 사람은 개나 말도 먹이고 키운다. 부모를 봉양함은 당연한 것이고 존경하는 마음이 없으면 짐승으로 기르는 것과 같은 것이라고 해석하는 학자도 있다.

형병(邢昺) 같은 학자는 첫 번째를 주장하는 학자이며, 하안(何安), 주자(朱子) 같은 학자는 두 번째를 주장하고 있다. 첫 번째 주장이나 두 번째 주장이나 존경하는 것을 효의 으뜸으로 생각하는 것은 마찬가지이다. 특히 증자(曾子)는 『예기(禮記)』 24편 제의(祭儀) 24장에서 효자삼대효존친, 기차불욕, 기하능양(孝者三大孝尊親, 其次弗辱, 其下能養)[효도에는 세 가지가 있다. 첫째 효는 부모를 존경하는 것이고, 그다음은 욕되게 하지 않는 것이고, 그 아래는 능히 봉양하는 것이다.]라고 하여 존경하는 것이 대효(大孝)이며 봉양하는 것은 기본으로 생각하고 있다.

여기에서 나는 두 번째의 해석을 따르고 싶다. 이는 첫 번째 해석은 예로든 동물이 특정적이고 특히 말[馬]이 하는 노동의 경우는 스스로 일하는 것보다는 사람의 부림에 의하여 행동하는 것뿐이다. 그러나 두 번째 해석은 사람의 행동에서 동물을 돌보는 행위와 부모를 봉양하는 도리의 차이점을 비교함으로써 자식이 부모를 어떻게 봉양해야 하는가를 밝혀 효의 의미를 더욱 크게 하는 것이라고 생각한다.

효는 위로 사랑을 지켜나가는 것으로서 윤리, 도덕이 이를 받쳐주고 있다. 사랑은 아래로 흐르지만, 효는 위로 올라가는 사랑이다.

역시 인간만이 할 수 있는 것이다.

좋을 때만 있겠는가?

子夏問孝
_{자 하 문 효}
子曰 色難 有事 弟子服其勞 有酒食 先生饌
_{자 왈 색 난 유 사 제 자 복 기 로 유 주 사 선 생 찬}
曾是以爲孝乎
_{증 시 이 위 효 호}

자하가 효에 대해서 물었다.

공자께서 말씀하셨다.

"언제나 즐거운 낯으로 부모를 섬기기가 어렵다.

일이 있으면 젊은이들이 수고를 맡고, 술이나 음식이 있으면 어른께 드린다.

그러나 이것만으로 효라고 할 수 있겠는가?"

第二篇 爲政 八章
_{제 이 편 위 정 팔 장}

색난(色難)의 의미에 관해 학자들 간에 조금씩 다른 표현으로 쓰는 것이 보인다. 포함(包咸)이나 마융(馬融)은 "부모의 안색을 보고, 부모의 뜻이나 마음을 알아차리고, 그에 맞게 받들고, 효도하기 어렵다."라고 했고, 주자(朱子)는 "부드러운 안색으로 부모를 받들고, 효도하기 어렵다."라는 뜻으로 보았다.

『예기(禮記)』 제의(祭義) 편에 보면 다음과 같은 문장이 있다.

孝子之有深愛者 必有和氣 有和氣者 必有愉色
_{효 자 지 유 심 애 자 필 유 화 기 유 화 기 자 필 유 유 색}
有愉色者 必有婉容
_{유 유 색 자 필 유 완 용}

[효자로서 깊은 사랑을 가진 자는 반드시 온화한 기운을 갖고, 온

화한 기운을 갖는 자는 반드시 기쁜 빛을 내며, 기쁜 빛을 낸 자는 반드시 부드러운 얼굴을 한다.]라 했다. 이 모두가 색난(色難)을 설명한 것이다.

제자복기로(弟子服其勞)[일이 있으면 젊은이들이 수고를 맡는다.]라고 했다. 이에 대해서는 조선시대 선조 때 정철(鄭哲)의 시조에 잘 표현한 것이 있다. "이고 진 저 늙은이 짐 벗어 나를 주오. 나는 젊었거늘 돌인들 무거우랴. 늙기도 서러워라 짐조차 지실까." 제자는 친자식을 칭하는 것은 아니다. 자식은 젊은이에 포함될 수는 있을 것이다.

또 선생찬(先生饌)에서 선생은 부모를 칭하는 것이 아니고, 먼저 난 사람, 어른 또는 선배 등을 말하는 것으로 제자와 같은 의미로 해석하면 될 것이다. 본장은 효를 바탕으로 하는 예를 논함으로써 효를 더욱 강조한 것이 아닐까? 특히 마지막에 증시이위효호(曾是以爲孝乎)[이것만으로 효라 할 수 있겠는가?]라고 아쉬운 마음을 토로하고 있다.

한편으로는 수고를 맡아하고, 술이나 음식이 있으면 먼저 드리는 것도 물론 중요하지만, 부모를 공경하는 마음을 가져야 한다는 것이다.

옛것을 알고 새로운 것을 배워라

子曰 溫故而知新 可以爲師矣
자 왈 온 고 이 지 신   가 이 위 사 의

지난 학문을 충분히 습득하고 나아가서 새로운 것을 알면 스승이 될 수
있다.

第二篇 爲政 十一章
제 이 편 위 정 십 일 장

옛것을 잘 알아야 새로운 것을 창조할 수 있다. 지금 내가 할 수 있
는 것은 모두 옛사람들도 했던 것들이다. 내가 알고 있는 것은 옛사
람들도 알고 있었던 것들이다. 생각을 조금만 돌려 예를 들어보자.

공산주의(共産主義) 이론, 새로운 것이 아니다. 옛사람들도 함께 획
득해서 필요한 만큼 먹고 필요한 만큼 같이 썼다. 그러다가 사람이
늘어나고 필요한 것보다 수량이 적어지니 각자의 것을 챙기고 많이
가진 사람과 적게 가진 사람이 등장했다. 즉 힘센 사람은 많이 갖
고 약한 사람은 갖지 못하거나 조금밖에 갖지 못했다. 이것이 자본
주의의 시초이다. 자본주의가 모순을 드러내자 다시 사회주의 이론
이 발생하였다.

필요에 의해 사회는 진화 발전하게 되어 있다. 모든 현상은 옛날에
도 있었다. 그렇기 때문에 새로운 것을 찾으려면 옛것을 충분히 익
혀야 새로운 것이 보인다. 이것이 온고이지신(溫故而之新)이 아닌가?
우리는 옛것을 배우고 익혀 새로운 것을 알게 되고, 새로운 것을 발
견해야 하겠다. 새로운 것을 남보다 먼저 알면 선생(先生)이 될 수 있

는 것이다.

많은 사람이 각자 나름대로 해석하여 알고 있는 장이라 언급하기에 조심스럽지만, 많은 사람이 단순히 생각하는 '옛것을 알고 새로운 것을 배운다.'는 단편적인 것은 아니라는 것을 말할 수 있다.

군자는 기능공이어서는 안된다

子曰 君子不器
자 왈 군 자 불 기

군자는 말단적인 직능공을 해서는 안 된다.

第二篇 爲政 十二章
제 이 편 위 정 십 이 장

짧은 글이지만 어려운 것이 이 장인 것 같다.

군자를 한마디로 말하기는 힘들다. 논어에서는 대체적으로 여러 군데 다른 유형을 보고 군자라고 부르는 부분이 많다. 학이(學而) 1장에서는 인불지이불온, 불역군자(人不知而不慍, 不亦君子)[사람들이 자기를 알아주지 않아도 성내지 않으니 군자라 하지 않겠느냐?]라고 했고, 위정(爲政) 13장에서는 군자, 선행기언, 이후종지(君子, 先行其言, 而後從之)[군자는 말하고자 하는 바를 먼저 행하고 그 후에 말하느니라], 위정(爲政) 14장에서는 군자, 주이불비, 소인, 비이불주(君子, 周而不比, 小人, 比而不周)[군자는 두루 통하면서 편파적이지 않고, 소인은 편파적이면서 두루 통하지 못한다.], 이인(里仁) 24장에서는 군자욕눌언이민어행(君子欲訥言而敏於行)[군자는 말은 무디되 행동은 민첩하고자 한다.]이라 했다. 그 외에도 많은 예를 들어 군자를 말했다.

군자는 인·의·예·지(仁·義·禮·智)를 갖추고 덕·신·용·지(德·信·勇·知)를 실행할 수 있는 사람을 말한다고 보아야겠다. 요즘 말로 표현하면 지도자, 선각자, 엘리트, 리더 등이 비슷한 뜻이 아닌가 한다. 이런 사람들은 전문가일 수는 없고 여러 가지 일을 알되 일의 흐름과 내용을 알면 될 것이다.

어떤 방면의 전문가이면서도 다른 방면도 두루 알고 있다면 또한 군자라 할 수 있겠다.

군자라고 모든 방면에 전문가가 될 수는 없다. 농사는 농부보다 잘 할 수 없고, 돈 버는 일은 상인보다 나을 수 없고, 축구·농구… 등 체육은 선수만 못할 것이다. 나는 이런 것을 불기(不器)로 표현하고 있다고 봤다.

현대사회는 복잡하고 많은 일이 서로 물려 있으면서도 나누어진 분업이라 전문적 지식이나 기술이 필요하다. 그러나 이를 조화시키고 통합하는 일도 중요하고 이것이 군자가 할 일이라고 할 수 있지 않겠는가?

먼저 일하고 나중에 말하라

子貢 問君子
자 공 문 군 자
子曰 先行其言 而後從之
자 왈 선 행 기 언 이 후 종 지

말하고자 하는 바를 먼저 행하고, 그 후에 말하느니라.

第二篇 爲政 十三章
제 이 편 위 정 십 삼 장

자공(子貢)이 군자에 대해서 물으니 공자께서는 말하기에 앞서 실행을 먼저 하라고 일러준다. 언행일치(言行一致)를 말하지 않고 선행기언(先行其言)이라 하여 자공이 말을 가볍게 하는 것을 경계했다. 북송(北宋)의 학자 범조우(范祖禹)는 자공지환, 비언지간, 이행지간, 고고지이차(子貢之患, 非言之艱, 而行之艱, 故古之以此)[자공의 걱정거리는 말이 어려운 것이 아니고 행동이 어려운 것이기 때문에 이렇게 말한 것이다.]라 했다. 사람들은 하고 싶은 말은 많지만 하고 싶은 말을 다하고 사는 사람은 많지 않다. 했던 말을 실행하는 것이 결코, 쉽지 않기 때문이다.

그런데 요즘 세상은 왜 그리 말이 많은지 모르겠다. 특히 정치권은 책임지지 않을 말, 남을 비난하는 말, 좋은 말보다는 거짓말이 더 많다. 우리 사회가 좋은 말과 듣고 싶은 말이 많으면 얼마나 좋을까? 말뿐만이 아닌 행동이 뒤따르는 좋은 말, 그러나 우리 마음대로 되지 않는 것이 이것인 것 같다.

책임지지 못할 말은 그 사람의 인격을 손상한다. 항상 신중히 말하는 태도를 견지하고 말하기 전에 실행할 수 있는 것인가를 생각하자!

이것이 공자의 대답인 것 같다.

맹자도 『이루(離婁)』 상(上) 이언(易言) 장에서 말에 대하여 다음과 같이 말했다.

인지이기언야, 무책이의(人之易其言也, 無責耳矣)[사람이 말을 쉽게 하는 것은 책임이 없기 때문이다.]

아는 것을 안다고 하고

子曰 由 誨女知之乎
자왈 유 회녀지지호
知之爲知之 不知爲不知 是知也
지지위지지 부지위부지 시지야

공자께서 말씀하셨다.
"유야, 네게 안다는 것에 대하여 가르쳐 주마! 아는 것을 안다고 하고,
모르는 것을 모른다고 하는 것이 참으로 아는 것이다."

第二篇 爲政 十七章
제 이 편 위 정 십 칠 장

지금 공자의 말은 자기가 알고 있는 것이 무엇인지 정확히 알고,
또한 모르는 것이 무엇인지 자신을 돌아보는 지혜와 용기가 필요
하다는 말이라고 할 수 있다. 모르는 것을 아는 척하는 것은 진정
으로 아는 것이 아니라 아는 척하는 것일 뿐이다. 모르면서 아는
척함으로써 진정 아는 것이 무엇인지를 혼돈케 하는 것이 있다. 그
래서 자신이 무엇을 알고 있고 무엇을 모르는 것인지 정확한 판단
을 하여야 이것이 진정 아는 것이다.

모르는 것을 모른다고 할 수 있는 것이 용기이다. 사람들은 모른
다는 것을 부끄러운 일로 생각하는 사람도 있지만, 모르는 것을 모

※유(由): · 공자의 제자. 자(字)는 자로(子路) 또는 계로(季路), 지나치게 용감한 사람. 서두르고
　　　　　성격이 급함. 논어에 자주 나오나 공자에게 꾸지람을 많이 들음.
　　　　· 술이(述而) 10장에 보면 자로에 대해 이런 사람으로 표현한다. 폭호빙하,
　　　　　사이무회자(暴虎憑河, 死而無悔者)[맨주먹으로 범을 치고, 맨발로 강을 건너며, 죽어도
　　　　　뉘우치지 않는 자]

른다고 하는 것은 진정으로 그것을 안다는 것이며 용기 있는 행위이다. 즉 모른다는 것을 아는 것 자체가 안다는 것이다.

녹을 구하는 법

子張學干祿
자 장 학 간 록

子曰 多聞闕疑 愼言其餘 則寡尤
자 왈 다 문 궐 의 신 언 기 여 즉 과 우

多見闕殆 愼行其餘 則寡悔
다 견 궐 태 신 행 기 여 즉 과 회

言寡尤 行寡悔 祿在其中矣
언 과 우 행 과 회 녹 재 기 중 의

자장이 녹(祿)을 구하는 법을 묻자.

공자께서 말씀하셨다.

"많이 듣되 의아스러운 것을 빼놓고 나머지를 신중히 말하면 허물이 적을 것이다. 또 많이 보되 확고하지 못한 것을 빼놓고 나머지만을 실천하면 뉘우침이 적을 것이다. 말에 허물이 적고 행동에 뉘우칠 바가 적으면 녹(祿)은 스스로 있게 마련이다."

第二篇 爲政 十八章
제 이 편 위 정 십 팔 장

자장(子張)과 같은 사람도 녹(祿)을 구하는 법을 물으니 학문을 하는 사람으로서 어떤 사람인들 녹[벼슬을 하는 사람의 급료]에 관심이 없으리라 생각할 수 있겠는가?

공자께서는 태백(泰伯) 12장에서 삼년학, 부지어곡, 불이득야(三年學, 不至於穀, 不易得也)[삼년이나 학문을 하고 벼슬에 뜻을 두지 않기는 쉽지 않다.]라고 하였다. 사람의 마음을 꿰뚫어 보고 있는 것이다. 학문이 자신의 수양을 위해 한다고 해도 결국 남들이 자기를 알아주고, 자기의 재능을 써 주기를 누구나 바라는 바이다.

공자께서는 사람들이 자신을 알아주지 않았을 때 서운해하고, 성내는 일이 있을 것이라는 것을 생각했다. 때문에, 순수한 학문으로 인간완성을 바랐지만, 그것이 힘들다는 것을 생각하고 학이(學而) 1장에서 인불지이불온, 부역군자호(人不知而不慍, 不亦君子乎)[남이 나를 몰라주어도 성내지 않으니, 정말 군자가 아닌가?] 했던 것이다. 그러므로 공자께서는 현실을 무시한 이상주의자가 아니라는 것을 알 수 있다. 현실을 그대로 인정할 것은 인정하고, 이상을 추구할 것은 추구하였다.

공자께서는 사리사욕을 버리고 올바른 학문을 하고, 대의를 따르면서 도를 넓히고, 정의를 실천하면, 녹은 저절로 생긴다고 했다. 이것은 위령공(衛靈公) 31장에서 '군자모도, 불모식 … 중략 … 녹재기중의, 군자우도, 불우빈(君子謀道, 不謀食 … 中略 … 祿在其中矣, 君子憂道, 不憂貧)'[군자는 도를 구할 뿐 밥을 구하지 않는다. … 중략 … 배우면 저절로 녹을 얻을 수 있다. 군자는 도를 염려하되 가난을 염려하지 않는다.]라고 하였다.

공자의 답변 중에서 다문(多聞), 다견(多見)이란 말이 있다. 여기에서 말하는 문(聞)[듣는다.]이라 함은 스승이나 친구 등 지인에게 들어 아는 것을 말하며, 견(見)[본다.]이라 함은 책에서 보고 스스로 터득하는 것을 이른다. 많이 듣는 것 중에서도 믿지 못할 것을 제외하고 말하면, 말에 허물이 적을 것이고, 많이 본 중에서도 판단하여 타당하지 않은 것은 행하지 않고, 타당하다고 판단되는 것만 행하면 후회할 일이 적어지게 될 것이라고 말했다.

이것이 바로 언과우(言寡尤), 행과회(行寡悔)[말에 허물이 적고 행동에 뉘우침이 적다.]인 것이다. {우(尤)[허물]는 밖으로 보이는 것이고, 회(悔)[후회]는 자신의 마음속으로 하는 것}

그러나, 듣고 말하거나 행하는 사람도 있고, 보고 행하거나 말하는 사람도 있는 것이다. 그러므로 두 문장은 서로 통하는 문장이다.

언과우(言寡尤), 행과회(行寡悔)[말에 허물이 적고 행동에 뉘우침이 적다.]의 태도를 일관되게 하면 자신을 알아주는 사람이 있게 마련이고, 녹은 언제나 있는 것이라 할 것이다.

군자가 벼슬을 하지 않으려 한 적은 없다. 다만, 군자는 의를 따라 도를 구했고, 의를 실현하는 도가 아니면 나아가 벼슬을 하지 않았을 뿐이다.

공자께서 구하는 도는 다른 사람이 구하는 도와 다르다. 공자께서는 인을 이룰 수 있는 바른 도가 아니면 벼슬에 나아가지 않았다. 그래서 인의 정치를 실현할 수 있는 군주를 찾아 천하를 주유(周遊) 했던 것이다.

※자장(子長): 성은 전손(顓孫), 이름은 사(師), 자(字)가 자장(子長)이다. 진(陳)나라 사람.
※녹(祿): 녹봉(祿俸), 벼슬아치에게 주던 봉급.
※간(干): 구(求)하다.
※궐(闕): 비우다. 빼다.
※과우(寡尤): 과(寡)는 적다는 뜻이며, 우(尤)는 허물 혹은 잘못을 뜻함, 즉 '잘못이 적다.'라는 뜻이다.

백성을 따르게 하려면

哀公問曰
애 공 문 왈
何爲則民服
하 위 즉 민 복
孔子對曰
공 자 대 왈
舉直錯諸枉 則民服 舉枉錯諸直 則民不服
거 직 조 저 왕 즉 민 복 거 왕 조 저 직 즉 민 불 복

애공이 물었다.

"어찌하면 백성이 따르겠습니까?"

공자께서 대답하셨다.

"곧은 사람을 들어 굽은 사람 위에 쓰면 백성이 따르고, 굽은 사람을 들어 곧은 사람 위에 쓰면 백성이 따르지 않습니다."

第二篇 爲政 十九章
제 이 편 위 정 십 구 장

본장은 대답은 명쾌하나 실행하기는 쉽지 않다. 직(直)[바른 사람, 어진 사람]과 왕(枉)[바르지 못한 사람, 어질지 못한 사람]을 구별하기가 쉽지 않기 때문이다. 직(直)과 왕(枉)을 쉽게 구별할 수 있다면 실행이 쉬울 것이다. 비교하자면 곧은 자로 굽은 물건을 바르게 한다면 바르게 만들 수 있지만 굽은 자로 바른 물건을 재면 물건의 가치를 잴 수 없는 것과 같다. 이는 결국 어진 사람이 표준이 된다면 '윗자리에 있으면' 세상이 곧겠지만 어질지 못한 사람이 표준이 된다면 '윗자리에 있으면' 세상을 바르게 할 수 없다는 것을 밝히는 비유다.

안연(顔淵) 22장에서 번지(樊遲)의 질문에 자하가 순유천하, 선어

중, 거고요, 불인자원의(舜有天下, 選於衆, 擧皐陶, 不仁者遠矣), 탕유천하, 선어중, 거이윤, 하인자원의(湯有天下, 選於衆, 擧伊尹, 下仁者遠矣)[순임금이 천하를 차지하자 여러 사람 중에서 고요를 등용하니 어질지 못한 사람이 멀어졌으며, 탕 임금이 천하를 차지하자 여러 사람 중에서 이윤을 등용하니 어질지 못한 사람이 멀어졌던 것입니다.]라고 실제 사례를 들어 설명하고 있다. 즉, 위에 있는 위정자들이 바르면 아래는 따라온다는 것이다. '윗물이 맑아야 아랫물이 맑다.'라는 속담도 있다.

현재 우리가 사는 세상도 인사 문제가 항상 세상을 시끄럽게 한다. 낙하산 인사, 코드인사… 등 하면서 서로가 자신의 주장만 옳다고 싸우지만 말고 나라의 장래에 도움이 되는 사회를 위해 누가 그 직(職)을 수행하는데 적합한가를 보고 직(直)과 왕(枉)을 구분한다면 국민이 믿고 따를 것이다.

※다른 장에서는 자왈(子曰)로 시작하나 본장에서는 공자대왈(孔子對曰)로 한 것은 애공(哀公)이 군주(君主)이기 때문이다. -주자(朱子)의 학설
※애공(哀公): 노(魯)나라의 군주로 공자가 애공을 섬기고 국권을 문란하게 한 삼환(三桓)을 누르려 했으나 실패함.

백성이 충성스럽도록 하려면

季康子問 使民敬忠以勸 如之何
_{계 강 자 문 사 민 경 충 이 권 여 지 하}
子曰 臨之以莊則敬 孝玆則忠 舉善而敎 不能則勸
_{자 왈 임 지 이 장 즉 경 효 자 즉 충 거 선 이 교 불 능 즉 권}

계강자가 물었다.

"백성들로 하여금 경건, 충성스럽게 하고 선행을 권면하려면 어떻게 하면 되겠소?"

공자께서 말씀하셨다.

"당신이 백성들 앞에 임할 때 장중하게 하면 경건해지고,

효도와 자비로 일하면 충성스러워지고,

선인을 등용하여 부족한 사람을 가르쳐 주면 선행을 권면하는 것이요."

第二篇 爲政 二十章
_{제 이 편 위 정 이 십 장}

계강자(季康子)는 삼환(三桓)의 한 사람으로 이름은 계손비(季孫肥)로서 강(康)은 호이다. 계강자는 삼환(三桓) 중에도 가장 세력이 강한 사람으로 임금의 권한을 실질적으로 행사하는 자이다. 그러므로 백성을 다스리는 수단에 관해서 공자께 질문했던 것이다. 당시 공자의 입장에서는 삼환의 권력 장악을 인정하고 싶지 않았으나 현실을 무시할 수 없는 것이다. 그러므로 대답을 하면서도 거침없이 바른 말을 했던 것이다.

당신이 백성을 대할 때[즉 정치를 할 때] 경술하거나 거만함이 없이 순수하게 대하면 백성은 경건하게 대할 것이며, 효도와 자비심을

가지고 대한다면, 백성들은 충성스러워질 것이며, 착한 사람을 등용하여 쓰고, 무능하다고 함부로 억압하지 말고, 모든 일에 솔선수범하며, 교화하고, 덕치 하라고 했다. 그러면서 노(魯)나라 애공에게는 계강자를 누르라고 충고했다.

공자께서는 삼환의 횡포를 물리치기 위해 실제로 많은 노력을 했다.

내가 모실 귀신도 아닌데

子曰 非其鬼而祭之 諂也
　자　왈　비　기　귀　이　제　지　첨　야
見義不爲 無勇也
　견　의　불　위　무　용　야

내가 모셔야 할 귀신도 아닌데 무턱대고 제사를 지내는 것은 아첨이다.
정의를 보고 나서서 실천하지 않는 것은 용기가 없는 것이다.

第二篇 爲政 二十四章
　제　이　편　위　정　이　십　사　장

　공자께서 본장에 말한 것은 근본적으로 신에 대한 것이지만 당시
은(殷)나라에서 성행하던 여러 신들을 모시는 풍습을 버리고 인간
중심의 사회로 전환함으로써, 인본주의 사상을 강조한 것이다. 술이
(述而) 20장에서 보면 자불어(子不語) 괴·력·난·신(怪·力·亂·神)[공
자께서는 괴이(怪異)·무력(武力)·난동(亂動)·귀신(鬼神) 등에 관해서
는 말하지 않았다.]이라 했다. 이는 자연(自然) 서물(庶物) 등의 귀신
을 믿고 받들던 미신을 지양하고 인본주의를 강조했던 것이다. 또
옹야(雍也) 20장에서는 무민지의(務民之義), 경귀신이원지(敬鬼神而遠
之), 가위지의(可謂知矣)[사람이 지켜야 할 도의에 힘쓰고 귀신을 공
손히 다루되 멀리하면 지혜롭다 할 수 있다.]라 하여 귀신의 존재는
인정했지만, 신앙으로 받아들이지는 않았다. 그러므로 유교는 신앙
의 모습보다는 윤리로서 자리 잡아 우리 생활 속에 통용된 것이라
고 보면 옳을 것이다.
　의(義)는 사람으로서 지켜나갈 마땅한 도리이므로 정의를 지키려

면 용기가 필요하다. 불의를 보고 나서지 않는 것은 용기가 없는 것이라고 했다. 정의를 지키기 위해서는 진정한 용기가 필요한 것이다.

본장의 귀(鬼)를 정현(鄭玄)은 인신왈귀(人神曰鬼)[인신(人神)을 귀(鬼)라 한다.]라고 말했다. 인신이란 선조(先祖)의 영혼, 죽은 사람의 영혼을 말한다. 그리고 자기의 조고(祖考)[죽은 선조의 영혼]도 아닌데 제사를 지내는 것은 아첨하여 복을 구하는 것이라고 했다. 모기령은 좌전(左傳)에서 "신은 인연이 있는 유(類)가 아니면 흠향(歆饗)하지 않는다."라고 했으니 인연이 있는 유란 혈연·학연 등의 관계가 살아 있을 때 맺은 인연을 말하는 것이고 이는 곧 인신을 가리키는 말이라 할 수 있다.

제사의 예(例)는 사·대부(士·大夫)와 서인(庶人)은 선조의 영혼에 제사 지내고, 제후(諸侯)는 지기(地祇)[산·천(山·川)]에 제사 지낼 수 있고, 천자(天子)만이 천신(天神)[천·지(天·地)]에 제사를 지낼 수 있다. 이런 엄격한 예(禮)가 있기에 함부로 제사를 올리지 못하는 것이다. 여기에서 윗사람은 아랫사람의 제사를 겸해서 올릴 수 있으나, 아랫사람은 윗사람의 제사를 올릴 수 없다. 예를 들면 제후가 천지신명에게 제사를 올린다거나, 사·대부가 산·천에 제사를 지내는 것은 엄격히 금했다. 그러나 천자나 제후가 조상에게 제사를 지내는 것은 허용되었다.

제3편
팔일(八佾)

팔일은 무악(舞樂)의 이름이며 이는 천자(天子)만이 연주할 수 있다. 그런데 삼환(三桓)의 한 사람인 계씨가 자기 뜰에서 팔일무를 추니 공자께서 이를 비난하는 것이 1장에 처음으로 나와 편명을 팔일(八佾)로 했다. 이편은 주로 예에 관한 것이 많다. 예악이란 사회윤리, 풍조, 문화 등이라 할 수 있다. 참고로 팔일의 일(佾)은 열(列)로 1열은 8명이다. 그러니 팔일이면 64명으로 천자만이 행하는 춤이다. 제후(諸侯)는 6열, 대부는 4열, 사(仕)는 2열이 예의이다.

계씨는 대부이므로 4열로만 추어야 함에도 천자의 예인 팔일을 추니 공자께서 못마땅해 한 것이 1장의 시작이다. 총 26장 중 6장을 수록했다.

사람이 어질지 못하면

子曰 人而不仁 如禮何
자 왈 인 이 불 인 여 례 하
人而不仁 如樂何
인 이 불 인 여 악 하

공자께서 말씀하셨다.

"사람이 어질지 못하면 예는 무엇 할 것이며,

사람이 어질지 못하면 악은 무엇 할 것이냐?"

第三篇 八佾 三章
제 삼 편 팔 일 삼 장

　문장 그대로 본다면 단순히 인을 강조한 문장 같으나 공자께서 말한 본장의 뜻은 다른 것으로 보인다. 이때에는 이미 삼환(三桓)[중손(仲孫), 숙손(叔孫), 계손(季孫)]이 발호(跋扈)하여 노(魯)나라 공실(公室)[애공(哀公)]을 무시하고 실권을 빼앗아, 3가(三家)에서 권력을 나눠 분권 정치를 하고 있었고, 왕에 대한 충성을 버렸을 때라, 인의 기본이 무너졌던 때다.

　팔일(八佾) 1장에서 계씨(季氏)는 무도(無道)하게도 자신의 집 뜰에서 천자(天子)만이 행할 수 있는 팔일무(八佾舞)를 춤추게 하여 악(樂)의 기본을 흩뜨리고, 2장에 보면 3가의 대부들은 무엄하게도 자신들의 사당에서 옹시(雍詩)를 취해 씀으로써, 왕의 권위를 떨어뜨리고, 예를 무시했다. 6장에서도 계씨는 천자만이 지낼 수 있는 태산의 제사를 함부로 지냈다. 이 또한 예를 무시한 행위이다. 이런 것들을 본 공자께서는 "인을 버린 예나 악이 무슨 소용이 있는가?"라고 하였던 것이다.

삼환은 인의 요소인 충을 버림으로써 인을 땅에 떨어뜨리고 말았다. 예나 악은 인을 근본으로 생겨나는 것이다. 사람의 마음속에 인의 마음이 없으면 형식적인 예나 악이 무슨 필요가 있는가?

예라는 것은 스스로 이를 실천함으로써 생겨나는 것이고 악이란 이를 즐김으로써 생기는 것이다. 인은 실질적인 것이며, 실천함으로써 존재하는 것이다. 인의 요소인 문명이나 제도·물질 등을 운용하는 주체는 사람이며, 이 사람은 반드시 인자라야 한다. 공자께서는 위령공(衛靈公) 29장에서 인능홍도(人能弘道), 비도홍인야(非道弘人也)[사람이 도를 넓힐 수는 있으나 도가 사람을 넓히는 것은 아니다.]라고 하였다. 주체가 사람이라는 것이다.

인은 상황에 따라 다르게 표현하기 때문에 한 가지를 가지고 "이것이 인이다."라고 할 수가 없다.

도를 실천함에 있어서의 인, 효·제(孝·弟)를 지키기 위한 인, 충(忠)을 행하기 위한 인, 예나 악을 실천하는 데에 따른 인이 모두 모습이 다르고, 실천방법이 다른 것이다.

예는 검소해야 한다

林放 問禮之本
_{임 방 문 예 지 본}
子曰 大哉問 禮 與其奢也 寧儉
_{자 왈 대 재 문 예 여 기 사 야 영 검}
喪 與其易也 寧戚
_{상 여 기 이 야 영 척}

임방이 예의 근본을 묻자 공자께서 말씀하셨다.

"훌륭한 질문이군! 예는 사치하느니 보다 검박(儉朴)해야 한다.
장례(葬禮)는 이것저것 갖추기보다는 진심으로 애통해야 한다."

第三篇 八佾 四章
_{제 삼 편 팔 일 사 장}

본장에서 임방(林放)이 공자께 예의 근본을 질문한 것은 삼환(三桓)의 한 사람인 계손씨(季孫氏)가 참람(僭濫)하게도 자기 조상의 제사를 지내고 철상(撤床)하면서 팔일무(八佾舞)를 추게 하고 시경(詩經) 옹(雍) 편의 악장을 연주하게 하여 자기 조상을 높이려 했다. [팔일(八佾) 1장·2장 참조] 그러나 그것은 예를 벗어난 것이다. 또 조상을 높이려 한 것이지만 결과는 조상을 욕보이게 한 것이다. 팔일무를 추는 것과 시경의 시를 연주하는 것은 황제만이 쓸 수 있는 춤과 시이기 때문에 황제가 아닌 조상의 제사에 쓴다는 것은 조상을 높이기보다는 조롱한 결과가 되는 것이다. 또한, 백성들이 보기에도 무례하고 참월(僭越)하게 보인다.

예(禮)는 길·흉(吉·凶) 사(事)의 예를 모두 말하며, 상(喪)은 흉(凶) [장례·제사(葬禮·祭祀) 등]의 예만을 가리키는 것이다. 예는 본래 사람들이 절제하지 못하고 욕심을 부려 지나치게 사치함을 방지하기 위하여 사치함과 검소함을 서로 측정하여 중도(中道)를 택한 것이다. 상례에서도 무지하고 사악한 인간은 부모가 돌아가셔도 곧 잊어버리고 마는 인간이 있는가 하면, 어떤 사람은 너무나 애통해서 몸을 해치고, 일상생활을 정상적으로 못할 정도로 슬퍼하는 경우가 있다. 이런 점을 고려하여 예를 만들었다.

　예는 중도를 얻을 수 있다면 가장 좋으나, 그렇지 못할 바에는 차라리 사이(奢易)[형식에 치우친 것] 하기보다는 영검(寧儉)[검소하게 함.] 하는 것이 나으며, 상사(喪事)에는 사이(奢易)하기보다는 영척(寧戚)[애통해하는 것] 함이 낫다고 했다.

하늘에 죄를 지으면 빌 곳이 없다

王孫賈問曰 與其媚於奧 寧媚於竈 何謂也
왕 손 가 문 왈 　 여 기 미 어 오 　 영 미 어 조 　 하 위 야
子曰 不然 獲罪於天 無所禱也
자 왈 　 불 연 　 획 죄 어 천 　 무 소 도 야

왕손가가 물었다.

"안방에 아첨하느니보다는 부엌에 아첨하라고 한 말은 무슨 뜻입니까?"
공자께서 말씀하셨다.

"그렇지 않소. 하늘에 죄를 지으면 빌 곳이 없는 법이오."

第三篇 八佾 十三章
제 삼 편 　 팔 일 　 십 삼 장

본문을 아무리 봐도 무슨 말을 하는 것인지 알지 못할 것 같다. 그렇지만 당시의 역사적 사실을 참조하고 살펴보면 그 뜻을 알 수 있다. 왕손가(王孫賈)는 위(衛)나라의 권력자로서 왕 영공(靈公)의 권신(權臣)이었다. 그렇기 때문에 왕손가는 속담을 빙자하여 공자에게 노골적으로 영공보다는 자신에게 정사를 상의하는 것이 좋지 않겠느냐고 협박성 제의를 하는 것이다. 이것은 왕을 제치고 권신인 자신과 정사를 상의하자고 하는 것으로 이는 결국 다른 야망이 있지 않겠느냐 하는 의심을 하게 하는 것이다.

당시 영공은 권력을 상실한 상태였으므로 왕손가가 충분히 역심(逆心)을 품을 수 있는 상황이었다. 이를 눈치챈 공자께서는 하늘이 있으니 어찌 하늘의 뜻을 거스르겠느냐? 하고 거절하였다. 그러면서 하늘에 죄를 지어서는 빌 곳도 없다고 하면서 천명을 두려워

하라고 말하였다. 왕손가의 의도에 말려들지 않겠다는 뜻을 분명히 한 것이다.

본문에서 보면 오(娛)[방 아랫목]에 아첨하기보단 조(竈)[부엌, 부뚜막]에 아첨하는 것이 낫다는 속담 중에서 오(娛)는 영공을 조(竈)는 왕손가 자신을 말하는 것으로 보인다. 그러나 공자께서는 언제나 예를 중시하고 모든 것을 예로서 대의를 행하시는 분이다. 여기에서 그 유명한 명구(名句) 획죄어천, 무소도야(獲罪於天, 無所禱也)[하늘에 죄를 지으면 빌 곳도 없다.]라는 말로 왕손가의 야망을 물리친다. 빌 곳이 없다는 것은 모든 신(神)을 관장하는 하늘에 죄를 지으면 하늘이 관장하고 있는 다른 어떤 신도 받아주지 않는다는 것이다. 천명을 받은 왕을 제쳐두고 권신에게 아첨하는 것은 하늘에 죄를 짓는 것이라고 하는 것이다.

밤나무를 심은 뜻은

哀公 問社於宰我
애공 문사어재아
宰我對曰 夏后氏以松 殷人以柏 周人以栗
재아대왈 하후씨이송 은인이백 주인이율
曰 使民戰栗
왈 사민전율
子聞之曰 成事不說 遂事不諫 旣往不咎
자문지왈 성사불설 수사불간 기왕불구

애공(哀公)이 재아(宰我)에게 사(社)에 대하여 질문하자.

재아가 대답했다.

"하후씨(夏后氏)는 소나무를 심었고, 은(殷)나라 사람은 잣나무를 심었고, 주(周)나라 사람들은 밤나무를 심었습니다."라고 말하고 덧붙여 "주조(周朝)에서 밤나무를 심은 것은 백성을 전율(戰慄)시키고자 한 것입니다."라고 했다.

이를 듣고 공자께서 말씀하셨다.

"이루어진 일을 비평하지 않겠고, 끝난 일을 재론하지 않겠고, 지난 일을 허물하지 않겠다."

第三篇 八佾 二十一章
제 삼 편 팔 일 이 십 일 장

애공(哀公)이 재아(宰我)에게 질문한 사(社)는 토지(土地) 신을 모시는 곳이다. 여기에는 신주(神主)의 상징인 나무를 심었다. 동시에 선성(先聖)[예: 주(周)나라 시조인 후직(后稷) 같은 신]을 함께 모셔서 사직(社稷)을 설치해 놓았다. 사직은 사(社)[토지의 신]와 직(稷)[곡식의 신]을 함께 모시고 있는 곳으로, 국왕이 국가의 안녕을 기원하기 위해 제사를 여기에서 지냈다. 그러므로 사직은 곧 국가의 기반 또는 국가라고 뜻이 변했다.

사(社)에 심는 나무는 나라마다 나무의 종류가 달랐다. 예를 들어 하(夏)나라에서는 소나무를 심었고, 은(殷)나라에서는 잣나무를 심었으며 주(周)나라에서는 밤나무를 심었다. 사(社)는 국경에도 사직을 설치하여 단을 쌓고, 나무를 심었으며, 도랑을 깊이 파서 국경을 표시하였다. 여기에 국가 관리인 봉인(封人)을 두어 사(社)를 관리하게 했다.

본장에서 논하고자 하는 것은 사직에 관한 것보다는 재아가 주(周)나라의 사(社)에 심은 밤나무를 애공에게 사민전율(使民戰慄)[백성들을 두려워 떨게 하려는 것]이라 설명한 것이다. 이것은 밤나무의 율(栗)과 두려워한다는 율(慄)이 발음이 같은 것으로 이를 비유하여 애공에게 백성을 두렵게 하라고 말했던 것이다.

재아가 이런 말을 한 것에 대하여 공자께서는 몹시 언짢아하면서 성사불설, 수사불간, 기왕불구(成事不說, 遂事不諫, 旣往不咎)[다된 일을 비평하지 않겠고 끝난 일을 간(諫)하지 않겠으며, 지난 일을 허물하지 않겠다.]라고 했다.

재아의 의도는 애공이 삼환의 전횡(全橫)을 막기 위해서는 그들이 복종하도록 강압하라는 의미가 있었다고 추측할 수 있다. 공자께서는 재아의 마음을 짐작하고 몹시 언짢았으나 직접적인 표현은 자제하고 위와 같은 말로 자신의 마음을 표현하여 재아를 나무랐던 것이다.

재아에 대해서는 공야장(公冶長) 10장에서는 재아가 낮잠을 자는

것을 보고

후목, 불가조야, 분토지장, 불가오야(朽木, 不可雕也, 糞土之牆, 不可杇
也)[썩은 나무에는 조각할 수가 없고, 더러운 흙으로 쌓은 담은 흙손
으로 다듬을 수가 없다.]라 하시고, 또 시오어인야, 청기언이신기행(
始吳於人也, 聽其言而信其行), 금오어인야, 청기언이관기행, 어여여, 개시
(今吳於人也, 聽其言而觀其行, 於予與, 改是)[전에 나는 남을 대함에 그의
말만을 듣고 그의 행실을 믿었지만, 이제는 남을 대함에 그의 말을
듣고서도 그의 행실을 살피게 되었으니, 재여(宰予)로 해서 내가 이
렇게 사람 대하는 태도를 고치게 되었다.]라고 그의 행동을 못마땅
해했고, 양화(陽化) 21장에서는 3년 상이 너무 길다고 불평을 하니
공자께서는 여지불인야(予之不仁也)[재여(宰予)는 인애롭지 못하다.]
라고 비판했다. 재아는 스승에게 이렇게 실망을 주는 제자이면서도
공자십철(孔子十哲)에 이름을 올린 제자이다.

공자께서는 군·신(君·臣) 간에는 예와 충으로 대해야 한다는 신
념이 있다.

임금은 신하를 대할 때 예를 다해야 하고, 신하는 임금을 모시되
충성을 다해서 모셔야 한다는 것이다. 임금이 인·의(仁·義)로 백성
을 보살피고, 덕으로 다스리면 백성들 스스로 복종하게 되고, 삼환
들도 복종하지 않을 수 없을 것이라고 판단했던 것이다.

그런데, 재아가 강압정치를 하라고 진언함으로써 덕치를 정면으
로 위반했으니 재아의 경솔함이 여기에 이르렀다.

공자를 목탁으로 삼다

儀封人請見曰　君子之至於斯也　吾未嘗不得見也
의　봉인청견왈　군자지지어사야　오미상불득견야
從者見之出曰　二三者何患於喪乎　天下之無道也久矣
종자견지출왈　이삼자하환어상호　천하지무도야구의
天將以夫子　爲木鐸
천장이부자　위목탁

의(儀)의 봉인(封人)이 공자님을 뵙고자 청하며 말했다.

"군자가 이곳에 오면 제가 모두 찾아뵈었습니다."

공자의 수행원이 그를 안내해 면회를 시켜주자, 봉인은 나오면서 말했다.

"여러분은 선생님께서 벼슬을 잃었다고 뭘 그리 걱정하십니까? 천하에 도가 없어진지 오래므로 하늘이 선생님으로 하여금 목탁을 삼고자 하신 것입니다."

第三篇　八佾　二十四章
제삼편　팔일　이십사장

본장을 설명하려면 다음의 단어부터 정리하고 내용을 풀어야 가능할 것 같다.

---

*의(儀): 위(衛)나라의 국경에 있는 읍 이름이다.
*봉인(封人): 관청 명으로 거기에 근무하는 하급 관리를 지칭한다.
*미상불(未嘗不): 여태껏 ~하지 않는 바가 없다. 반드시 ~ 했다.
*2·3자(二三者): 여러분
*상(喪): 공자께서 벼슬을 잃은 것
*목탁(木鐸): 사전적 의미로는 세상 사람을 깨우쳐 바르게 인도할 만한 사람이나 기관. 예를 들어 신문은 사회의 木鐸(목탁)이다. 원래는 나라의 큰일을 선언하기 앞서 사전에 사람들에게 알리기 위해 흔들어 치는 종을 말한다. 무사(武事)는 혀가 쇠로 된 木鐸(목탁)을 썼고 문사(文事)[학문·예술 등에 관한 일]는 혀가 나무로 된 목탁(木鐸)을 썼다.

본장의 일은 공자께서 노(魯)나라에서 정공(定公)과 함께 삼환을 척결하려다 실패하고 위(衛)나라로 피신할 때인 것 같다. 그렇다면 정공 13년이니, 공자 나이 56세 때라고 할 수 있다. 봉인(封人)이란 하급 관리인데, 군자가 오면 모두 찾아보았다고 하였으니 이 봉인은 은자(隱者)임이 틀림없다. 은자란 은인(隱人)이라고도 하는데 세속을 떠나 숨어사는 군자나 지사(志士)를 말한다. 은자가 생계를 위해 벼슬을 구하는 일이 있는데 이럴 때는 정사(政事)[정치에 관한 일]와 관련이 없는 낮은 직책으로 가서 일했다. 태백(泰伯) 14장에서 말한 부재기위, 불모기정(不在其位, 不謀其政)[그 자리에 있지 않으면 그 정사를 논하지 말라.]을 실천함으로써 세상을 피하면서 생계를 유지한다. 이런 자리란 본장에서 보는 봉인 또는 궁지기, 수문장 같은 정사와 관련 없는 미관말직(微官末職)을 말한다.

본장에서는 봉인의 말을 빌려 생각해보면 공자께서 세상에 온 것은 세상의 목탁(木鐸) 역할을 하기 위하여 나왔다고 하면서 지금의 처지를 위로하고 있다.

실제로 공자께서는 온몸을 바쳐 어지럽고 무도한 세상에서 불의와 대적하면서 인의 정치를 실현하기 위해 노력했지만, 기회가 주어지지 않는 것을 보고 위정(爲政) 4장에서 오십이지천명(伍十而知天命)[오십에 하늘의 뜻을 알았다.]이라고 했다. 그래도 여기에서 보는 공자와 제자 일행의 모습은 쓸쓸해 보인다.

위에 있으면서 관대하지 못하면

子曰 居上不寬 爲禮不敬 臨喪不哀 吾何以觀之哉
자 왈 거 상 불 관 위 례 불 경 임 상 불 애 오 하 이 관 지 재

위에 있으면서 관대하지 못하고, 예를 지키되 공경스럽지 못하고, 장사(葬事)를 치르면서 애도(哀悼)하지 않으면 그런 사람의 쓸모 있음을 보겠는가?

第三篇 八佾 二十六章
제 삼 편 팔 일 이 십 육 장

거상불관(居上不寬)의 거상이란 백성을 앞에서 이끌어가는 목자를 말한다. 이런 사람이 백성을 대함에 너그럽지 못하고 옹졸하여 아랫사람을 아끼고 사랑할 줄 모르는 것을 거상불관이라 말한다. 위례불경(爲禮不敬)이란 길·흉사(吉·凶事)에 임하면서 경건하지 못한 것을 말하며, 임상불애(臨喪不哀)란 남의 초상에 조문하면서 애도하는 마음이 없는 사람들을 말하였다. 공자께서는 이런 사람들을 쓸 곳이 없다고 하였다.

공자께서 본장과 같은 말을 하게 된 역사적 배경은 당시 주나라가 쇠퇴하여 명분상의 천자국(天子國)으로 전락하고 제후들끼리 세력 다툼을 하는 시기여서 지배계급 간의 위계질서가 무너지고, 아랫사람은 윗사람을 존경할 줄 모르고, 윗사람은 아랫사람을 너그럽게 대할 마음의 여유가 없는 사회적 분위기였다. 상을 당해서 초상을 치르는데 문상을 하면서도 애도할 줄도 모를 정도로 사회가 혼란스럽고, 예가 땅에 떨어진 것을 공자께서 안타

깝게 생각했다.

　이런 상태에서 공자께서는 극기복례(克己復禮)를 외치면서 사회 기본 질서를 세워 평화로운 사회 건설을 해야 함을 주장하였다.

제4편

이인(里仁)

인(仁)을 설명한 장이 주를 이루고 있으나 거기에 부수적인 것들이 있어 인만을 다루었다
고 할 수는 없다. 그러나 논어의 핵심인 인을 중심으로 한 장이 많음으로 논어 20편 중에
서도 1, 2편 다음으로 중요한 편이라고 할 수 있다. 총 26장 중 16장을 수록했다.

인에 사는 것이 아름답다

子曰 里仁爲美 擇不處仁 焉得知
자왈 이인위미 택불처인 언득지

인에 사는 것이 아름답다.

스스로 택하여 인에 처하지 않으면 어찌 지혜롭다 하겠는가?

第四篇 里仁 一章
제 사 편   이 인   일 장

 인(仁)은 공자께서 이루려는 최종의 목표이다. 그러면 공자께서 이루려는 인은 과연 무엇인가? 공자께서는 보편적 인류의 가치를 한마디로 표현해서 인이라 했다. 본장은 인의 근본을 말한 것으로 인을 이루려면 애·의·지·용(愛·義·知·勇)을 모두 갖추고 도를 따라 행하는 것이라 하겠다. 인은 학자마다 조금씩 다른 해석을 하고 있다.

 맹자는 이루(離婁) 상(上)에서 인, 인지안택야(仁, 人之安宅也)[인은 사람의 편한 집이다.]라 했다. 또 공손추(公孫丑) 상(上)에서는 부인, 천지존작야, 인지안택야(夫人, 天之尊爵也, 人之安宅也)[무릇 인은 하늘이 준 높은 작위요, 인간의 편안한 집이다.]라 했다. 인에 거처하지 않으면 어찌 지혜롭다 하겠는가? 하고 이인위미(里仁爲美)를 인으로 사는 것을 미(美)라고 해석하였고 순자(筍子)는 리(里)를 마을로 풀었다. 정현(鄭玄)은 어진이가 사는 곳이라고 풀고 있다. 인은 사람들이 모두 지킴으로서 편안한 것이다. 즉, 애인(愛人)[사람을 사랑함.]이다.

 오늘날 보통으로 쓰는 영어로 말해 휴머니즘(Humanism)[인도주

의, 인본주의, 인문주의] 등으로 표현할 수 있다. 여기서는 맹자의
풀이를 따랐다.

오직 인자라야 사람을 좋아할 줄도 알고

子曰 唯仁者 能好人 能惡人
<small>자 왈 유 인 자 능 호 인 능 오 인</small>

오로지 인자라야 사람을 사랑할 줄 알고 미워할 줄 안다.

第四篇 里仁 三章
<small>제 사 편 이 인 삼 장</small>

오직 인자(仁者)라야 인자와 불인자(不仁者)를 구분할 수 있고, 구분할 줄 알아야 인자를 좋아하고, 불인자를 미워할 수 있다.

공자께서는 위령공(衛靈公) 27장에서 중오지필찰언, 중호지필찰언(衆惡之必察焉, 衆好之必察焉)[민중이 미워하는 것도 반드시 살펴볼 것이며, 민중이 좋아하는 것도 반드시 살펴볼 것이로다.]이라 했다. 인자란 대중들이 나쁘다고 해도, 좋다고 해도 꼭 살펴보고 정확하게 판단하는 지혜를 가진 사람이다. 소인들의 잘못된 판단이나 어리석은 민중의 여론에 휩싸이는 잘못을 범하지 말고 호(好), 오(惡)를 가려야 한다.

좋아도 그만 나빠도 그만이라면 선과 악을 구별하지 못하는 것이다. 양화(陽貨) 13장에서는 향원, 덕지적야(鄕原, 德之賊也)[속인들 틈에서 의리를 지킨다고 칭찬을 받는 사람은 큰 덕을 해치는 도둑이다.]라고 했다. 향원(鄕原) 같은 사람을 구별할 줄 알아야 인자라고 할 수 있다. 인자, 즉 절대 선을 터득한 사람이라야 선인을 좋아하고 악인을 미워할 수 있다. 그저 좋은 것이 좋다고 타협하면서 살아가는 것은 정말로 좋은 것이 아니다. 좋은 것은 좋다고 하고 나쁜 것은 나쁘다고 할 수 있어야 하는 것이다. 이런 경지가 바로 본문에서 말하고자 하는 뜻일 것이다.

공자께서는 자로(子路) 24장에서 불여향인지선자호지(不如鄕人之善者好之), 기불선자오지(其不善者惡之)[마을 사람으로서 착한 사람이 좋아하고 착하지 못한 사람이 미워하는 것]이 좋은 것이라고 했다. 바로 말하면 착한 사람에게 꾸지람을 듣는 것이 착하지 못한 사람에게 칭찬을 듣는 것보다 좋은 것이라고 말할 수 있다. 예를 들어 말하면 도둑이 도둑에게 도둑질 잘 했다고 칭찬받는 것보다 착한 사람에게 꾸중을 듣는 것이 훨씬 좋은 것이다.

이는 오직 인자로서 자신을 수양하여 사람을 보는 안목을 넓혀서 좋아하는 것도 미워하는 것도 감정에 치우치지 않고 판단할 수 있어야겠다.

우리는 인자를 자처할 수는 없어도 자신에게 비치는 선과 악을 구별하여 최소한의 도덕적인 삶을 살기 위해 노력하여야겠다.

생활 속에서 좋은 사람, 나쁜 사람을 많이 만날 것이다. 이때 좋은 사람과 나쁜 사람을 구분할 줄 알고 좋은 사람을 좋아하고 나쁜 사람을 멀리할 줄 아는 지혜를 가지도록 노력하자.

부귀빈천은 마음먹기에 달렸다

子曰 富與貴 是人之所欲也 不以其道 得之 不處也
자왈 부여귀 시인지소욕야 불이기도 득지 불처야
貧與賤 是人之所惡也 不以其道 得之 不去也
빈여천 시인지소오야 불이기도 득지 불거야
君子 去仁 惡乎成名
군자 거인 오호성명
君子 無終食之間 違仁
군자 무종식지간 위인
造次 必於是 顚沛 必於是
조차 필어시 전패 필어시

부귀는 누구나 탐내는 것이지만, 정도로 얻은 것이 아니면 누리지 말고, 빈천은 누구나 싫어하지만, 세상이 나빠서 빈천에 처하게 되었다면 구태여 버리려 하지 말라. 군자가 인을 떠나면 어찌 이름을 이루겠는가?

군자는 밥을 먹는 동안에도 인을 어기지 말며, 급할 때에도 반드시 인에 의지하고 넘어져 뒤집힐 때라도 인에 의지해야 한다.

第四篇 里仁 五章
제 사 편 이 인 오 장

누가 부귀를 싫어하며 빈천을 좋아하겠는가? 공자께서는 술이(述而) 11장에서도 부이가구야(富而可求也), 수집편지사(雖執鞭之士), 오적위지(吳赤爲之), 여불가구(如不可求), 종오소호(從吳所好)[재물을 구해 가져도 무관한 것이라면 그것을 위해 채찍을 들고 외치는 천직이라도 내 하겠거니와, 구해서 가져서 부당한 것이라면 내 즐기는 바를 하겠다.]라고 하여 부귀를 무조건 싫어하지는 않았으나 그것보다 중요한 것이 인(仁)이라는 강조의 말이다.

술이(述而) 15장에는 반소사(飯疏食), 음수(飮水), 곡굉이침지(曲肱

而枕之), 낙역재기중의(樂亦在其中矣), 불의이부차귀(不義而富且貴), 어아여부운(於我如浮雲)[찬 없는 거친 밥을 먹고, 물을 마시고, 팔을 베고 누웠어도 즐거움이 그 가운데 있다. 불의로 얻은 부나 귀는 나에게 뜬구름과 같다.]고 하면서 인을 지키는 것이 중요함을 강조했다. 군자는 오로지 인을 중요시한다. 위령공(衛靈公) 31장에는 군자우도, 불우빈(君子憂道, 不憂貧)[군자는 도를 근심할뿐 가난함을 근심하지 않는다.]이라 했다.

그러나 현대 물질사회에서 정말 옳게 살기를 바라서 부귀와 빈천의 원인을 보고 사람을 파악하는 분위기도 아닐뿐 아니라, 하물며 수단과 방법을 가리지 않고 부귀를 탐하고 빈천을 멸시하는 사회에서 과연 인을 주장하는 사람을 고결하다고 인정하는 도덕적 기준이 있을까? 그러나 우리는 인을 실천하지는 못할망정 청빈(淸貧)하게 사는 사람을 비난하지는 말아야겠다.

참으로 인을 좋아하는 사람

子曰 我未見好仁者 惡不仁者
자왈 아미견호인자 오불인자
好仁者 無以尙之
호인자 무이상지
惡不仁者 其爲仁矣 不使不仁者 加乎其身
오불인자 기위인의 불사불인자 가호기신
有能一日 用其力於仁矣乎 我未見力不足者
유능일일 용기력어인의호 아미견력부족자
蓋有之矣 我未之見也
개유지의 아미지견야

공자께서 말씀하셨다.

"나는 지금까지 참으로 인을 좋아한 사람이나 불인을 미워한 사람을 보지 못했다. 인을 좋아한 사람은 더할 게 없고, 불인을 미워한 사람은 불인이 자기 몸에 덮치지 못하게 했을 것이다. 만약 하루라도 힘을 인을 위해 쓸 수 있다면, 그만큼 인이 실천되었을 것이다. 결국, 나는 힘이 모자라 인을 실천 못했다는 사람은 보지 못했다. 아마 있을 법도 하나 내가 본 바에는 없었다."

第四篇 里仁 六章
제 사 편 이 인 육 장

인(仁)이란 "이런 것이다."라고 한마디로 말할 수는 없다. 인은 사람과 사람 간에 일어나는 관계로서 인을 이루는 것이지, 남에게 의존하는 것이 아니다. 인을 말할 때는 한 가지만을 이르는 것이 아니고 효·제(孝·第)를 행함을 기본으로 인·의·예·지·효·신(仁·義·禮·智·孝·信)… 등 인간관계 전반에서 일어나는 것이다. 그러나 관계는 두 사람 사이에 일어나는 것이다. 예를 든다면 부·자(父·子)로서 각자 분수에 맞게 행함이 인이다. 군·신(君·臣) 관계, 부·부(夫·婦) 관계, 형·제(兄·弟) 관계, 붕우(朋友) 관계 등 5교(敎)는 물론이고, 천하 사람들의 사람과 사람 사이의 관계에서 각자 분수를 지켜나가는 것이 인이라 할 수 있다. 즉 분수를 지켜 실천함으로써 이루어지는 것이다.

공자께서 안연(顔淵) 1장에서 안연이 인에 대해 물으니 극기복례위인(克己復禮爲仁)[자기를 누르고 예로 돌아감이 인이다.]이라 하고, 일일극기복례, 천하귀인언(一日克己復禮, 天下歸仁焉)[하루라도 자기 욕심을 누르고 예로 돌아가면 천하 인으로 돌아갈 것이다.]이라 했다.

그리고 위인유기, 이유인호재(爲仁由己, 而由人乎哉)[인을 이룩함은 나로부터 비롯함이니 남에게 의존하는 것이 아니다.]라고 했으니 인은 두 사람이 같이 이루는 것이 아니고 내가 이루어 행하는 것이다.

안연이 자세한 것을 알려줄 것을 청하니 공자께서 말씀하셨다.

비례물시, 비례물청, 비례물언, 비례물동(非禮勿視, 非禮勿聽, 非禮勿言, 非禮勿動)[예가 아니면 보지 말고 예가 아니면 듣지 말고, 예가 아니면 말하지 말고, 예가 아니면 움직이지 말라.] 하셨다. 이는 사람들은 예가 아닌 것을 보고 싶고, 듣고 싶고, 말하고 싶고, 행동으로 하고 싶은 마음이 있을 수 있기 때문에 이를 경계한 말이라 할 것이다. 여기에서 말하는 '하고 싶은 마음'은 인심(人心)이며, 이를 경계함은 도심(道心)이다. 인간이 인심대로 모든 것을 하게 되면 사회의 질서가 무너지고, 도덕의 타락으로 사회가 혼란해져서 사람들이 어려움에 처하는 경우가 생길 수 있는 것이다.

또한 공자께서는 중궁(仲弓)이 문인(問仁) 했을 때에는 출문여견대빈, 사민여승대제(出門如見大賓, 使民如承大祭), 기소불욕, 물시어인(己所不欲, 勿施於人), 재방무원 재가무원(在邦無怨 在家無怨).[사회에 나가 사람을 사귈 때는 큰 손님 만난 듯 경건하고, 백성을 부릴 때는 큰 제사를 모시듯 신중히 하고, 내가 원치 않는 바를 남에게 시키지 말라. 그렇게 하면 조정(朝廷)에 있을 때도 원망이 없고, 집에 있을 때에도 원망이 없을 것이다.]라고 말했다.

문을 나서면 행인이라도 공후(公侯)의 손님을 대하듯 하고, 백성을 부릴 때는 체제(褅祭)나 교제(郊祭) 같은 제사 모시듯 하라고 했다. 이는 인을 이루는 도로서의 실천이다. 여기에서 대빈(大賓)이란 공후(公侯)[왕이 될 수 있는 신분의 사람]의 손님을 말하고, 대제(大祭)란 체제(褅祭)[왕자(王者)가 시조에게 지내는 제사]나 교제(郊祭)[왕자(王者)가 하늘과 땅에 지내는 제사]이다.

서(恕)의 실천이란 기욕립이입인(己欲立而立人)[내가 서고자 하면 남을 세워주고] 기욕달이달인(己欲達而達人)[내가 도달하려고 하면 남을 도달케 해주고] 시제기이불원, 물시어인(施諸己而不願, 勿施於仁)[자기에게 베풀어 원하지 않는 것을 남에게 베풀지 마라.]인 것이다. 이것이 바로 서(恕)인 것이다. 인은 서(恕)를 바탕으로 한다. 인은 두 사람 간의 관계이므로 서(恕)가 없으면 인을 이룰 수 없다. 그러므로 서가 있는 다음에야 인을 이룰 수 있다.

공자께서는 질문하는 제자마다 대답이 달랐다. 사마우(司馬牛)가 인에 대해 물으니 인자, 기언야인(仁者, 其言也訒)[인자는 말하기를 어려워한다.] 하시고 다시 사마우가 기언야인, 사위지인이호(其言也訒, 斯謂之仁已乎)[말하기를 어려워하는 것을 바로 인이라 하겠습니까?] 라고 질문하자 공자께서 다시 말씀하셨다. 위지난, 언지득무인호(爲 之難, 言之得無訒乎)[실천하기 어려우니 말하기가 어렵지 않을 수 있 겠느냐?]라 했다.

사마우(司馬牛)에게는 실천의 중요성을 강조하셨다.

이는 공자께서 사마우가 말이 많고 성질이 조급하기 때문에 이를 고치기 위함이며, 말이 앞서므로 인을 행할 때 실수를 경계한 것이 다. 옛사람이 말을 쉽게 하지 않는 것도 실행이 이를 따르지 못할까 두려워하기 때문이다. 그러므로 인한 사람은 쉽게 말하지 않는다. 말한 것은 반드시 실행할 수 있어야 하는 것이기 때문이다. 자한(子 罕) 1장에 보면 공자께서도 이·명·인(利·命·仁)[이익·운명·어짊]에 대해서는 자주 말하지 않았다고 했다.

공자께서는 인의 도가 쇠퇴하는 것을 한탄하는 사람은 많으나 인 을 위해 호인(好人)하고 오불인(惡不仁)을 실천하는 사람은 적다는 것을 공박(攻駁)하고 있다. 인은 타인의 도움이나 힘으로 하는 것이 아니고, 자신의 의지로 이룰 수 있는 것이기 때문에 역부족자가 있 을 수 없는 것이라고 했다. 자기가 이루고자 하는 의지가 있어 실천 함으로써 이룰 수 있는 것이다.

하루라도 인을 실천하면 호인(好仁) 하는 것이고, 불인을 멀리하 여 불인이 자신에게 붙지 않게 하면 이것이 곧 오불인(惡不仁)인 것 이다.

공자께서는 마지막에 아미견역부족자, 개유지의, 아미지견야(我未 見力不足者, 蓋有之矣, 我未之見也)[힘이 모자라 인을 실천 못했다는 사 람은 보지 못했다. 아마 있을 법도 하나, 내가 본 바로는 없다.]라고 하셨다.

허물을 보면 인자인지 알 수 있다

子曰 人之過也 各於其黨 觀過 斯知仁矣
<small>자 왈 인 지 과 야 각 어 기 당 관 과 사 지 인 의</small>

공자께서 말씀하셨다.

"사람의 허물에는 저마다 유별(類別)이 있다.

따라서 허물을 보면 인자인가를 알 수 있다."

第四篇 里仁 七章
<small>제 사 편 이 인 칠 장</small>

과실(過失)을 보면 인자인가를 알 수 있다고 했다. 그 예를 살펴보면 알 수 있을 것이다. 공자께서도 과(過)를 남겼으니 술이(述而) 30장에 보면 진(陳)나라 사패(司敗)[사법 장관]가 "노(魯)나라 소공(昭公)은 예를 알았습니까?" 하고 질문하니 "알았습니다."라고 답했다. 이에 사패가 공자의 제자 무마기(巫馬期)에게 "소공(昭公)이 동성(同姓)인 오(嗚)에서 부인을 취했으니 어찌 예를 알았다고 할 수 있는가?[노(魯)와 오(嗚) 두 나라 모두 희(姬) 성인 주(周)를 시조로 한 나라이다.]" 하면서 "군자도 편을 드는군요." 하고 말하니, 무마기(巫馬期)가 공자께 고하니 공자께서 "나는 참으로 행복하다. 잘못하면 반드시 남이 가르쳐 주는구나." 하였다. 이는 그 대답이 잘못이란 것을 인정하는 것이다.[당시에는 동성의 나라에서 부인을 취하면 이는 예에 맞지 않는 것이다.] 그럼에도 공자께서 예를 알았다고 답변한 것은 소공(昭公)이 주군이기 때문에 군신 간의 예로서 말한 것이다. 이것이 바로 공자의 과(過)인 것이다.

자로는 누님의 상이 끝났는데도 복(服)을 벗지 않는 과(過)가 있으며, 미생(尾生)은 믿음을 지키는 것이 지나쳐 장마에 물이 불어나는 데도 벗어나지 않고 다리의 기둥을 잡고 자리를 지켜 믿음을 지킨다고 죽는 과(過)를 범했다. 지나치게 잘하려고 하는 것이 과(過)가 되는 것이다. 그러므로 관과지인(觀過知仁)[과(過)를 보면 인을 안다.]이라고 하는 것이다. 지혜로운 자가 과를 저지르는 것은 지혜로운 데에 치우치기 때문이다. 용맹한 자가 과를 저지르는 것은 용맹이 지나치기 때문이다. 자로가 위(衛)나라에서 부자(父子)간의 전쟁이 나자 의를 지키기 위해 전장에 달려가 죽은 것은 용맹이 지나치기 때문이다. 선진(先進) 15장에 과유불급(過猶不及)[지나친 것은 모자라는 것과 같다.]이라 했다. 이런 모든 것이 중용(中庸)의 도를 지키면 과가 없을 것이다.

아침에 도를 깨달으면

子曰 朝聞道 夕死 可矣
<small>자 왈 조 문 도 석 사 가 의</small>

공자께서 말씀하셨다.

"아침에 도를 듣고 깨달으면 저녁에 죽어도 좋다."

第四篇 里仁 八章
<small>제 사 편 이 인 팔 장</small>

도(道)란 과연 무엇인가? 공자께서 아침에 도를 깨우치면 저녁에 죽어도 좋다고 할 정도로 가치를 높게 평하고 있는 도는 무엇일까?

도란 인간이 살아가면서 지켜나갈 올바른 길이며 사람과 사람의 관계이다.

인·의·예·지·신·용·덕(仁·義·禮·智·信·勇·德)과 같은 인간이 지켜나갈 기본적인 도덕의 올바른 길이 바로 도(道)라 할 것이다. 사람이 살아가는 질서, 규율, 신념 등을 올바로 실현하는 것이 공자께서 말하는 도라 할 것이다.

공자께서는 신분에 따라 지켜나갈 도가 있다고 했다. "왕은 왕도가 있고, 군자는 군자의 도가 있고, 사(士)는 사의 도가 있으며, 백성은 백성으로서 행할 도가 있다."라고 했다. 철저한 신분제도를 가지고 도를 논하였다.

공자께서는 왕을 비롯한 지배층의 치도(治道)를 주로 말하고 있다.

논어에서도 주로 군자의 도와 왕의 도를 말했고, 사(士)나 일반 백성의 도를 논한 것은 거의 볼 수 없을 정도이다.

논어에서 왕도를 논한 장을 보면 위정(爲政) 3장에서 공자께서는 도지이정, 제지이형, 민면이무치(道之以政, 濟之以刑, 民免而無恥), 도지이덕, 제지이례, 유치차격(道之以德, 濟之以禮, 有恥且格)[법으로 이끌고, 형벌로 다스리면 백성들이 형벌은 면하나 부끄러움을 못 느낀다. 그러나 덕으로 이끌고 예로서 다지면 염치를 느끼고 또한 착하게 된다.]라고 하여 왕이 나라를 다스리는 유형에 따라 법치와 덕치로 구분하고 덕치를 할 것을 강조하고 있다. 덕치란 위정자가 솔선수범함으로써 백성들이 따르기 때문에 잘못이 있으면 백성들이 부끄러워하는 것이며, 법으로 백성을 다스리면 백성들이 법망을 피해 형벌을 면하면서도 그 잘못에 대해서 부끄러워할 줄을 모른다고 하였다.

그러므로 위정자들은 언제나 스스로 솔선수범하고 덕치를 베풀라는 것이다.

이것이 바로 공자께서 바라는 치도(治道)인 것이다.

그러나 노자(老子)나 장자(莊子)는 도를 세상과 자연의 이치라고 했다.

올바른 의리를 따른다

子曰 君子之於天下也
자 왈 군 자 지 어 천 하 야
無適也 無莫也 義之與比
무 적 야 무 막 야 의 지 여 비

공자께서 말씀하셨다.

"군자는 천하일에 대하여는 어느 한 가지를 옳다고 고집하지도 않고 또 모든 것을 안된다고 부정하지도 않고 어디까지나 올바른 의리를 좇는다."

第四篇 里仁 十章
제 사 편 이 인 십 장

군자는 모든 일에 대하여 오직 이렇게만 해야 한다는 한 가지를 주장하지도 않고 또 모든 것을 안된다고 부정하지도 않으며 오직 의로움을 좇아 의라면 행하고 의롭지 못한 일이라면 행하지 않아야 한다. 군자는 편파적인 선입견이나 감정에 치우치지 아니하고, 주관적인 판단만으로 좋고 싫음을 나타내지 아니하며, 어디까지나 정의냐 불의냐로 판단하여 중용지도(中庸之道)에 입각하여 의라면 행하고 의가 아니면 행하지 않고 중용지도를 실천하여야 한다.

중용지도란 한쪽으로 치우치지 않고, 모자라거나 넘치지도 않으며, 오직 정의로운 덕을 말하는 것이니 군자는 의를 행하되 반드시 중용지도를 지켜야 할 것이다.

우리도 한 가지만을 옳다고 고집을 하거나 어떤 것은 절대 안 된다고 미리 예단할 것이 아니라 중용의 도에 맞는가를 생각하고 가(可), 불가(不可) 결정하여야 한다. 이것이 의를 행하는 것이니 명심하여 지켜야겠다.

군자는 덕을 생각하고

君子懷德　小人懷土
군 자 회 덕　소 인 회 토
君子懷刑　小人懷惠
군 자 회 형　소 인 회 혜

군자는 덕을 생각하나, 소인은 토지를 생각한다.

군자는 법을 생각하나, 소인은 은혜를 생각한다.

第四篇　里仁　十一章
제 사 편　이 인　십 일 장

　군자는 모든 방면에 인을 터득하고 도를 깨달은 사람이다. 군자는 남을 이끌어가는 위치에 있는 사람이며 벼슬을 하는 사람을 말하므로 그들은 언제나 덕을 베푸는 것을 생각하는 것이다. 군자는 언제나 백성에게 덕을 베풀지 못할까 걱정하므로 회덕(懷德) 한다고 말한 것이다. 또 군자회형(君子懷刑)이라 했다. 회형(懷刑)에서 형(刑)이란 법과 같은 의미로 통한다. 그러므로 이를 자세히 설명하자면 형(刑)이란 넓은 의미에서 법을 말하는 것으로 군자가 법을 생각한다 함은 사회를 이끌어 가는 위치에 있는 자로서 사회 질서를 유지하고 법을 지켜 준법의 임무를 다하기 위하여 걱정하는 것이다.

　옛날이나 지금이나 사회질서가 바로 서려면 지도자들이 모범을 보여 법을 지키는 준법정신을 발휘한다면 국민은 감히 법을 어기지 못할 것이다. 옛날에는 군자가 지켜나갈 높은 도덕성을 요구했다. 지금도 지도자의 높은 도덕성은 요구되는 것이다.

　한편 소인에게는 군자에게 요구한 높은 도덕성을 요구하지 않는다. 소인이란 재야의 평범한 백성을 말하는 것으로 이들은 타인을 지배할 권한도 없고, 백성을 돌보아야 할 의무도 없는 신분이므로, 남에게 미치는 영향을 생각하지 않고 오직 자신의 안락한 거처만을 생각하므로 회토(懷土)라 한 것이다. 또한, 소인은 책임을 가진 것이 없고, 오직 자신의 편안함을 얻고, 이로움에 따라 행동하며 위정자가 혜택을 베풀어 주기만을 생각하기 때문에 회혜(懷惠)라 한 것이다.

지금까지 풀이한 이인(里仁) 11장을 종합하면 회(懷)란 마음속에 간직한 것을 가리키는 것이다. 또한 '덕(德)·토(土)·형(刑)·혜(惠)'는 모두가 위정자[군주]가 백성에게 베푸는 것으로서 군자가 지닐 덕목과 소인이 지닐 덕목이 다른 것이다. 군자의 역할은 백성에게 덕을 베풀고 법을 바르게 실시함으로써 위정자의 다스림에 도덕성을 강조한 것이라면, 소인은 회토(懷土)하고 회혜(懷惠) 한다고 했다. 회토(懷土)의 토(土)란 토지나 터전을 말하는 것으로 위정자가 백성에게 삶의 터전으로 내려주는 것이다. 소인은 그 토(土)에 안주하여 만족해한다. 그리고 소인은 남을 다스릴 수 없고, 그렇기 때문에 의무나 책임이 없다. 소인은 베풀어 주기를 바랄 뿐이다.

이를 회토(懷土), 회혜(懷惠) 한다고 한 것이다.

이익만을 바라고 행동하면

子曰 放於利而行 多怨
_{자 왈　방 어 이 이 행　다 원}

공자께서 말씀하셨다.

"이익만을 바라고 행동하면 원망을 많이 듣는다."

第四篇 里仁 十二章
_{제 사 편　이 인　십 이 장}

자기 이익만을 추구하면 다른 사람과 이익이 상충하게 마련이다. 국가와 국가, 단체와 단체, 개인과 개인, 국가권력과 개인의 권리… 등 서로 부딪히는 경우가 많다. 이럴 때마다 각자가 자기만을 위해 양보할 줄 모르고 서로 이익만 찾는다면 다툼이 있게 마련이다.

사람의 마음이란 자신의 이익을 먼저 생각하기 마련이지만, 그렇다고 옆도 돌아보지 않고, 주변의 여건도 돌아보지 않고, 자신의 이익만 추구한다면, 서로 간의 경쟁이 싸움으로 발전하게 되고 싸우면 상대를 원망하게 마련이다.

주위를 돌아보고 공동의 이익을 생각하자. 이는 결국 정직하고 정당한 일을 해야 한다. 이것이 인이다.

공자는 견리사의(見利思義)[리(利)를 보면 의(義)를 생각한다.]라고 했으며, 또한 맹자는 양혜왕(梁惠王)에게 하필왈리(何必曰利)[어째서 이익만을 말씀하십니까?] 하고 쏘아붙인다. 공자나 맹자 등 옛 성현들은 이익만을 추구하지 않고 인을 더욱 중요시함으로써 인간의 심성을 순화시키고자 노력했다.

지금의 사회에서도 개개인의 이익보다는 이웃을 돌아보고 전체 사회를 위해 기여하는 인간성 회복이 절실하다. 각자 서로의 이익만을 추구하다 보면 이익이 서로 충돌하고 이익이 서로 충돌하면 다툼이 생기게 되고 다투다 보면 서로 원망하게 마련이니, 이는 사회 혼란의 원인이 될 것이다.

　그러나 모두가 서로 이웃을 위하고 타인을 살피면 결국 타인의 행위도 나를 위하는 경우가 됨으로써 서로를 사랑하고 타인의 리(利)가 결국 나의 리(利)가 되지 않겠는가? 그러면 결국 원(怨)은 없어지고 애(愛)가 그 자리를 채워 아름다운 사회가 될 것이다.

자리 없음을 걱정할 것이 아니라

子曰 不患無位 患所以立
자왈 불환무위 환소이립
不患莫己知 求爲可知也
불환막기지 구위가지야

공자께서 말씀하셨다.

"자리 없음을 걱정하지 말고, 나설 수 있는 능력을 걱정하라.

나를 몰라준다고 걱정하지 말고, 알려질 만한 일을 하고자 애써라."

第四篇 里仁 十四章
제 사 편 이 인 십 사 장

위(位)란 모든 벼슬아치들이 서는 자리이다. 군자는 진리를 추구하고, 인을 이루기 위해 배우고 익혀서 실력을 쌓는 것이 중요한 것이니, 명리만을 집착하지 말아야 한다. 자리 없음을 걱정할 것이 아니라, 도를 실천하여 인을 이룩할 능력을 키운다면 자리는 자연스럽게 얻어질 수 있는 것이라 할 것이다.

학덕(學德)은 자기를 내세우기 위하여 쌓는 것이 아니라, 국가, 사회에 정의를 구현하기 위해 덕을 쌓아 정도인 덕치를 폄으로써, 백성을 편하게 하기 위한 것이다. 사람들은 보통 자기를 몰라준다고 남을 원망하고, 세상을 원망하지만, 자기가 한 일을 남이 몰라준다고 생각하기 전에 자신이 한 일이 과연 남이 알아 줄만 한 일인가를 생각해보고 남이 알아줄 만한 일이 아니면 남이 알아줄 만한 일을 함으로써 인정받고자 함이 옳을 것이다.

공자께서는 위령공(衛靈公) 18장에서 군자병무능언(君子病無能焉),

불병인지(不病人之), 불기지야(不己知也)[군자는 자기의 능력 없음을 고민하고, 남이 자기를 알아주지 않는 것을 고민하지 않는다.]라고 하였다. 또 헌문(憲問) 32장에서는 불환인지불기지(不患人之不己知), 환기무능야(患己無能也)[남이 나를 알아주지 않는 것을 걱정하지 말고, 내가 능력 없음을 걱정하라.] 하였고 학이(學而) 1장과 이인(里仁) 14장에도 모두 비슷한 뜻의 말들이 있다. 이는 모두 자기를 수양하여 인을 이루라는 말들이라 생각한다.

나의 도(道)는 오직 하나로 통한다

子曰 參 吾道一以貫之
자왈 삼 오 도 일 이 관 지
曾子曰 唯
증 자 왈 유
子出門人問曰 何謂也
자 출 문 인 문 왈 하 위 야
曾子曰 夫子之道 忠恕而已矣
증 자 왈 부 자 지 도 충 서 이 이 의

공자께서 말씀하셨다. "나의 도리는 한 줄기로 관철되어 있다."

증자가 "예"하고 대답했다.

공자께서 나가시자 제자가 물었다. "무슨 뜻입니까?"

증자가 말했다. "선생님의 도는 충서(忠恕) 일 따름이니라."

第四篇 里仁 十五章
제 사 편 이 인 십 오 장

I.

참으로 어려운 장이다. 공자의 한마디 말을 증자가 알아듣고 제자에게 말한 것은 공자의 가르침을 증자는 정확히 파악했다고 생각한다.

도란 사람이 인을 행하는 마땅한 길이다. 공자께서는 자신의 도를 일이관지(一以貫之)[한줄기로 관철되었다.]라고 하였다. 일이관지를 증자는 충서(忠恕)라고 했다.

충서(忠恕)는 곧 인을 실천하는 구체적인 바탕으로 충이란 자신의 성심성의, 성실성 등을 말하는 것이라 할 수 있다. 많은 사람이 충이라 하면 임금 혹은 국가에 하는 충성만 생각하게 되지만 실제로 충이란 그것만이 아닌 것이다. 서(恕)란 자신의 마음을 보아서 남의 마음을 예측하고 자신이 싫으면 남도 싫어할 것으로 생각해서 남을 마음 깊이 이해하고 용서하는 마음을 헤아리는 것이다. 논어에서 인에 대해서 공자께서는 경우에 따라 조금씩 달리 표현하고 있다. 위령공(衛靈公) 23장에서 자공이 유일언이가이 종신행지자호(有一言而可以 終身行之者乎)[한마디로 평생토록 지켜 행할 수 있는 것이 있습니까?]라고 물으니 공자께서는 기서호! 기소불욕, 물시어인(其恕乎! 己所不欲, 勿施於人)[바로 "서(恕)"라는 것이다. 내가 원치 않는 일은 남에게 강요하지 말라.]이라고 서(恕)를 자세히 설명하고 있다.

　서(恕)는 인의 실천이니 인을 말한 것이나 같은 것이다. 인에 대해서는 양화(陽貨) 7장에서 자장에게는 공·관·신·민·혜(恭·寬·信·敏·惠)[공손·관대·신용·민첩·은혜]라고 했고 안연(顏淵) 1장에서 안회(顏回)에게는 극기복례 위인(克己復禮 爲仁)[자기를 이기고 예로 돌아감이 인이다.]이라 하였으며 안연(顏淵) 22장에서 번지(樊遲)에게는 애인(愛人)[사람을 사랑함.]이라고 하였다. 이렇게 다양한 인에 대한 공자의 가르침은 참으로 오묘하여 어디까지가 인도(仁道)인지 모르겠다.

　여기에서 문인(門人)을 증자의 제자라고 하는 학자도 있다. 그러나 지금 본장에는 증자의 제자라기보다는 급이 낮은 공자의 제자로서 증자에게 배우는 단계의 제자로 보는 것이 옳을 듯하다. 장소가 공자의 문중(門中)이고 증자가 부자지도(夫子之道)[선생님의 도]라고 하였으니 모두가 공자를 선생으로 모시는 제자로 보는 것이 옳을 듯하다.

Ⅱ.

다른 사람을 위해 최선을 다하는 것을 충(忠)이라 하고, 내 마음에 비춰 남을 위하는 것을 서(恕)라고 말한다. 충서(忠恕)를 같이 이야기 한 공자의 뜻은 자기의 마음에 비춰 남을 위해 최선을 다하는 것을 말하는 것이라고 보아야 할 것이다. 비춰 보건대 이것은 예수님이 말하는 모든 사람을 사랑하는 마음이라 볼 수 있을 것이다. 충이란 다른 사람을 위해 최선을 다하는 것인데 군주만을 위한 것처럼 사용됨으로써 본뜻을 왜곡하는 측면이 있다.

그런 반면 서(恕)라는 말은 사람들에게 인식되지 않고 생소하다. 그러나 본장에서 보면 서에 대해서 옛 학자들 간에는 많은 논란이 있고 각자 풀이한 것들이 많다. 특히 서가 충의 본질임을 알 수 있는 논점들이 많다. 공자께서 증자에게 오도일이관지(吾道一以貫之)[나의 도리는 한 줄기로 관철되어 있다.]라고 한 말을 증자는 충서라고 풀었다. 증자의 풀이를 감히 논박하지는 못하지만, 논어를 풀이한 많은 후세 학자들의 주장을 종합해 보면 충보다는 서에 중점을 둔 것이 아닌가 하는 생각이 든다. 공자는 위령공(衛靈公) 23장에서 자공이 유일언이가이(有一言而可以), 종신행지자호(終身行之者乎)[한마디말로써 평생토록 지켜 행할 수 있는 말이 있습니까?]라고 물었을 때

※안회(顔回): 안연(顔淵)의 본명

기서호(基恕乎)[바로 서라는 말이다.]라고 했다.

종합해서 보면 본장의 일이관지는 충서(忠恕) 두 글자로 표현하기보다 서(恕)라고 한자로 표현하는 것이 옳지 않을까? 하는 생각을 해본다.

군자는 대의를 밝히고

子曰 君子喩於義 小人喩於利
자왈 군자유어의 소인유어리

공자께서 말씀하셨다.

"군자는 의를 밝히고, 소인은 리를 밝힌다."

第四篇 里仁 十六章
제사편 이인 십육장

　군자는 천명을 알고 의에 부합하는 일을 행하는 사람을 말한다. 그러므로 군자는 천명에 따라 모든 일을 행한다. 옛날[요순시대를 말함.]에는 벼슬하는 사람은 반드시 선한 사람이었기 때문에 벼슬하는 사람을 귀하게 여겼고, 그러므로 벼슬하는 사람을 모두 군자라 하였으나, 후세에는 꼭 그렇지 않음으로써 선한 사람을 군자라 하였고, 그렇지 못한 사람을 소인이라 구분했던 것이다. 그것이 남아 있어 지금도 벼슬하는 사람을 두고 군자라 일컫는 것이다.[여기서 '후세'와 '지금'이라 함은 공자 시대 후를 말함.]

　주자는 의자(義者), 천리지소의(天理之所宜), 이자(利者), 인심지소욕(人心之所欲)[의로운 사람은 하늘의 뜻을 따르고, 리(利)를 밝히는 사람은 마음속의 욕심을 따른다.]이라 했다. 같은 일을 가지고도 의를 생각하는 사람과 리(利)를 생각하는 사람이 갈린다. 처음에는 큰 차이가 아니더라도 결과에 가서는 많은 차이가 나는 것이다. 의를 생각하는 사람은 선을 쌓아 천명을 깨닫고, 군자의 도로 나아가 더욱 발전하여서 인의 길을 간다. 또한 군자는 견리사의(見利思義)[이익을 보면 의를 생각한다.]하고 의를 위해서는 언제든지 사생취의(舍生取義)[삶을 버려서 의를 취한다.] 할 수 있는 사람이 군자이다. 의를 생각하는 군자는 천리를 깨달아 인류를 이롭게 하지만 리(利)를 생각하는 소인은 '사람이 살아가는 중요한 덕목은 리(利)뿐'이라고 생각하고 자기의 이익만을 챙기는 인간이 되어 이를 소인이라 하는 것이다. 리(利)를 생각하는 소인은 자신의 리(利)를 위해서는 살인도 무서워하지 않는 인간이 되는 것이다. 이들은 주공(周公)이나 공자 같은 성인이 덕으로 가르쳐도 귀를 막고 듣지 않으며, 소진(蘇秦)과 장의(張儀) 같은 유세가의 변설도 이들을 설득하지 못한다.

처음 시작은 의와 리(利)의 선택으로 각자가 살아가는 방식으로 출발했지만, 나중의 결과는 하늘과 땅의 거리만큼 벌어져 순(舜)과 도척(盜蹠)[이 둘은 형제이다.]과 같은 사람처럼 서로의 차이가 나는 결과를 낳는다. 선을 행한 순(舜)은 임금으로서 인류에 유익한 군자가 되었고, 소인이 된 도척(盜蹠)은 인류를 해치는 악의 화신으로 변한 것이다. 그러나 지금의 세상은 군자는 보기 힘들고, 소인 중에서 자기 이익만을 생각하고 법망만 피하며 생활하는 평범한 소인과 범죄를 저지르는 악인으로 구분해야 되겠다.

부모를 섬기면서 간언할 때는

子曰 事父母幾諫 見志不從 又敬不違 勞而不怨
자왈 사부모기간 견지부종 우경불위 노이불원

공자께서 말씀하셨다.

"부모를 섬김에 있어 간언을 올릴 때는 부드럽게 하고, 설혹 어른이 나의 뜻을 들어주지 않아도 여전히 공경해 모시고, 부모에게 위배되는 일이 없을 것이며, 또한 부모에게 꾸지람을 들어도 원망하지 말아야 한다."

第四篇 里仁 十八章
제 사 편 이 인 십 팔 장

효는 덕행의 기본이며 인을 실현하는 모든 덕의 시작이다. 부모는 어떤 어려움도 어렵게 생각하지 않고 극복해가면서 자식을 위해 최선을 다했다. 그러므로 부모가 늙고 어려우면 자식은 부모를 돌보아 주어야 하는 것이 효의 기초라고 말할 수 있다.

효의 기본은 부모를 존경하는 것에서 출발한다. 공자께서는 위정(爲政) 7장에서 금지효자(今之孝者), 시위능양(是謂能養), 지어견마(至於犬馬), 개능유양(皆能有養), 불경하이별호(不敬何以別乎)[근자에는 효를 공양하는 것이라고만 생각하나, 개나 말도 키움을 받을 수 있다. 부모를 존경하지 않으면 무엇이 다르겠는가?] 하였다. 이는 부모를 모실 때는 존경하는 마음을 가지고 공양하라는 것이다. 또한 학이(學而) 11장에서는 부재관기지(父在觀其志), 부몰관기행(父沒觀其行)[아버지가 살아계시면 그 뜻을 따르고 아버지가 돌아가셨으면 그 행적을 따르라.]이라고 부모의 뜻을 따르라는 당부를 하고 있다.

본장에서는 부모가 하는 일이 도에 맞지 않는 일이 있을 때는 기간(幾諫)하라고 했다. 기간이란 공손한 말로 자기의 의견을 건의하는 것을 말한다. 그리고 그 건의가 받아들여지지 않더라도 원망하지 말고 여전히 공경해 모셔야 한다고 했다.

공자께서는 『예기(禮記)』 방기(坊記) 18장에서 종명불분(從命不忿), 미간불권(微諫不倦), 노이불원(勞而不怨), 가위효의(可謂孝矣)[명령을 따르되 성내지 아니하고, 잘못을 간하되 게을리하지 않으며, 괴로워도 원망하지 않아야 효도라 할 수 있다.]라고 하였다. 이는 곧 부모의 뜻을 따르되 잘못된 부분을 말씀드릴 때에도 태도를 바르게 하고 부모가 걱정하게 해서는 안 된다는 것이다.

효에 대해서 증자께서는 대대례(大戴禮)에서 부모차행(父母此行), 약중도즉종(若中道則從), 약불중도간(若不中道諫), 간이불용(諫而不用), 행지여유기(行之如由己), 종이불간(從而不諫), 비효야(非孝也), 간이불종(諫而不從), 역비효야(亦非孝也)[부모의 행실이 도에 맞으면 따르고, 도에 맞지 않으면 간(諫)해야 한다. 간하여도 받아들이지 않으면 그대로 따르되 간할 방법을 생각해야 한다. 따르기만 하고 간하지 않는 것도 효가 아니고, 간하기만 하고 따르지 않는 것도 역시 효가 아니다.]라고 했다.

또 맹자께서는 맹자만장(孟子萬章)에서 부모애지(父母愛之), 희이불망(喜而不忘), 부모오지(父母惡之), 노이불원(勞而不怨)[부모가 나를 사랑하거든 기뻐하여 잊지 말고, 부모가 미워하거든 괴로워도 원망하지 말라.]라고 하였다. 효에 관해서는 많은 유학자가 특별한 관심을 가지고 효를 강조하고 있다. 이는 효가 인의 출발이며 근본이기 때문이다.

부모가 계시면 멀리 가지 마라

子曰 父母在 不遠遊 遊必有方
<small>자왈 부모재 불원유 유필유방</small>

공자께서 말씀하셨다.

"부모가 살아계시면 먼 길을 떠나지 않을 것이며,

부득이 나가는 경우에는 반드시 가는 행방을 알려야 한다."

第四篇 里仁 十九章
<small>제 사 편 이 인 십 구 장</small>

효는 인의 첫 번째 요소로서 덕행의 근본이며, 교화(教化)의 근원이 되는 것이다. 이러한 효는 부모를 걱정시키지 않는 것에서 출발하고, 본장에서 말하는 것이 바로 걱정을 시키지 않는 기본이 되는 것이요, 또 하나는 부모에게 물려받은 신체를 훼상(毀傷)하지 않는 것이 걱정하지 않게 하는 것이다. 공자께서는 효경(孝經) 개종명의장(開宗明義章)에서 신체발부(身體髮膚), 수지부모(受之父母), 불감훼상(不敢毀傷), 효지시야(孝之始也)[사람의 몸과 사지 모발이나 피부 모든 것이 부모로부터 물려받았다. 따라서 자신의 육신을 소중히 여기고 함부로 손상하지 말아야 한다.]라고 하여 신체를 소중히 하라고 가르쳤으며, 이를 증자(曾子)는 평생 지켜나갔다. 임종(臨終) 때에도 이것이 지켜졌는지 확인하는 것이 태백(泰伯) 3장에 있으니, 죽음에 가까워지자 증자는 제자들을 불러 "계여족(啓予足), 계여수(啓予手)! 시운(詩云): '전전긍긍(戰戰兢兢), 여임심연(如臨深淵), 여이박빙(如履薄氷)' 이금이후(而今而後), 오지면부(吾知免夫), 소자(小子)"[내 발을

펴보아라! 내 손을 펴보아라! 시경에 '전전긍긍하여 깊은 못 가에 서 있듯, 얇은 얼음을 밟듯하라.' 했듯이 몸을 조심했는데, 이제부터 는 내 걱정을 면하게 되었구나] 하였다.

이렇듯 부모에게 걱정을 끼치지 않는 것을 효의 기본으로 하며, 사 회나 국가에서 봉사함으로써 입신양명하여 자신은 물론 부모의 이 름까지도 빛나게 함이 효의 완성이라 하였다.

본장을 들어 효의 기본을 논해 보았으나 이것이 지금도 최고의 가 치인지는 각자가 판단하기 바란다.

말은 무디되

子曰 君子欲訥於言 而敏於行
자왈 군자욕눌어언 이민어행

공자께서 말씀하셨다.

"군자는 말은 무디되, 행동은 민첩하고자 한다."

第四篇 里仁 二十四章
제 사 편 이 인 이 십 사 장

　군자가 말을 더듬거리고 잘못하는 것은 실천할 수 있는가를 살피는 신중함을 가지기 때문이다. 말에 앞서서 민첩하게 행동하고 실천한 후에 말하는 것을 중요하게 여겨야 하겠다. 학이(學而) 14장에는 민어사이신어언(敏於事而愼於言)[일에는 민첩하고 말은 신중하다.]이라 했다. 신중하자니 말이 더듬거릴 수밖에 없다. 또 위정(爲政) 13장에서는 선행기언(先行其言), 이후종지(而後從之)[말하고자 하는 바를 먼저 행하고, 그 후에 말하느니라.]라고 하여 먼저 실천할 것을 강조하였다. 공자께서는 말보다는 언제나 실천하는 것이 중요함을 강조하셨다.

　그래서 본장에서도 이민어행(而敏於行)[민첩하게 행하다.]이라고 하신 것이다. 말을 앞세울 것이 아니라 행동으로 옮기는 것이 중요한 것이다.

덕은 외롭지 않다

子曰 德不孤 必有隣
자 왈 덕 불 고 필 유 린

공자께서 말씀하셨다.

"덕은 외롭지 않다. 반드시 이웃이 있다."

第四篇 里仁 二十五章
제 사 편   이 인   이 십 오 장

덕이 있는 사람이 고독하지 않은 것은 사람을 공경하는 마음이 있고, 신의로서 사람을 대하기 때문에 언제나 그의 주변에 모여든다.

그렇기 때문에 고독하지 않다.

이것이 바로 필유린(必有鄰)[반드시 이웃이 있다.]이라 하는 것이다.

제5편

공야장(公冶長)

공야장은 인물에 대하여 평가하는 것이 많다. 대체적으로 간결하고 정확히 그의 장점이나 특징을 말하였다. 사람을 등용하여 쓸 때 사람을 보는 기준으로 삼을 만하며, 사람을 사귈 때도 그 사람의 장점을 취하는 데 참고가 될 만하다. 대체적으로 정확히 지적하는 상황이 있으나 단점을 말해 비난하는 일은 없는 것이 특징이며 공자의 위대함을 말해주는 듯하다. 총 28장 중 9장을 수록했다.

옹은 인덕은 있으나 말 구변이 없다

惑曰 雍也仁而不佞
혹 왈 옹 야 인 이 불 영
子曰 焉用佞 禦人以口給 屢憎於人 不知其人
자 왈 언 용 영 어 인 이 구 급 누 증 어 인 부 지 기 인
焉用佞
언 용 영

어떤 사람이 말했다.

"옹(雍)은 인덕은 있으나 구변이 없군요."

공자께서 말씀하셨다.

"어찌 말 잘할 필요가 있겠는가? 남을 대할 때 말재주만 부리면 자주 남에게 미움을 받는다. 내가 옹(雍)의 인덕은 잘 모르겠으나 어찌 말 잘할 필요가 있겠는가?"

第五篇 公冶長 五章
제 오 편 공 야 장 오 장

혹왈(或曰)[어떤 사람이 말하다.]의 혹(或)[어떤 사람]은 통상적으로 피세(辟世) 하는 의인일 것으로 볼 것이다. 혹자(或者)가 옹(雍)을 평하기를 말재주가 없다고 했다. 이 말을 들은 공자께서는 "인자가 말재주가 있을 것이 무엇이 있는가?" 하고 반문하면서 남을 대할 때 말을 인애롭게 하지 않고 재치만 부린다면 남에게 자주 미움을 받을 수 있다고 하면서 "내가 옹의 인한지는 잘 모르겠으나, 어찌 말을 잘할 필요가 있겠는가?" 했다.

본문에서 '부지기인(不知其人)'의 인(人)은 인인(仁人)으로 보아야 뜻이 통한다. 그래서 '인한 사람인지는 모르겠다.'로 풀이할 수 있다.

그러나 공자께서는 옹야(雍也) 1장에서 옹야(雍也), 가사남면(可使南面)[옹은 임금으로서 남면(南面)할 만하다.]이라고 그의 덕행을 높이 평하고 있다.

혹자는 옹이 불영(不佞)하여 쓸모가 없다고 그를 낮게 평했으나 공자께서는 그것이 바로 옹의 인함을 말한다고 했다. 이인(里仁) 24장에서 이미 군자(君子), 욕눌언(欲訥言), 이민어행(而敏於行)[군자는 말은 더듬거리나 행동은 민첩하고자 한다.]라고 했고, 학이(學而) 3장에서는 교언영색(巧言令色), 선의인(鮮矣仁)[교만한 말과 꾸미는 낯빛에는 인이 드물다.]고 하고, 말을 잘하기 위해 꾸미기보다 행동으로 실천하는 것을 중요한 덕목으로 생각했다.

공자께서는 옹이 이미 인의 도를 지선(至善)으로 이룩했으므로, 말을 꾸며 잘할 필요가 없고 지나친 말재주를 부리면 남에게 미움을 살 뿐이라고 했다.

썩은 나무에 조각할 수 없다

宰予晝寢
재 여 주 침
子曰 朽木不可雕也 糞土之牆 不可杇也 於予與何誅
자 왈 후 목 불 가 조 야 분 토 지 장 불 가 오 야 어 여 여 하 주
子曰 始吾於人也 聽其言而信其行
자 왈 시 오 어 인 야 청 기 언 이 신 기 행
今吾於人也 聽其言而觀其行
금 오 어 인 야 청 기 언 이 관 기 행
於予與改是
어 여 여 개 시

재여가 낮에 누워 있자 공자께서 말씀하셨다.

"썩은 나무에 조각할 수 없고, 더러운 흙으로 쌓은 담은 흙손으로 다듬을 수 없다. 재여 같은 인간을 나무라서 무엇하겠는가?"

또 공자께서 말씀하셨다.

"전에 나는 남을 대함에 그의 말을 듣고 행실을 믿었으나, 지금은 내가 남에 대하여 그의 말을 듣고서도 그의 행실을 살피게 되었으니 재여로 해서 내가 이렇게 사람을 대하는 태도를 고치게 되었다."

第五篇 公冶長 十章
제 오 편 공 야 장 십 장

공자께서 실망하는 것은 제자들에게 그만큼 기대를 갖고 정성을 들였기 때문이다. 그런데도 낮에 누워 뒹구는 제자를 보고 원망을 하면서 자질이 부족하다고 질책을 하고 있다. 그러나 재여(宰予)는 제자 중에도 뛰어난 제자로서 십철(十哲)의 한 사람이다. 그런데 잠시 쉬었다고 해서 이렇게 나무라고 걱정하는 것은 무엇인지 짐작이 가지 않지만 다만 공자께서는 "달리는 말에 채찍을 가한다."라는 말

과 같이 우수한 제자에게 좀 더 많은 것을 가르치고 싶은 것이 아니겠는가? 생각해본다.

이런 공자의 생각을 바탕으로 문장을 분석해 보자. 주침(晝寢)에 관해서 형병(邢柄)은 '낮에 잠잔 것'이라고 말했다. 그러나 다산(茶山)은 논어의 고금주(古今註)에서 침(寢)을 매(寐)로 풀이하는 것은 근거가 없다고 반박하고 있다. 이 부분에 있어서 이곳에서는 다산의 예(例)에 따랐다.

또 썩은 나무에 조각할 수 없고, 더러운 흙으로 쌓은 담장은 흙손으로 다듬을 수 없다는 것은 자질이 없는 자에게는 가르쳐도 성과가 없다는 말이다. 그리고 또 공자 자신이 사람을 보는 태도를 재여를 보고 고쳤다고까지 하였으니 그 나무람이 크다 할 것이다. 공자께서는 희로애락(喜·老·哀·樂)의 감정을 드러내지 않는 성인(聖人)이다. 그럼에도 공자께서는 이렇게 감정을 드러내면서까지 나무라는 것은 제자를 그만큼 아끼고 사랑하며, 기대 또한 크기 때문에 게으르게 보이는 제자를 나무람이 이렇게 크다고 할 것이다.

네가 해낼 수 있는 것이 아니다

子貢曰 我不欲人之加諸我也 吾亦欲無加諸人
자공왈 아불욕인지가저아야 오역욕무가저인
子曰 賜也 非爾所及也
자왈 사야 비이소급야

자공이 말했다. "저는 남이 저에게 억지를 가하는 것도 원치 않고 저 또한 남에게 억지를 가하는 것도 원치 않습니다."

공자가 말씀하셨다. "사야! 네가 해낼 수 있는바가 아니다."

第五篇 公冶長 十二章
제오편 공야장 십이장

본문에서 자공이 질문한 내용을 표현하자면 서(恕)라고 할 수 있다. 그런데 이에 대하여 공자께서는 비이소급야(非爾所及也)[네가 해낼 수 있는 것이 아니다.]라고 하였다. 그러나 위령공(衛靈公) 23장에서 자공이 유일언이가이 종신행지자호(有一言而可以 終身行之者乎)[한 마디 말로써 평생토록 지켜 행할 수 있는 것이 있습니까?]라고 질문하자, 공자께서는 기서호(其恕乎), 기소불욕 물시어인(己所不欲 勿施於人)[바로 서(恕)라는 말이다. 내가 원치 않는 일은 남에게 강요하지 말라.]이라고 서를 강조했다. 공자께서는 공야장(公冶長) 12장에서는 자공에게 서를 해낼 수 없다고 하시고 위령공(衛靈公) 23장에서는 서를 할 것을 강조하셨다. 서란 인을 이루기 위한 방법이다. 마치 죽순이 자라나서 대나무가 되듯이 서를 충실히 이행하면 인을 이룩할 수 있을 것이다. 서가 완성되어 인의 한 부분이 될 것이며, 서는 자신을 완성하는데 필요한 한 가지 방법인 것이다. 이는 공자의 교육방식이 단계별로 가르친다는 것을 알 수 있다.

자공은 말을 잘하고 이재(利財)에 밝은 사람이나 학문에 있어서는 스승의 기대에 미치지 못했다. 공야장(公冶長) 4장에서는 공자께서 자공을 평하기를 여기야(女器也)[너는 그릇이다.]라고 하였고, 위정(爲政) 12장에서는 군자불기(君子不器)[군자는 그릇이 되어서는 안 된다.]라 하였으니 결국 인을 이룰 군자는 되지 못한다는 말과 같은 것이다.

그러나 후대에 와서 보면 자공 같은 제자가 있어 공자의 이름을 더욱 빛나게 하였다고 본다.

※사(賜): 자공의 이름
※여(女): 여(汝). 너, 자네

선생님의 문물제도

子貢曰 夫子之文章 可得而聞也
자 공 왈 부 자 지 문 장 가 득 이 문 야
夫子之言性與天道 不可得而聞也
부 자 지 언 성 여 천 도 불 가 득 이 문 야

"선생님의 문장에 대한 것은 들을 수 있으나,
선생님의 성리(性理)와 천도(天道)의 말씀은 얻어들을 수가 없습니다."

第五篇 公冶長 十三章
제 오 편 공 야 장 십 삼 장

본장에서 말하는 문장이란 단순한 글만 말하는 것이 아니다. 공자께서 말하는 문장이란 인덕을 나타내기 위한 표현으로서 예·도덕·문화 등 전반적인 문물제도를 말하는 것이다. 즉 인간이 살아가면서 행하는 행동이나 생각, 타인과의 모든 인간관계를 포함하여 말하는 것이다. 이를 주자는 다음과 같이 표현했다. 문장(文章), 덕지현호외자(德之見乎外者), 위의문사(威儀文辭), 개시야(皆是也)[문장이란 덕이 밖으로 나타나는 것, 위엄 있는 거동, 문사(文事) 등이 모두가 이것이다.]라고 했다.

자공은 선생님에게서 성리(性理)와 천도(天道)에 관한 말씀을 들을 수가 없다고 했다. 실제로 공자께서는 하늘의 존재를 인정은 하고 있으나, 인간의 생활을 하늘에 맡기는 신앙으로 삼지는 않았다. 공자께서는 팔일(八佾) 13장에서 획죄어천(獲罪於天), 무소도야(無所禱也)[하늘에 죄를 지면 빌 곳도 없다.]라 하여 하늘이 인간에 미치는 영향을 언급했으나, 옹야(雍也) 20장에서는 경귀신이원지(敬鬼神

而遠之), 가위지의(可謂知矣)[귀신을 공손히 다루되 멀리하면 지혜롭다.]라고 했다. 이는 신의 존재는 인정하나 모시지는 않고 멀리하는 것이라 한 것이다.

살펴보건대 논어 449장 중 실제 팔일(八佾) 13장이나 옹야(雍也) 20장 외에 천성에 관해서는 양화(陽貨) 2장에서 성상근야(性相近也), 습상원야(習相遠也)[사람의 천성은 서로 비슷하지만, 습성은 서로 멀어진다.]라고 한 것과 천하언재(天何言哉), 사시행언(四時行焉), 백물생언(百物生焉), 천하언재(天何言哉)[하늘이 무슨 말을 하더냐? 사시가 바뀌어 가고, 만물이 철에 따라 자라고 시들지만, 하늘이 무슨 말을 하더냐?] 정도가 공자께서 천성이나 천도를 말한 것이다.

공자께서는 주로 인간 생활 중에 행할 바른 도리를 말했을 뿐이다. 결코, 하늘에 인간의 운명을 맡기거나 하늘을 신앙의 대상으로 삼지는 않았다. 다만 인간은 천명에 따라 생과 사가 갈리지만, 인간은 인간으로서 할 일을 다 하고 결과를 천명에 맡기는 수준이다. 그래서 진인사대천명(盡人事待天命)[사람은 사람의 일을 다 하고 결과는 하늘에 맡긴다.]이라 한 것이다.

공자께서는 사람은 자신의 노력으로 인격을 다듬어갈 것이지 자신의 운명을 하늘에 빌거나 신을 의지하는 것을 말하지 않았다.

마땅히 하늘은 하늘로서 할 수 있는 일이 있고, 인간은 인간의 도리가 있기 때문에 인간이 살아가면서 지켜나가고 행할 도리로서 덕을 쌓고 각종 문물제도를 배워 실천해야 함을 가르쳤다.

자한(子罕) 1장에서 보면 '자한언이(子罕言利) · 여명(與命) · 여인(與

仁)[공자께서는 이익·천명·인에 대해서는 말씀하시는 일이 드물었다.]'이라 했다. 천명·천운 등에 대해서는 자주 말하지 않았다고 했다. 그러므로 제자들은 천명·천운 같은 것을 들을 기회가 적었을 것이기 때문에 자공이 이런 표현을 한 것이라 할 수 있다. 천명·천운 등은 중용(中庸)에서 언급이 있었고, 맹자로 내려와서 북송(北宋)의 정호(程顥)·정이(程伊) 형제를 비롯하여 주돈이(周敦頤) 등의 학자들을 거쳐 주희(朱熹)[주자]가 집성하였다.

이것이 성리학으로 성립한 것이다.

정(程)·주(朱)·학(學) 또는 주자학(朱子學)이라 하고 우리나라에서도 많은 학자가 있다.

실천하지 못했으면 듣기를 두려워했다

子路有聞 未之能行 唯恐有聞
자 로 유 문 미 지 능 행 유 공 유 문

자로는 가르침을 듣고, 그것을 미처 실천하지 못했으면, 또 다른 가르침을 듣기를 두려워하였다.

第五篇 公冶長 十四章
제 오 편 공 야 장 십 사 장

자로는 스승의 가르침을 듣고, 그것을 미처 실천하지 못했으면 실천할 때까지는 새로운 가르침을 듣기를 두려워한다고 했다. 자로는 스승에 대한 애정과 믿음이 대단한 제자이다. 그렇기 때문에 스승이 직접 가르쳐주신 것은 반드시 실천하여야 한다는 마음으로 생활하는 사람이다. 그는 스승에게 받은 가르침은 일반적인 지식의 습득이 아니므로 반드시 실천해야 한다고 생각했다. 가르침을 실천하지 못했다면 새로운 가르침을 배우는 것이 두려운 것이다.

자로가 이런 마음으로 스승을 모심으로써 공자께서도 언제나 자로가 믿음직하고 의지하며 모든 것을 맡길 수 있는 신뢰할 수 있는 제자였던 것이다. 자로가 공문(孔門)에 입문하고는 공자는 항상 자로와 함께 있음을 알 수 있다. 자로는 공자의 훌륭한 참모(參謀)이며 경호원이었다. 국내에 머무를 때나 외국에 나갈 때도 항상 함께했다. 공자께서는 자로를 평(評)해 말하기를 "유(由)가 입문하고는 나에 대한 비난이 없어졌다."라고 할 정도로 자로를 의지했다.

그러나 공자께서는 자로가 협객(俠客) 생활을 하다 늦게 18세에 입문하여 선비로서의 습관이 덜 되었고, 학문도 부진하였으며, 성격도 난폭한 면이 있었으므로 언제나 잘못된 부분을 깨우쳐 주고, 급하거나 난폭한 부분은 눌러 스스로 고치도록 하였다. 술이(述而) 10장에서 자로는 "선생님께서 3군을 부리신다면 누구와 더불어 하시겠습니까?" 하고 자신의 용맹을 은근히 자랑하자 공자께서는 폭호빙하, 사이무회자, 오불여야(暴虎馮河, 死而無悔者, 吾不與也)[맨주먹으로 범을 치고 맨발로 강을 건너는 자와는 같이 하지 않겠다.]라고 단호히 말함으로써 자로의 무모한 용맹을 나무랐다. 그러나, 그는 순진하고 사심이 없는 성격이라 모든 일에 있어 공정하고 신속하였다. 이런 성격은 사회에 나가 벼슬하면서 일처리에서도 잘 나타난다. 그는 자신의 판단이 내려지면 곧바로 시행하였다. 이러한 자로의 과단성(果斷性)은 스스로 공평무사하게 일을 처리할 수 있기 때문이다. 이는 일을 빨리 그리고 시원하게 처리하는 장점이 있지만, 판단을 잘못할 경우도 있을 수 있다.

이러한 자로를 공자께서는 안연(顔淵) 12장에서 다음과 같이 말씀하셨다. 편언, 가이절옥자, 기유야여, 자로무숙낙(片言, 可以折獄者 其由也與 子路無宿諾)[한 마디로써 재판의 판결을 내릴 수 있는 사람은 유(由)일 것이다. 자로는 승낙한 것을 묵히는 일이 없다]. 자로는 옳은 일이라고 생각하면 꼭 시행하는 순진한 행동파이며 정의파이다.

이러한 자로도 스승의 가르침에 대해서는 미지능행, 유공유문(未之能行, 唯恐有聞)[실천하지 못했으면, 다른 가르침을 듣기를 두려워했다.] 일 정도로 스승을 경외(敬畏)하였다. 짧은 문장이지만 자로의 스승에 대한 경외심을 충분히 알 수 있는 장이다.

자산의 네 가지 도

子謂子産
자 위 자 산
有君子之道四焉
유 군 자 지 도 사 언
其行己也恭　其事上也敬　其養民也惠　其使民也義
기 행 기 야 공　기 사 상 야 경　기 양 민 야 혜　기 사 민 야 의

공자께서 자산(子産)을 평해 말씀하셨다.

"그가 지닌 군자의 도가 네 가지가 있으니,

몸가짐을 공손히 하였고, 윗사람 섬김에 충성을 다했고,

백성을 보양(保養)함에 자혜(慈惠)로 왔고, 백성을 부리는데 의로 왔다."

第五篇　公冶長　十六章
제 오 편　공 야 장　십 육 장

　공자께서는 자산(子産)에 대해서 공·경·혜·의(恭·敬·惠·義)를 실천하였고, 군자로서의 인격을 모두 갖추었고, 작은 정(鄭)나라를 외교적 수완을 발휘하여 큰 나라 사이에서 생존시켰을 뿐 아니라 재상(宰相)으로서 선치(善治)하였다고 칭찬하였다. 자산은 그의 자(字)이고 이름은 공손교(公孫僑)이다. 그는 공자와 동시대 사람이나 공자보다 40여 세 연장자이다.

　자산은 정치에 수완을 발휘하여 은대(殷代) 아래로 내려오던 주술적 제정일치의 정치를 합리주의적인 정치로 바꾸었다. 그 과정에서 법을 제정하여 성문법(成文法)을 완성하였고 동기(銅器)에 명문(銘文)을 새겨 시행함으로써 법치를 확립하였다. 그러므로 그를 성문법의 시조(始祖)라고 말한다. 그리고 농업을 장려하여 경제를 살렸고, 조

세를 조정하여 백성들의 부담을 덜어 주었다.

자산은 정치와 종교를 분리하였고, 춘추시대 중원(中原)에 있던 제(齊)나라, 진(晉)나라의 재상(宰相) 안영(晏嬰), 숙향(叔向)과 함께 명재상시대(名宰相時代)를 이루었다. 그는 학문과 문물제도를 정치에 이용했고, 인문사상을 합리적이고 실용적으로 적용함으로써 공자의 사상에도 영향을 주었다고 할 것이다.

안평중의 사귐

晏平仲 善與人交 久而敬之
안 평 중 선 여 인 교 구 이 경 지

안평중은 남과 사귀기를 잘하여 오래도록 남을 공경했다.

第五篇 公冶長 十七章
제 오 편 공 야 장 십 칠 장

안평중(晏平仲)은 춘추시대 제(齊)나라 재상(宰相)이며 대부(大夫)
이다. 성은 안(晏)이고 이름은 영(嬰)이다. 자(字)는 중(仲)이며 시호
(諡號)가 평(平)으로 보통 안영(晏嬰) 또는 안평중(晏平仲)이라 부른
다. 그는 남과 사귐을 잘 했고 사귄 사람은 오래될수록 더욱 존경
하는 태도를 버리지 않고 계속함으로써 다른 사람과 오래도록 사
귈 수 있었다.

안평중은 제(齊)나라 재상으로 있으면서 제(齊)나라를 부국강병의
나라로 만든 사람이다. 그는 정(鄭)나라 자산(子産), 진(晋)나라 숙향
(叔向), 오(嗚)나라 계찰(季札) 등과 함께 춘추시대에 현상(賢相) 시대
를 이룩한 사람이다. 안평중은 공자보다 한 세대 먼저 정치활동을
시작한 사람으로 정(鄭)나라 대부 자산(子産)과 더불어 정·교(政·敎)
분리, 학문과 문물제도의 정치적 이용, 인문의 존중 등의 실천을 통
해 공자 사상에 영향을 끼쳤다고 할 수 있다.

그는 공자께서 제(齊)나라에 갔을 때 경공(景公)이 공자를 등용하
고자 하였으나 그가 반대하여 뜻을 이루지 못했다. 이때가 공자 나

이 35세 때이다.

안평중은 제(齊)나라가 법가사상(法家思想)을 도입해서 부국강병책을 국정의 정책으로 쓰고 있는데 공자의 덕치로 돌릴 수 없기 때문에 반대했던 것이다.

두 사람의 정책의 차이는 서로 도저히 화합할 수 없는 사상임을 알 수 있다.

공자께서는 위정(爲政) 3장에서 다음과 같이 말씀하셨다. 도지이정, 제지이형, 민면이무치(道之而政, 齊之而刑, 民免而無恥)[백성을 법제(法制)로 인도하고 형벌로 규제하면 백성이 법망을 면하지만 부끄러움이 없을 것이다.] 이는 법가(法家)에서 하는 정책이다. 그러나 공자의 덕치는 도지이덕, 제지이례, 유치차격(道之而德, 齊之而禮, 有恥且格)[그러나 백성을 덕으로 다스리고, 예로서 규제하면 염치를 알고 부끄러움을 느낀다.]이라 했으니 이는 공자께서 주장하는 덕치이다.

두 주장은 차이가 너무 많아 도저히 정치적 화합이 되지 않기 때문에 안평중은 공자의 제(齊)나라 등용을 반대하고 나섰던 것이다. 그러나 공자께서는 안평중의 사람 사귀는 장점을 그대로 인정하고 칭찬했다. 이것이 바로 공자의 위대함을 보여 주는 것이다.

영무자의 어리석음

審武子 邦有道則知 邦無道則愚
녕 무 자 방 유 도 즉 지 방 무 도 즉 우
其知可及也 其愚 不可及也
기 지 가 급 야 기 우 불 가 급 야

영무자는 나라에 도가 있으면 아는 척했고 나라에 도가 없으면 어리석은 척했다.

그의 아는 척하는 품은 누구나 따를 수 있으나 그의 어리석은 척하는 품은 누구나 따를 수 없느니라.

第五篇 公冶長 二十一章
제 오 편 공 야 장 이 십 일 장

영무자(審武子)는 위(衛)나라 대부(大夫)로 이름은 유(兪)이고 시호(詩號)는 무(武)이다. 그는 나라가 어려울 때 자신을 돌보지 않고, 어려움을 극복하며 군주를 보호하여 왕권을 회복하여 나라를 안정시킨 사람이다. 영무자는 방유도즉지(邦有道則知)[나라에 도가 있으면 아는 척했다.]라고 했다. 방유도(邦有道)란 나라의 다스림이 평안한 것의 도가 행해지는 것을 이르며 이때에는 무자(武子)뿐 아니라 모든 벼슬하는 자들이 자기의 지모(智謀)를 드러내는 것이다. 이러한 때를 방유도라고 한다. 이러한 때에는 지혜를 다해 아는 것을 드러냈다. 그러나 방무도즉우(邦無道則愚)[나라에 도가 없으면 어리석은 척했다.]라 했다. 방무도(邦無道)란 나라에 환란이 있어 어지러운 상태를 이르는 것이다. 영무자는 이럴 때 어리석은 사람같이 행동했다.

이런 상황에서 영무자의 행동을 평할 때 그가 지혜를 드러내 일

함을 따를 수는 있으나, 환란 중에 어리석은 사람같이 행동하는 것은 따를 수가 없다고 했다.

여기에서 어리석은 사람처럼 행동했다고 하나 당시 위(衛)나라 정국이 어지러운 상태에서 어리석은 사람처럼 행동하면서 주군을 따라 3년을 피신하여 나라가 안정된 후에 귀국했다. 이를 우불가급(愚不可及)[어리석음을 따를 수 없다.]이라 한 것이다. 이러한 어리석음은 주군에 대한 충성심과 사랑이 지극한 사람이 아니면 억지로 할 수 없으므로 '어리석음을 따를 수 없다.'고 한 것이다. 여기에서 우(愚)라 함은 '어리석음'이라기보다 우직(愚直)이라 함이 옳을 것이다.

위에서 언급했으나 좀 더 자세히 기술한다면 영무자는 위(衛) 성공(成公) 3년에 나라가 혼란하여 성공이 초(楚)나라로 피신했을 때 말고삐를 잡고 3년을 따라다니며 보필했다. 이때 온갖 고초를 모두 극복하고 성공 6년에 귀국하였으나, 정사에 참여하지 않고 편안히 지냈으니 방유도에 지혜로 왔다 할 것이다. 이러한 영무자의 삶에 대해 다산(茶山) 정약용은 성인(聖人)의 뜻은 대개 나라가 무사할 때에는 자취를 감추고, 권력을 사양하고, 나라가 어려울 때에는 살신성인하기를 바라는 것이다. 만약 나라가 편안한 때 녹(祿)을 욕심내어 이익을 누리고, 나라가 위태로울 때 몸을 온전히 하여 해(害)를 멀리 한다면 군주가 누구와 더불어 나라를 다스리겠는가? 이른바 위방불입난방불거(危邦不入亂邦不居)[위태로운 나라에 들어가지 않고, 어지러운 나라에 살지 않는다.] 함은 빈려(賓旅)[외국에서 와서 벼슬하는 사람]의 신하에 해당되는 것이지 세록(世祿)[세습하여 녹을 받는 것]과 종척(宗戚)[군주의 일가]의 신하들은 여기에 해당할 수 없는 것이다.라고 해석했다.

살펴보면 영무자는 어리석은 척하면서도 자신은 보신수명(保身壽命)하고 나라에는 도움을 주고 임금을 잘 모셨다. 악에 정면으로 맞서 물리치지는 못했으나 슬기롭게 피하고 힘써 선을 이룩했다. 이를 들어 공자께서 '기우불가급야(其愚不可及也)'라 했다.

노인을 편하게 해주고

顔淵季路侍
<small>안 연 계 로 시</small>
子曰 盍各言爾志
<small>자 왈 합 각 언 이 지</small>
子路 願車馬 衣輕裘 與朋友共 敝之而無憾
<small>자 로 원 거 마 의 경 구 여 붕 우 공 폐 지 이 무 감</small>
顔淵 願無伐善 無施勞
<small>안 연 원 무 벌 선 무 시 로</small>
子路 願聞子之志
<small>자 로 원 문 자 지 지</small>
子曰 老者安之 朋友信之 少者懷之
<small>자 왈 노 자 안 지 붕 우 신 지 소 자 회 지</small>

안연과 계로가 공자를 모시고 한자리에 있었다.

공자: "너희들이 뜻하는 바를 각기 말해 보지 않겠느냐?"

자로: "좋은 말과 수레와 가벼운 가죽옷을 얻어 가지고 벗들과 나눠 쓰다가 헐어 못쓰게 되어도 유감으로 생각하지 않겠습니다."

안연: "착한 일을 남에게 자랑하지 않고, 남에게 힘든 일을 강요하지 않겠습니다."

자로: "선생님께서 원하시는 바를 들려주십시오."

공자: "노인을 편안하게 해주고, 벗들에게는 신의를 지키며, 연소자를 사랑하겠다."

第五篇 公冶長 二十六章
<small>제 오 편 공 야 장 이 십 육 장</small>

스승과 제자 사이에 이런 자리가 마련되고 서로 소통하는 것을 보면서 지금의 사제 간에도 이런 자리가 마련되었으면 좋겠다고 생각했다. 선생님은 제자를 사랑으로 돌보고 제자는 스승을 잘 받들어 모시며 배우고 익히는 모습을 본다면 얼마나 좋을까. 제자는 스

승 앞에서 자신의 포부를 자랑스럽게 말하고, 스승은 제자에게 자신의 소망하는 바를 가르치고 있다. 그러나 오늘날의 사제 간에는 의무와 권리를 서로 주장할 뿐 진정한 사제 간의 교육은 찾아보기 힘들다. 각설하고 자로, 안회 그리고 공자의 소망하는 바를 중심으로 논하기로 한다.

안회(顔回)는 원무벌선, 무시로(願無伐善, 無施勞)[착한 일을 남에게 자랑하지 않고 남에게 힘든 일을 강요하지 않겠습니다.]라고 하였다. 이는 자신이 행한 선을 일상에 쓰지만 이를 자신의 것이라는 것을 모르게 하기를 원하고 정치를 하면서 백성들에게 불필요한 노역을 시키지 않기를 원했던 것이다. 자로의 말은 뜻하는 바가 무엇인지 정확히 파악할 수 없고 언급한 학자의 이론도 없어 여기에서는 생략할 수밖에 없다.

공자께서는 노자안지(老者安之), 붕우신지(朋友信之), 소자회지(少者懷之)[노인을 편안하게 하여주고, 벗들에게는 신의를 지키며, 연소자를 사랑하겠다.]라 하여 자신의 소망이자 정치의 지향점을 제자들에게 가르쳐 주고 있다. 노약자와 연소자에 대한 배려와 관심이 지금은 복지 정책으로 나타나고 있다. 그리고 보면 2,500년 전 공자의 생각이 지금도 적용된다고 하겠다. 지금은 개인의 인권을 중요시하여 자신의 권리만 중요하게 생각함으로써 다른 사람을 배려하는 것이 옛사람들보다 못하다 하겠다.

그러나 내가 다른 사람을 생각하고 배려한다면, 다른 사람도 나를 배려하고 생각해 줄 것이다. 서로가 사랑하는 이런 사회가 된다면 사회는 따뜻하고 정이 넘치는 사회가 될 수 있을 것이다. 공자께서는 이러한 세상을 만들고자 노력했던 성인(聖人)이다.

※안연(顏淵): 안회(顏回)의 또 다른 이름
※계로(季路): 자로의 또 다른 이름

제6편

옹야(雍也)

옹야는 공야장처럼 인물평이 많으나 대상은 주로 현인(賢人)이나 군자에 관한 것이고, 인
(仁)·지(智)·중용(中庸)의 덕을 말하는 장이다. 총 28장이며 9장을 수록하였다.

도를 따르지 않고 살 수 있는가?

子曰 誰能出不由戶 何莫由斯道也
자 왈 수 능 출 불 유 호 하 막 유 사 도 야

공자께서 말씀하셨다.

"누가 나가는데 문을 통하지 않겠는가?

그런데 어찌하여 선왕의 도를 따르지 않겠는가?"

第六篇 雍也 十五章
제 육 편 옹 야 십 오 장

호(戶)는 방과 마루 사이를 출입하는 작은 문을 말한다. 방에서 밖으로 나가려면 반드시 호를 거쳐서 밖으로 나가는 것이 옛날 중국의 주거 형태이다. 마찬가지로 사람이 문이 없는 곳으로 다닐 수 없듯이 인간이 인도(仁道)가 아닌 사도(邪道)로 살아갈 수는 없는 것이다. 즉 정도(正道)를 이탈해서 살아갈 수는 없다고 문제를 제기하는 것이 본장의 뜻이다.

춘추시대 말에는 위정자나 일반 백성이나 인간의 예의와 도리는 자취를 감추고 불법과 부당한 것이 만연하면서 공자께서는 인간은 인(人)의 도(道)인 사도(斯道)[성인(聖仁)의 도, 유도(儒道)]를 따라 살아야 한다고 강조하고 있다. 이를 공자께서는 옹야(雍也) 17장에서 인지생야직(人之生也直), 망지생야(罔之生也), 행이면(幸而免)[사람의 삶은 곧은 것인데, 곧지 않고 살 수 있는 것은 요행으로 난(亂)을 면하는 것이다.]이라고 했다. 즉 사람은 태어날 때부터 직(直)[곧은 것]으로 태어난 것이다.

직(直)이란? 바로 사도(斯道)이고, 사도란 유도(儒道), 선왕의 도, 성인의 도를 말하는 것으로 바르고 곧은 도(道)인 것이다. 인지생야직(人之生也直)[사람은 태어나면서부터 바르게 마련이다.]이란? 도를 사람들이 지키는 것이라고 공자께서는 낙관하는 태도를 취한 것이다. 이를 후한(後漢)의 마융(馬融)은 언인소생어세이자종자(言人所生於世而自終者), 이기정직야(以其正直也)[사람이 세상에 태어나 스스로 제 나이를 사는 것은 정직하기 때문이다.]라 하여 정직으로 평생 살 수 있다는 것이다. 그러나 송(宋)나라 정자(程子)는 생리본직(生理本直)[사는 이치가 본래 정직하다.]이라 하여 인생은 원래 정직하게 마련이라 했다. 이는 맹자에게서 성선설(性善說)로 발전하였다.

겉과 속이 어울려야 군자다

子曰 質勝文則野 文勝質則史
<small>자왈 질 승 문 즉 야 문 승 질 즉 사</small>
文質 彬彬然後 君子
<small>문 질 빈 빈 연 후 군 자</small>

공자께서 말씀하셨다.

"바탕이 꾸밈보다 두드러지면 야하고 겉꾸밈이 바탕을 누르면 간사하다.
바탕과 꾸밈이 잘 어울려야 비로소 군자다."

第六篇 雍也 十六章
<small>제 육 편 용 야 십 육 장</small>

질(質)은 속에 있는 본질, 바탕, 내용, 실질적인 것 등으로 덕을 근본
으로 한다. 이러한 것들을 빛나게 하는 것이 문(文)이라고 할 수 있다.
문은 밖으로 보이는 것, 즉 의혹, 문식(文飾) 등을 말하며 이는 예악(禮
樂), 법제(法制) 같은 것으로 나타난다. 질이 없으면 문이 성립하지 못
한다. 야(野)란 촌티가 나는 것, 속된 것, 혹은 순박한 것 등을 말하며
여기에서는 촌티 나고 속돼 보인다는 뜻으로 보아야겠다. 사(史)란 문
서를 기록하는 관리의 하나이나 여기서는 문서를 꾸미듯이 그럴듯하
게 꾸미는 것을 말한다. 그리고 빈빈(彬彬)이란? 주자의 해석으로 뜻
을 대신하려고 한다. 빈빈유반반(彬彬猶班班), 물상잡이균적지모(物相
雜而均適之貌)[빈빈(彬彬)은 반반(班班)과 같은 뜻이니, 물건이 서로 섞
여 고루 어우러져서 적당한 모양이다.]라고 하였다. 빈빈은 이 글에서
쓰인 뜻에 꼭 들어맞는 해석으로 보여서 이를 대신하였다.

이제 전체 문장을 역사의 사실에서 한 가지 예를 들어보면 본장

의 의미를 상상하고 또 다른 예도 유추할 수 있을 것으로 생각하여 사마천(司馬遷)의 『사기(史記)』 열전편(列傳篇) 중에서 한(漢)나라가 천하통일 후 의식과 규율 등을 대폭 간소화하였다. 의식과 규율이 너무 간소화되자 질서가 무너지고 공신 간에 공적을 가지고 서로 다투고 심지어 칼을 빼 들고 설치는 자까지 나오게 되었다. 황제 유방(劉邦)까지도 이를 처리하기에 골머리가 아플 지경이었다. 그때 숙손통(叔孫通)이라는 유학자가 유방에게 새로운 의식과 규율을 만들 것을 제안하고, 유방은 숙손통에게 그것을 허락하여 드디어 황제 즉위식의 의식행사와 국가 통치를 보고는 "나도 황제 노릇을 잘할 수 있겠소" 하고 칭찬하였다. 또 즉위식이 끝난 후에 유방은 "오늘에야 비로소 황제의 자리가 고귀함을 알았노라."라고 했다. 그 후에는 나라가 안정되고 질서가 잡혀갔다. 여기서 질과 문의 관계를 살펴본다면 통일 때까지 어려움을 극복하고 전쟁을 승리로 이끈 모든 일을 질이라 한다면 그 이후 의식과 규율을 정함을 문이라 할 수가 있다.

정치도 형식과 절차를 맞추지 않으면 좋은 내용을 담을 수 없다. 형식과 절차를 무시하면 민주주의 원칙을 따질 수 없는 것이다. 아무리 옳은 주장도 표현하는 방법이 옳지 않으면 그 주장도 옳은 것으로 보기 힘들다. 옳은 내용의 주장이라면 표현도 걸맞은 방법이라야 정말 옳은 주장으로서 인정받을 것이다.

불법 데모로 옳은 주장을 할 때 옳게 보일 리 없다. 내용과 형식의 일치란 그런 것이 아닐까?

이것이 군자의 도가 아니겠는가?

사람의 삶은 곧게 마련

子曰 人之生也直 罔之生也 幸而免
<small>자 왈 인 지 생 야 직 망 지 생 야 행 이 면</small>

공자께서 말씀하셨다.

"사람이 살아갈 때는 곧게 살게 마련인데

곧지 않으면 살아갈 수 있는 것은 요행히 화(禍)를 면하는 것이다."

第六篇 雍也 十七章
<small>제 육 편 옹 야 십 칠 장</small>

인지생야직(人之生也直)을 후한(後漢)의 마융(馬融)은 언인소생어세이자종자(言人所生於世而自終者), 이기정직야(以其正直也)[사람이 세상에 태어나 스스로 제 나이를 사는 것은 정직하기 때문이다.]라 하여 정직한 마음으로 살기 때문에 평생을 무난하게 살 수 있다고 말했고, 송(宋)나라 정자(程子)는 생리본직(生理本直)[사는 이치가 본래 정직하다.]이라고 하였다. 이것은 인간이 태어날 때부터 정직한 마음을 가지고 태어났다는 말이다. 이 사상은 맹자의 성선설(性善說)로 발전하였다. 망지생야(罔之生也), 행이면(幸而免)[곧지 않으면 살아갈 수 있는 것은 요행히 화를 면하는 것이다.]이라 했는데 망지(罔之)의 지(之)는 곧 직(直)을 말하는 것이며 망(罔)은 '속인다'는 뜻으로 기(欺)나 무(誣)와 같은 뜻이다. 망지는 곧지 않다는 뜻으로 결국 곧지 않게 사는 방법은 속이면서 요행히 화를 면하는 것이라고 했다.

중용에서는 이렇게 말했다. 군자거이이사명(君子居易以俟命), 소인행험이요행(小人行險而徼幸), 거이자직야(居易者直也), 행험자망야(行險

者罔也)[군자는 평이함에 처하여 천명을 기다리고, 소인은 위험한 것을 행하여 요행을 바란다고 하였으니 여기에서 평이함에 처한다는 것은 직(直)이며 위험한 것을 행한다는 것은 망(罔)인 것이다.]라고 하였다. 중용에서 직과 망의 뜻을 명확히 풀이했다.

또 당(唐)나라의 한유(韓愈)는 직은 덕(德) 자로 만들어서 읽어야 한다고 했다. 만들어 읽는다고 하는 것은 직을 덕으로 해석하고 덕이라고 주장하는 것과 같다. 이 주장의 옳고 그른 것은 판단을 유보한다.

알기만 하는 사람은 좋아하는 사람만 못하다

子曰 知之者 不如好之者 好之者 不如樂之者
자왈 지지자 불여호지자 호지자 불여락지자

공자께서 말씀하셨다.

"알기만 하는 사람은 좋아하는 사람만 못하고,

좋아하는 사람은 즐기는 사람만 못하다."

第六篇 雍也 十八章
제 육 편 옹 야 십 팔 장

'지(知)'는 도를 안다는 뜻이오. '호(好)'는 알고 있는 도를 행함으로써 느끼는 기쁨을 맛보고 느끼는 경지이고 락(樂)은 그것을 알고 느낌으로서 그 만족함을 누리는 것이다. 그러니 지지자(知之者)보다는 호지자(好之者)의 즐거움이 더 좋고, 호지자(好之者)보다는 락지자(樂之者)의 즐거움이 더 크게 느껴짐은 당연하지 않겠는가?

본장은 모든 사람이 한 번쯤 새겨보고 좀 더 나은 삶을 즐기는 것이 무엇인가를 생각해볼 만한 장이다. 단순하게 알고 있는 것과 그것을 좋아하는 것과 그것을 즐기면서 일하는 것을 비교한 것이니 삶을 조명하는 좋은 장이라고 생각한다.

교육이란? 단순히 지(知)를 가르치지만 그것을 좋아하고 즐길 수 있는 것은 스스로의 노력이 필요하다. 단순히 알기 위해 배우는 것이 아니라 그것을 삶의 현장에서 생활에 적용하고 실천함으로 도를 넓히고 인을 이룩할 바탕이 되어야 하겠다.

어려운 일에 앞장서고 보답은 늦게 받는다

樊遲問知
번지문지
子曰 務民之義 敬鬼神而遠之 可謂知矣
자왈 무민지의 경귀신이원지 가위지의
問仁
문인
子曰 仁者先難而後獲 可謂仁矣
자왈 인자선난이후획 가위인의

번지가 지혜에 대해 물었다.

"사람이 지켜나갈 도의에 힘을 쓰고, 귀신을 공손히 다루되 멀리하면 지혜롭다고 하겠다."

다시 인에 대해 물었다.

"인자는 어려움을 남보다 앞서서 치르고 보답은 남보다 뒤져 얻으면 참으로 어질다 할 수 있다."

第六篇 雍也 二十章
제육편 옹야 이십장

지(知)란? 의(義)를 다함과 귀신을 공손히 모시되 멀리한다고 하였다. 대체로 의라는 것은 자신에게 숨어있는 악을 버리고 다른 사람의 악을 미워하며 선을 행하는 것을 말한다. 맹자는 공손추(公孫丑) 상권 불인장(不忍章)에서 수오지심(羞惡之心), 의지단야(義之端也)[수치를 알고 미워하는 마음은 의의 근본이다.]라고 하였다.

한편 귀신을 멀리하되 공손히 모신다는 것은 선진(先進) 11장에서 계로(季路)가 공자께 귀신에 대해 묻자, 공자께서는 미능사인(未能事人), 언능사귀(焉能事鬼)[사람도 제대로 섬기지 못하는데 귀신을 섬길 수 있겠느냐?]라고 하셨다. 이는 불가근(不可近), 불가원(不可遠)[가까이하지도 않고, 멀리하지도 않는다.]이라는 말로 표현한다면 비슷한 예가 될 것 같다. 가까이하면 더 많이 요구하고 너무 멀리하면 원망하고, 해하려 할 것이다. 당시 사회에는 다신(多神)의 풍조가 엄존하고 있었으나 공자께서는 신들의 존재는 인정했으나 신앙의 대상으로 모시지는 않았으며 가르치지도 않았다. 철저한 인본주의를 택했던 것이다.

번지(樊遲)가 또 인에 대하여 묻자, 본장에서는 선난후획(先難後獲)[어려움을 남보다 먼저 하고, 보답은 남보다 뒤에 한다.]이라 했다. 그러나 안연(顏淵) 22장에서는 애인(愛人)[남을 사랑함.]이라 했으며, 자로(子路) 19장에서는 거처공(居處恭), 집사경(執事敬), 여인충(與人忠)[거처할 때 공손하고, 일을 볼 때는 공경스러우며, 남에게 충실하다.]이라 했다. 이 모두 인에 대한 번지의 질문에 공자께서 답한 것으로 인을 표현하는 대답이 다르다. 이는 상황에 따라 질문하는 의도가 다르기 때문이라는 생각이 든다. 그러나 상황에 따라 표현이 다를 뿐 뜻을 깊이 새겨본다면 행하여 얻는 결과에서는 별 차이가 없는 것이라고 본다. 남의 어려움을 먼저 행하는 것, 남에게 공손한 것, 사람들에게 충실한 것 등이 곧 애인(愛人)[남을 사랑함.]에서 나온 것이 아니겠는가? 공자께서 제자를 가르치실 때 상황에 따라 달리 표현함을 다시 한번 깨닫게 된다.

물을 좋아하고 산을 좋아한다

子曰 知者樂水 仁者樂山
자왈 지자요수 인자요산
知者動 仁者靜
지자동 인자정
知者樂 仁者壽
지자락 인자수

공자께서 말씀하셨다.

"슬기로운 사람은 물을 좋아하고, 어진 사람은 산을 좋아하고,

슬기로운 사람은 움직이나, 어진 사람은 조용하고,

슬기로운 사람은 즐기지만, 어진 사람은 장수한다."

第六篇 雍也 二十一章
제 육 편 옹 야 이 십 일 장

지자(知者)와 인자(仁者)를 대비하였다. 지자는 현실적인 사람이라고 할 수 있다. 지자요수(知者樂水)[슬기로운 사람은 물을 좋아한다.] 지자동(知者動)[슬기로운 사람은 움직인다.] 지자락(知者樂)[슬기로운 사람은 즐긴다.]

위와 같이 지자는 동적이며, 또한 즐길 줄 아는 사람이다. 물은 언제나 움직이고, 변화무쌍하다. 언제나 흐르면서 움직임을 즐긴다. 웅덩이가 있으면 채워서 즐거움을 느끼고, 모자란 것은 채워주며 즐거움을 맛본다. 항상 변화하고 변화를 즐기는 것이다. 물은 물길을 따라 흐르니 이는 예를 아는 자의 행동과 같고, 작은 틈도 모두 채워주는 것은 지혜로운 자와 같으며, 높은 곳에서 낮은 곳으로 뛰어내릴 때 주저하지 않는 것은 용감한 자의 행동과 같고, 모든 생명은

이것으로 살아가며, 이것으로 만사가 공평해지니, 이것이 지혜로운 자가 물을 즐기는 까닭이다.

한편 인자는 고요하고 정(靜) 하다. 정하다는 것은 움직이지 않고 묵묵히 자기의 직분을 지키는 것을 말한다. 고요히 자기의 직분을 지킨다는 것은 자기의 할 일을 다 하는 것을 말한다. 즉 인자는 서(恕)를 모범적으로 지켜나간다. 자식에게 바라는 것을 부모에게 내가 먼저 행하고, 아우에게 바라는 바를 형에게 먼저 행하며, 신하에게 바라는 바를 임금에게 하고, 벗에게 바라는 바를 벗에게 내가 먼저 행하는 것이다. 이는 내가 남에게 바라는 마음을 내가 남을 위해 행함으로써 그 후덕한 덕을 가지고 인을 이룩한다. 인자가 산을 좋아함은 산은 말없이 오래도록 한자리에 머물고 인자는 정하며 또한 장수하는 것이다. 인자가 장수한다는 것은 인은 움직이지 않아도 오래가고 길게 갈 수 있는 것으로 움직이지 않아도 천하가 감화되기 때문이다. 주자는 정이유상고수(靜而有常故壽)[고요하여 떳떳함이 있기 때문에 장수한다.]라고 하였다. 모든 사람이 우러러보며 초목이 산에서 살고 사방의 유익함을 모두 취한다. 또한, 산은 정직하여 사사로움이 없고 모든 백성에게 혜택을 주기 때문이다. '지(知)'와 '인(仁)'을 '물'과 '산'으로 비교했으니 이를 따르고자 하면 과연 어떻게 해석해야 할 것인지 생각하게 한다.

지는 적응한다. 그래서 물에 비유한다. 물은 아래로 흐르면서 낮고 패인 곳을 골고루 채우고, 메마른 곳을 적셔 주는 지혜를 가진 사람을 지자(知者)로 표현한다면 어머니의 마음으로 표현하고 싶다.

세상 어떤 변화에도 꿋꿋이 버티면서 우뚝 서 있어, 언제나 기대고 싶고, 우러러 보이고, 항상 편안한 것이 산으로 표현한 '인자'라면, 이는 아버지 같은 존재가 아닐까? 하고 생각한다면, 너무 좁게 해석하는 것이 아닐까?

세상 사람들이 요산요수(樂山樂水)라고 하는 사자성어가 이 장에서 나왔다는 것을 아는 사람은 많지 않을 것이다. 또한, 요산요수를 '락산락수'로 읽는 사람이 있으나 그렇게 읽는 것은 틀린 것이라는 것을 밝혀둔다.

모난 술잔

子曰 觚不觚 觚哉觚哉
자 왈 고 불 고 고 재 고 재

공자께서 말씀하셨다.

"고(觚)가 고(觚) 답지 않으면 어찌 고(觚)리오, 어찌 고(觚)리오."

第六篇 雍也 二十三章
제 육 편 옹 야 이 십 삼 장

　공자께서 본문과 같이 말한 연유는 문헌을 찾을 수 없어 그 뜻을
정확히 알 수가 없다. 다만 후세 학자들의 해설을 살펴보고 의미를
유추함으로써 본문의 뜻을 알아보려고 한다.

　고불고(觚不觚) 앞의 고(觚)는 술그릇이라는 뜻이고, 뒤의 고(觚)는
술잔이라는 뜻으로 쓴 것이다. 술잔의 고(觚)는 팔각으로 된 술잔이
라야 고(觚)라고 한다. 팔각이 아닌 것은 고(觚)가 아닌 것이다. 그렇
기 때문에 고재(觚哉) 고재(觚哉)라고 강조한 것이다.

　송(宋)의 학자 정자(程子)는 고(觚)를 다음과 같이 말했다.

觚而失其形制 則非觚也 擧一器 而天下之物莫皆然
고 이 실 기 형 제 즉 비 고 야 거 일 기 이 천 하 지 물 막 개 연
故君而失其君之道 則爲不君 臣而失其臣之職 則爲虛位
고 군 이 실 기 군 지 도 즉 위 불 군 신 이 실 기 신 지 직 즉 위 허 위

　[고(觚)가 고(觚)의 형체로 만들어지지 않으면 고(觚)가 아니다. 하
나의 그릇으로 말했으나, 천하의 물건이 모두 그렇지 않은 것이 없
다. 그러므로 임금이 도리를 잃으면 임금 답지 못한 것이 되고, 신하
이면서 신하의 직분을 잃으면 그 자리는 헛된 자리가 된다.]

살펴보면 기물(器物)은 각각의 이름이 있고 그 이름으로 가치를 인정받는 것이다. 고(觚)는 팔각이기 때문에 그 이름을 얻었고 그 이름의 가치를 유지하는 것이다.

또 북송(北宋)의 학자 범조우(范祖禹)는 다음과 같이 말했다.

人而不仁 則非人 國而不治 則不國矣
인 이 불 인 즉 비 인 국 이 불 치 즉 불 국 의

[사람으로서 어질지 못하면 사람이 아니고, 나라로써 올바로 다스려지지 않으면 나라가 되지 못한다.]

사람이나 나라나 형체를 갖추지 못하면 본질을 망각하는 수가 있음을 말하였다. 즉 국가의 문물제도, 예악(禮樂)의 도(道)가 없으면 나라로써 구실을 못한다는 것에 비유한 것이다.

한편 후한(後漢)의 마융(馬融)은 다음과 같이 말했다.

以喻爲政不得其道則不成
이 유 위 정 부 득 기 도 즉 불 성

[이는 정사(政事)를 하되 그 도를 얻지 못하면 이루지 못한다는 것을 비유한 것이다.]

이런 학자들의 본 문장을 보는 관점을 살펴건대 공자께서는 하나의 물건도 형체를 잃어버리면 그 본래의 구실을 못하는데 군자로서 올바른 도 즉, 인도(仁道)를 잃어버린다면 군자가 어찌 군자라 할 수 있겠느냐고 한 것이다.

그렇기 때문에 고재 고재(觚哉 觚哉)[어찌 고(觚) 리오, 어찌 고(觚) 리오.]라고 강조한 것이다. 여기에서 고(觚)란 군자를 뜻한다고 보고 있다.

사람이 우물에 빠졌다면?

宰我問曰 仁者 雖告之曰 井有仁焉 其從之也
<small>재 아 문 왈　　인 자　　수 고 지 왈　　정 유 인 언　　기 종 지 야</small>
子曰 何爲其然也 君子可逝也 不可陷也
<small>자 왈　　하 위 기 연 야　　군 자 가 서 야　　불 가 함 야</small>
可欺也 不可罔也
<small>가 기 야　　불 가 망 야</small>

재아가 물었다.

"인자는 '우물에 사람이 빠졌다.' 하면 당장 좇아가 우물에 들어갑니까?"

공자께서 대답하셨다.

"어찌 그렇게 하겠느냐? 군자는 가기는 하겠으나 남의 속임수에 빠지지는
않을 것이다. 일시적으로 속는다 할지라도 끝내 사리에 어둡지는 않을 것이다."

第六篇 雍也 二十四章
<small>제 육 편　　옹 야　　이 십 사 장</small>

　　재아(宰我)는 공자의 제자로 공문십철(孔門十哲)에 드는 제자이다.
그럼에도 재아는 공자의 의견에 동의하지 않고 자기의 의견을 주장
하는 경우가 있었다. 예를 들어 양화(陽貨) 21장에 보면 3년 상(喪)
이 너무 길다고 항변하면서 군자가 삼 년이나 예(禮)를 지키지 못하
면 예가 망쳐질 것이고, 삼 년이나 음악을 못하면 음악이 쇠퇴할 것
이라고 이유를 설명하면서 1년 상(喪)을 주장했다. 이에 대해 공자
께서는 그래도 마음이 편하면 그렇게 하라고 하면서 재아가 나간 후
재아는 인애롭지 못하다고 비평하였다. 또한 공야장(公冶長) 10장에
서는 낮잠을 자는 재아를 보고 공자께서 '후목, 불가조야(朽木, 不可
雕也), 분토지장, 불가오야(糞土之牆, 不可杇也)'[썩은 나무에는 조각할

수가 없고, 더러운 흙으로 쌓은 담은 흙손으로 다듬을 수가 없다.]
라고 하시면서 실망을 드러냈다.

　본장에서도 꼭 집어낼 수는 없어도 질문 자체에서 풍기는 느낌이
저항하는 듯한 생각이 든다. 그것은 아무튼 인자가 사람이 우물에
빠진 상황이라면 우선은 달려갈 것이다. 정유인언(井有仁焉)에서 인
은 보통의 사람이라 해야 통할 것이다. 우물에 빠진 사람이 굳이 어
진 사람이 아니더라도 사람이 우물에 빠졌다면 악한 사람이라도 우
선은 구해야 할 것이다.

　당장 우물에 뛰어들어가겠느냐는 질문은 어리석은 질문이라 할
것이다.

　인자는 예(禮)와 지(智)를 두루 갖춘 군자임이 틀림없을 진데 우물
에 사람이 빠졌다면 상황을 잘 파악하여 구하는 방법을 선택할 것
이지 무조건 우물에 들어가 함께 빠지는 행동은 하지 않을 것이다.

　인자의 상황 판단에 대한 공자의 생각을 말한 이인(里仁) 3장을 보
면 유인자, 능호인, 능오인(惟仁者, 能好人, 能惡人)[오직 인자라야 사람
을 좋아할 수도 있고, 미워할 수도 있다.]라고 했다. 즉 인자는 사리
판단을 엄정히 할 수 있는 지혜를 가졌다. 그러므로 선한 사람과 악
한 사람을 구분할 수 있고, 일에도 올바른 판단을 할 수 있는 지혜
를 갖추었기 때문에 함부로 행동하지는 않을 것이다.

　그래서 가기야(可欺也), 불가망야(不可罔也)[일시적으로 속는다고
하여도, 끝내 사리에 어둡지 않을 것이다.]라고 한 것이다.

중용의 덕

子曰 中庸之爲德也 其至矣乎 民鮮久矣
자왈 중용지위덕야 기지의호 민선구의

공자께서 말씀하셨다.

"중용이 덕이 됨엔 그 값이 지극하다.
사람들이 이를 소홀히 한 지 너무나 오래다."

第六篇 雍也 二十七章
제육편 옹야 이십칠장

　중용은 유학(儒學)에서 구현하고자 하는 덕목인 인(仁)을 이룩하는데 중요한 덕목이라 할 수 있다. 그럼에도 논어 중에서 직접 언급한 것은 본장이 유일하다.

　우선 중용이란 무엇인가? 중용의 중(中)은 치우치지 않으며 기울지도 않고, 지나치거나 미치지 못함이 없는 것을 말한다. 또 용(庸)은 특별함이 없고, 바뀌지도 않음으로써 천하에 정해진 이치를 말하는 것이다. 그리고 또한 공평무사(公平無私)하면서도 여유가 있고, 철저하면서도 융통성이 있는 것이 용(庸)이다. 중용은 과·불급(過·不及)이 없는 보통의 상태를 말하는 것으로 누구나 행할 수 있는 도라고 했다. 그러나 중용을 철저히 지켜나가는 것은 성인(聖人)도 대단히 어렵게 여기고 있다.

　공자께서도 그 어려움을 중용 7장에서 이렇게 토로(吐露)했다.

　인개여지택호(人皆予知擇乎), 중용이불능(中庸而不能), 기월수야(其月守也)[내가 '슬기롭다.'라고 하지만 중용의 도를 골라서 한 달도 제대로 지키지 못한다.]라고 하였으니, 중용의 도를 지켜서 행함이 얼마나 어려운 것인가를 알 수가 있지 않겠는가?

또 중용 9장에서는 천하국가가균야(天下國家可均也), 작록가사야(爵祿可辭也), 백인가도야(白刃可蹈也), 중용불가능야(中庸不可能也)[천하국가도 평정할 수가 있으며, 벼슬과 급여도 사양할 수가 있으며, 날카로운 칼날도 밟을 수가 있다. 하지만 중용은 잘 할 수가 없다.]라고 중용을 행하는 어려움을 말하고 있다. 여기에서 천하국가가균야(天下國家可均也)는 지(知)를 행하는 도이며, 작록가사야(爵祿可辭也)는 인(仁)을 행하는 도이며, 백인가도야(白刃可蹈也)는 용(庸)을 행하는 도이다. 공자께서는 이러한 지·인·용(知·仁·勇)은 행할 수가 있으나 중용은 잘 행하기 어렵다고 말하니, 일반 백성을 이 중용의 도를 잘 지켜나가는 것이 얼마나 어려운 것인가를 알 수가 있다. 이렇게 어렵고 소중한 중용의 덕을 사람들이 소홀히 한 것이 너무 오래되었다고 공자께서 본장에서 너무나 아쉬워하고 있다.

중용은 원래 「예기(禮記)」 중의 한편이었던 것을 송(宋)나라의 유학자 주자(朱子)가 따로 뽑아 한 권의 책으로 만들어 사서(四書)의 하나로 서목(書目)에 올렸던 것이다. 사서(四書)란? 논어(論語), 맹자(孟子), 대학(大學) 그리고 여기서 논하고 있는 중용(中庸)을 더해서 유교경전(儒敎經典)으로 꼽고 있다.

제7편

술이(述而)

공자의 뜻과 행위를 밝혀 남에 대해 성인의 교도하는 태도를 논했고, 성인의 덕행을 밝힌
것이 많다. 총 37장 중 18장을 수록했다. 다른 편도 그렇지만 이 책에 빠진 장이 궁금하다
면 전부를 엮은 책에서 찾아보기 바란다.

옛것을 믿고 좋아했다

子曰 述而不作 信而好古 竊比於我老彭
자왈 술이부작 신이호고 절비어아노팽

공자께서 말씀하셨다.
"전술(傳述)했을 뿐 짓지 않았으며, 옛것을 믿고 좋아했다.
나를 노팽(老彭)에 비기고자 한다."

第七篇 述而 一章
제 칠 편 술 이 일 장

공자께서는 술이부작(述而不作)[전술했을 뿐 짓지 않았다.]이라 했
지만, 전술 자체가 너무 방대하고 자세한 것이라 어느 것 하나 소중
하지 않은 것이 없다. 공자께서는 상서-서경(尙書-書經), 『예기(禮記)
』를 서술했고 시경(詩經)을 모아 편집했고, 악경(樂經)을 바로잡았으
며, 역경(易經)을 풀어썼으며, 춘추(春秋)를 지었다. 이 많은 저술을 남
겼음에도 모든 것이 옛 선왕의 도를 서술하였고, 자신이 창작한 것
이 아니라고 했다. 즉 신이호고(信而好古)[옛것을 믿고 좋아했다.]라
고 말하면서 자신을 노팽(老彭)에 견주어 말하려고 한다고 하였다.

술이부작(述而不作)의 술(述)은 전하는 것을 기술(記述)하였다는
의미로 쓰인 것이고, 작(作)은 새로운 것을 창작해 내는 것을 이른
다. 공자께서는 자신은 창작하지 않고 신이호고(信而好古)[옛것을 믿
고 좋아했다.] 함으로 술(述) 할 수 있었다고 했다. 위정(爲政) 11장에
서도 온고이지신(溫故而知新)[옛것을 충분히 습득하고 새로운 것을
안다.]이라 했다. 이러한 정신은 바로 술이부작이며 신이호고인 것

이다. 이는 옛것을 복고(復古) 하는 것이 아니고 옛것을 바탕으로 그 위에 새로운 것을 창조하고 전통을 계승하면서 새롭게 역사를 쓴 것이다. 이는 인을 바탕으로 하는 왕도로서 덕치 이념을 확립한 것이라고 할 것이다. 즉 유학(儒學)의 바탕이 된 것이다.

본장에 나오는 글자 중에 절비(竊比)가 있다. 절(竊)은 남이 눈치채지 않게 몰래라는 뜻이다. 자신만 마음속으로라는 뜻이 있다. 그러나 비(比)가 뒤에 붙어 절비(竊比)라고 하는 말은 사(私)[나]라는 뜻의 말이 되고 공자 자신을 겸손하게 표현한 것이다. 노팽(老彭)은 학자마다 설이 다르므로 정확한 것을 몰라 학자들의 견해를 소개하고자 한다. 포함(包咸)은 은(殷)나라의 대부(大夫)로서 고사(古事)를 잘 전술(傳述)했다고 했다. 한편 정현(鄭玄)은 노(老)는 노담(老聃)이고, 팽(彭)은 팽조(彭祖)라고 하여 두 사람을 일컫는다고 했다. 정확한 것은 현재로서는 결론 내릴 수 없다.

배우기에 물리지 않았다

子曰 默而識之 學而不厭 誨人不倦 何有於我哉
<small>자 왈 묵 이 지 지 학 이 불 염 회 인 불 권 하 유 어 아 재</small>

공자께서 말씀하셨다.

"묵묵히 새겨두고, 배우기를 싫어하지 않고, 남을 가르쳐주기에 지치지 않는다. 이런 일들은 나에게는 쉬운 일이다."

第七篇 述而 二章
<small>제 칠 편 술 이 이 장</small>

본장을 보면 공자께서 학문을 보는 관점이 무엇인가를 살펴보아야 한다.

공자께서는 술이(述而) 1장에서 말한 호고민이구지자(好古敏以求之者)[옛것을 좋아하여 부지런히 찾아 배워 알게 된 사람이다.]라 한 것같이 모든 학문을 옛것에서 배우고 정리하여 시(詩)·서(書)·예(禮)·악(樂) 등을 기억하여 기록하고, 거기에서 배워 알았으며 아는 것을 가르침으로 문화를 후대에 전하였던 것이다. 그리고 학이불염(學而不厭)[배우기를 싫어하지 않다.] 하셨으니 술이(述而) 18장에서 말하기를 발분망식, 낙이망우, 부지노지운이(發憤忘食, 樂以忘憂, 不知老至云爾)[학문에 발분하면 식사를 잊고, 학문을 즐김에는 걱정을 잊으며, 늙어가는 것조차 모른다.]라 했다. 이렇게 스스로 배워서 터득한 학문을 후학에게 전하고 교육에 힘쓰니 이것이 회인불권(誨人不倦)[남을 깨우치기에 지치지 않는다.]이라 할 것이다.

공자께서는 배우기에 실증 내지 않으시고 가르치는 것을 게을리하지 않았으며 문화를 높여 후학에게 전함으로서 지식의 전달자로서 모든 것을 바친 것이다. 이는 학문하는 사람으로서 사명을 다한 것이라고 할 것이다. 공자께서는 이를 실천하는 것은 쉬운 일이라고 했다.

도에 뜻을 두고

子曰 志於道 據於德 依於仁 游於藝
자왈 지어도 거어덕 의어인 유어예

공자께서 말씀하셨다.

"도에 뜻을 두고 덕을 지키고, 인을 의지하고 예(藝)를 체득하라."

第七篇 述而 六章
제 칠 편 술 이 육 장

지어도(志於道)[도에 뜻을 둔다.]라고 했는데 도(道)란 무엇인가?

도를 중용에서 다음과 같이 정의했다. 천명지위성, 솔성지위도, 수도지위교(天命之謂性, 率性之謂道, 修道之謂敎)[하늘에서 사람에게 명하여 준 것을 성(性)이라 하고, 그 성에 따라서 행하는 것을 도라고 한다. 또 그 도를 따라 닦아 얻는 것을 교(敎)라고 한다.]라고 했다. 도(道)란 하늘이 사람에게 내린 바른길이다. 사람이 바른길을 두고 바르지 못한 길을 가는 것은 곧 하늘의 뜻을 거스르는 것이다. 그래서 도는 만물의 이치를 바른길로 인도하여 인을 완성하는 것이 도이다. 이것이 바로 지어도(志於道)라고 하는 것이다.

거어덕(據於德)[덕을 지키다.]의 덕은 윤리에 맞고 만물에 두루 통하는 정신인 선(善)을 행동으로 표현하는 것을 말한다. 덕은 이치에 맞아야 하며, 정신이 행동으로 나타나는 것이다. 덕은 서로 어울리고 아우르고 화합한다. 덕은 나를 선하게 하고 바른길로 인도해 준다. 반면에 욕(欲)은 나를 악하게 한다. 그러므로 군자는 덕을 의지하라고 한 것이다.

의어인(依於仁)[인에 의지하다.]이라 했다. 인은 모든 행위의 기준이라 할 수 있다. 사람이 살아가면서 지켜나가는 모든 것 즉 효(孝)·제(弟)·도(道)·덕(德)… 등 모든 행위는 인에 맞는 것이라야 한다. 그러므로 인은 사람과 사람 사이에 일어나는 모든 것의 표준이 되는 것이다. 인은 절대선(絕對善)을 말한다. 서양 언어로 표현하자면 휴머니즘으로 표현하면 같은 의미일 것 같다. 즉 사람과 사람 사이의 관계에서 선한 것으로 이루어지는 모든 것이 인이다. 그러므로 군자는 모든 행위를 인에 의지해야 하는 것이다.

유어예(游於藝)[예(藝)를 체득하라.]라 했다. 예(藝)는 6예(六藝)[예(禮)·악(樂)·사(射)·어(御)·서(書)·수(數)]를 말하는 것이다. 군자는 이 6예를 바르게 체득하여야 한다. 예(藝)는 도(道)·덕(德)·인(仁)의 수도(修道)에 기본이 되는 것이다. 유(游)는 '아무 거리낌 없이 자유스럽게 노는 모양을 표현하는 것, 고루고루 체득함. 경험하다.'라는 뜻이 있다.

본문에서 유어예(游於藝)라 하였다. 유(游)라 함은 육예(六藝)를 체득함으로써 도를 수행하고, 덕을 쌓는 기초가 될 수 있으며, 인을 실천하는 바탕이 되는 것이다. 이는 선을 바탕으로 한다. 군자는 예(藝)를 다방면에 두루두루 터득해야 한다. 그렇다고 전문가가 되라는 것은 아니다.

군자불기(君子不器)라 했다. 전인(全人)이 되어야 한다는 것이다.

본장은 군자가 수도(修道)하는 법을 잘 표현하고 있다.

속수(束脩)의 예(禮)

子曰　自行束脩以上　吾未嘗無誨焉
자왈　자행속수이상　오미상무회언

공자께서 말씀하셨다.

"속수(束脩)의 예(禮) 이상을 치른 사람들에게 내 일찍이 가르치지 않는 바 없다."

第七篇　述而　七章
제 칠 편　술 이　칠 장

당시 예(禮)로서는 천속지친(天屬之親)[부자·형제] 이외에 처음 볼 때에는 반드시 폐백(幣帛)을 드렸다. 제자가 스승을 처음 보고자 할 때에 드리는 폐백은 일정치 않았으며 제자가 될 사람의 형편에 따라 다를 수도 있다. 속수(束脩)[육포 10 두름]에서부터 옥과 비단까지 다양하였다. 스승을 처음 보는 폐백은 폐백을 하는 사람의 신분이나 형편에 따라 차이가 있었다.

　그러나 사회의 풍습은 엄격했다. 제후나 사대부가 황제를 만날 때는 옥과 비단을 바쳤고, 부부가 혼인할 때는 남자는 여자에게 속백(束帛)[검은 비단 여섯 필과 붉은 비단 네 필]과 여피(儷皮)[한 쌍의 가죽] 그리고 기러기를 여자는 시부모에게 조·율(棗·栗)[대추·밤], 단수(殿脩)[약포(藥脯)]를 폐백으로 드렸다. 윤의(倫義)[의형제 간의 관계]를 맺는 사람들은 꼭 폐백을 교환했으며 의례(儀禮)의 규정에는 폐백으로 겨울에는 꿩을 여름에는 말린 꿩의 포를 쓴다고 하였다. 또 상대부(上大夫)가 서로 만날 때는 염소를 폐백으로 했고 대부가 서로 만날 때는 기러기를 폐백으로 했다. 지금도 그 풍습이 남아 있는 것은 혼인의 예가 남아 있다. 그런데 폐백의 좋은 뜻이 나쁜 방향으로 흘러가지 않았는지 생각해 볼 문제이다.

공자께서는 가르침을 받고자 할 때는 물질의 종류나 다과(多寡)를 떠나 최소한이라도 예를 갖추기를 바랐던 것이지 물질의 다과나 가치를 따지지 않았던 것이다. 그러므로 속수(束脩)[마른 포(脯) 열 두름] 같은 작은 폐백이라도 마다하지 않고 제자를 가르쳤던 것이다.

이런 때 가르치다

子曰 不憤 不啓 不悱 不發
자왈 불분 불계 불비 불발
擧一隅 不以三隅反 則不復也
거일우 불이삼우반 즉불부야

공자께서 말씀하셨다.

"알지 못해 분발하지 않으면 계발해 주지 않고 표현하지 못해 더듬거리지 않으면 말을 일러주지 않는다.

한 모퉁이를 가르쳐 주면 나머지 세 모퉁이를 알만큼 반응하지 않으면 더는 가르치지 않는다."

第七篇 述而 八章
제 칠 편 술 이 팔 장

공자께서는 불분불계, 불비불발(不憤不啓, 不悱不發)[알지 못해 분발하지 않으면 계발해 주지 않고 표현하지 못해 더듬거리지 않으면 말을 일러주지 않는다.]이라 하였다. 구체적으로 글자 하나하나의 뜻을 다시 알아봐야겠다.

분(憤)은 어렴풋이 알 것도 같은데 정확히 알지 못하여 마음이 답답하고 분한 마음이 든다는 마음을 나타낸다. 이런 마음을 송(宋)나라 주자는 심구통이미득지의(心求通而未得之意)[마음이 통하기를 구해도 얻지 못한다는 뜻]이라 했다. 이런 정도로 알고 싶은 마음이 간절하지 않으면 불계(不啓)[계발해 주지 않는다.]라 했다. 즉 이치를 가르쳐주지 않았다고 했다.

비(悱)란? 하고 싶은 말이 있어도 표현할 줄을 모르는 모습을 말한다.

주자는 이를 다음과 같이 표현했다.

구욕이미능지모(口欲而未能之貌)[입은 말을 하려 해도 능하지 못한 모양]

공자께서는 이렇게 최선을 다해 노력하는 사람에게는 계발해 알려주었고, 표현하고자 노력하였으나 더듬거리고 표현하지 못하는 사람에게는 표현할 수 있게 일러 주었다. 즉 배우는 사람이 스스로 자신이 알고자 하는 것이 막히면 속상해하고 분노하면 스승은 그것을 열어주고, 또 아는 것이 부족하여 막힘이 있어 슬퍼하면 가르쳐 주었다.

그러나 거일우, 불이삼우반, 즉불부야(擧一隅, 不以三隅反, 則不復也) [한 모퉁이를 가르치면 세 모퉁이를 알만큼 반응하지 않으면 더는 가르치지 않는다.]라고 했다. 이는 자식에게 바라는 바로 부모를 섬겨야 함을 들어 알았으면 형제간이나 군신 간이나 붕우 간의 이치도 같은 이치임을 알아야 함을 말하는 것이라 할 것이다.

공자께서 자공에게 안연과 너는 누가 더 현명하냐고 물으니 자공이 안연은 하나를 배우면 열을 알고 자신은 둘, 셋 정도를 알뿐이라고 답한다. 이처럼 현명한 재능이 있어야 함을 강조하고 있는 것이다. 반면 술이(述而) 7장에서는 자행속수이상, 오미상무회언(子行束脩以上, 吾未嘗無誨焉)[속수(束脩)의 예 이상을 치른 사람에게 내 일찍이 가르치지 않는 바 없다.]라고 하여 사람을 가리지 않고 누구나 가르쳤다고 했다. 즉 기회는 평등하게 주었음을 알 수 있다.

알아서 써주면 내 뜻을 실천하고

子謂顏淵曰 用之則行 舍之則藏 惟我與爾有是夫
자 위 안 연 왈 용 지 즉 행 사 지 즉 장 유 아 여 이 유 시 부
子路曰 子行三君 則誰與
자 로 왈 자 행 삼 군 즉 수 여
子曰 暴虎馮河 死而無悔者 吾不與也
자 왈 포 호 빙 하 사 이 무 회 자 오 불 여 야
必也臨事而懼 好謀而成者也
필 야 임 사 이 구 호 모 이 성 자 야

공자께서 안연에게 일러 말씀하셨다.

"쓸모가 있어 등용되면 나아가 실행하고 버려지면 은거함은 오직 너와 나
만이 할 수 있을 것이다."

자로가 말하기를 "삼군을 거느리신다면 누구와 더불어 하시겠습니까?"

공자께서 말씀하시기를 "맨주먹으로 범을 잡고 맨발로 강을 건너며 후회
하지 않는 자와는 같이 않겠다. 반드시 두려워할 줄 알며 계획을 도모
하여 성취시키는 사람과 같이 하겠다."

第七篇 述而 十章
제 칠 편 술 이 십 장

공자께서는 말없이 가르침을 실천하는 안연과 들으면 생각보다
행동이 앞서는 행동파 자로, 두 제자를 놓고 자신의 심정을 이야기
하고 있다. 공자께서는 안연을 자신에 견주기까지 하면서 칭찬하고
있다. 용지즉행(用之則行)은 등용되어 일을 하면 반드시 도를 행하여
야 하며, 행하지 않는 것은 인륜을 어지럽히는 것이라고까지 했다.
또 사지즉장(舍之則藏)은 이미 버림을 받았으면 스스로 물러나는 것
이다. 물러나지 않으면 녹(祿)[급료, 세비 등]만 구하여 축내는 부끄

러운 자라는 것을 말한 것이다. 이것[용지즉행(用之則行), 사지즉장(舍之則藏)]을 실천할 수 있는 사람은 공자 자신과 안연 너만이 할 수 있다고 안연을 칭찬하였다.

자로는 용맹을 가지고 스승을 모시고 싶고 칭찬받고 싶어서 삼군즉수여(三軍則誰與)[삼군을 부리신다면 누구와 하겠습니까?]라고 묻는다. 당연히 자신을 꼽을 것이라고 생각했으나 의외로 공자께서는 포호빙하(暴虎馮何), 사이무회자(死而無悔者), 오불여야(吳不與也)[맨주먹으로 범을 잡고 맨발로 강을 건너는 자와는 같이 하지 않겠다.]라고 단호히 말하면서 필야임사이구(必也臨事而懼), 호모이성자야(好謀而成者也)[반드시 일을 앞에 두었을 때 겁낼 줄 알고, 충분히 꾸미고 신중히 다루어 성취시키는 사람과 같이 하겠다.]라고 말한다. 이는 자로에게 분발하고 사려 깊게 생각하고 행할 것을 가르치려는 것이다. 공자께서는 자로를 가만히 앉아서 죽지 못할 것이라고까지 하면서 무모한 용기를 걱정했던 것이다.

용지즉행(用之則行)과 사지즉장(舍之則藏)은 군자가 행해야 할 도이다. 군자는 남이 알아주지 않아도 자기 자신을 수행하고 도를 터득하여 인의 경지에 도달하려고 노력하는 것이지 남이 알아주기를 바라는 것이 아닌 것이다. 공자께서는 학이(學而) 1장에서도 인불지이불온(人不知而不慍), 불역군자(不亦君子)[남이 알아주지 않아도 성내지 아니하면, 군자가 아닌가?]라 했다.

여기에서 용지즉행(用之則行)과 사지즉장(舍之則藏)은 오늘날에도 높은 자리에서 벼슬하는 공무원이나 지방자치 단체장, 국회의원 등

선출직 공무원도 귀중하게 생각하고 실천에 옮긴다면 사회는 한층 더 발전할 수 있겠다는 생각이 든다.

재물을 구해 가져도 좋다면

子曰 富而可求也 雖執鞭之士 吾亦爲之
_{자 왈 부 이 가 구 야 수 집 편 지 사 오 역 위 지}
如不可求 從吾所好
_{여 불 가 구 종 오 소 호}

공자께서 말씀하셨다.

"재물을 구해 가져도 무관한 것이라면,

그것을 위해 채찍을 들고 외치는 천직이라도 내 하겠거니와,

구해 가져서 부당한 것이라면 내 즐기는 바를 좇아 살겠다."

第七篇 述而 十一章
_{제 칠 편 술 이 십 일 장}

공자께서는 재물을 구하여 부자가 되는 것이 정당한 방법으로 이루어질 수 있다면 천한 직업인 마부라도 할 수 있다고 하였다. 그러나 그것이 정당하지 못하다면 삼공(三公)의 벼슬이라도 결코, 취하지 않고 자기가 하고 싶은 것을 하면서 살겠다는 것이다. 공자께서는 술이(述而) 15장에서 불의이부차귀(不義而富且貴), 어아여부운(於我如浮雲)[의롭지 못하면서 부귀한 것은 나에게는 뜬구름과 같다.]이라 했다. 부정하거나 부패한 것으로 부를 취하는 것은 뜬구름과 같으니 취하지 말 것이며 차라리 가난하더라도 안빈낙도(安貧樂道)[가난하지만 편안한 마음으로 도를 즐긴다.] 하면서 살 것이라고 말하고 있다.

그렇지만 공자께서는 부를 싫어하거나 빈(貧)을 즐겨한 것이 아니고, 부를 구하는 방법이 불의한 것을 싫어했고 불의한 부를 결코, 용

납하지 않았으나 정당한 방법으로 얻은 부를 미워한 것이 아니다.

공자께서는 빈(貧)을 좋아하거나 부를 미워한 것이 아니다. 부도 정당하게 취하고 빈(貧)도 자기 잘못이 아니면 한탄하거나 버리지 말고 락(樂)으로 즐기라 했다. 이인(里仁) 5장에는 다음과 같은 말이 있다.

부여귀(富與貴), 시인지소욕야(是人之所欲也), 불이기도(不以其道), 득지(得之), 불처야(不處也)[부귀는 누구나 탐내는 것이지만, 정도로 얻은 것이 아니면 누리지 말며] 빈여천(貧與賤), 시인지소오야(是人之所惡也), 불이기도(不以其道), 득지(得之), 불거야(不去也)[가난하고 천한 것은 누구나 싫어하지만, 세상이 나빠서 가난하고 천한 것은 구태여 버리지 마라.]고 하여 부도 정당하게 취하고 빈(貧)도 자신의 잘못이 아니고 세상이 나빠 어쩔 수 없는 것이라면 굳이 원망하고 탈피하려고 하지 말고 빈(貧)을 즐기라고 한 것이다.

부귀빈천은 뜬구름

子曰 飯疏食 飮水 曲肱而枕之 樂亦在其中矣
자왈 반 소 사 음 수 곡 괭 이 침 지 낙 역 재 기 중 의
不義而富且貴 於我如浮雲
불 의 이 부 차 귀 어 아 여 부 운

공자께서 말씀하셨다.

"거친 밥을 먹고 물을 마시고 팔베개를 해도 즐거움이 그 가운데 있다.
의롭지 못하게 부하고 귀함은 내게는 뜬구름과 같다."

第七篇 述而 十五章
제 칠 편 술 이 십 오 장

한 편의 시 같은 문장이다. 마치 세상을 초월하여 신선이 되어 있
는 것 같은 마음이 든다. 가난도 이렇게 즐길 수 있는 것이구나! 하
는 생각을 해 본다.

부귀를 떠나 마음으로 즐기는 안빈낙도(安貧樂道)를 잘 표현하고
있다. 부귀는 모든 사람이 바라는 것이지만 정당한 방법이 아니고
부정이나 속임 등으로 얻은 것이라면 누리고 사는 것이 뜬구름과
같은 것이라고 했다. 이인(里仁) 5장에서는 부여귀시인지소욕야(富與
貴是人之所欲也), 불이기도득지불처야(不以其道得之不處也)[부귀는 사
람들이 바라는 바이지만 정당한 도로 얻은 것이 아니라면 누리지
않는다.] 빈여천(貧與賤), 시인지소오야(是人之所惡也), 불이기도득지
(不以其道得之), 불거야(不去也)[빈천은 사람들이 싫어하는 바나 세상
이 나빠서 빈천을 얻은 것이라면 구태여 버리지 말라.]라고 하였다.
그러니 공자께서는 빈천을 칭송한 것도 아니며 부귀를 미워한 것도

아니다. 군자의 삶의 목표는 부귀가 아니고 인이 중요하다고 강조하면서 이인(里仁) 5장에는 군자거인(君子去仁), 오호성명(惡乎成名)[군자가 인을 떠나면 어찌 명예를 이루겠는가?]이라 하면서 인을 강조했다. 또 연이어서 군자무종식지간(君子無終食之間), 위인(違仁), 조차필시(造次必是), 전패(顚沛), 필어시(必於是)[군자는 밥 먹는 시간일지라도 인을 어기지 말고, 급할 때라 할지라도 반드시 인에 의지하고, 넘어져 뒤집히는 때라도 반드시 인에 의지해야 한다.]라고 하여 생활 속에서도 군자는 인을 반드시 지켜나가지 않으면 안 된다는 것을 다시 강조한다.

공자께서는 청빈(淸貧)보다는 오히려 청부(淸富)를 바랐다. 부귀를 뜬구름처럼 생각하는 욕심 없는 삶을 모든 사람이 살아간다면 세상은 결코, 각박하지도 않을 것이고 부정부패도 없을 것이다. 부귀를 탓하는 것이 아니고 의롭지 못하게 얻은 부귀는 결코 누릴 것이 아니라고 한 것이다.

몇 년을 빌려 역학을 배운다

子曰 加我數年 五十以學易 可以無大過矣
_{자 왈 가 아 수 년 오 십 이 학 역 가 이 무 대 과 의}

공자께서 말씀하셨다.

"앞으로 몇 년만 더 살아서 쉰 살에 역학을 완전히 습득하면
큰 허물이 없이 생을 마칠 수 있을 것이다."

第七篇 述而 十六章
_{제 칠 편 술 이 십 육 장}

역(易)은 주역(周易)이라고 하며 옛사람들이 중요하게 생각하는 천문학 지리학의 근거가 되는 지침서이다. 그런데 사람들이 역(易)에서 보는 천문(天文), 지리(地理), 천명(天命), 운명(運命) 등을 보고 점(占)을 쳐서 그것을 근거로 운명을 보고, 인간의 길(吉)·흉(凶)·화(禍)·복(福)을 판단하는 점술서(占術書)를 만든 것이다. 그래서 주역을 점 보는 책으로 오해를 하게 된 것이다.

우리나라에서도 점을 보는 책으로 일반적으로 알려져 있다. 예를 들면 정감록(鄭鑑錄) 같은 류(類)의 책들이다. 주역은 기본적으로는 우주의 운항과 만물의 생성원리를 밝혀 인간이 살아가는 태도나 앞으로 어떻게 살아야 하는가를 말해 주는 것을 연구 개발하는 것이 목적이다. 그러나 후대에 오면서 사람들은 주역의 본뜻을 생각하지 않고 역(易)에서 나타나는 인간의 길(吉)·흉(凶)·화(禍)·복(福)만 따로 떼어서 점을 보는 역서(易書)를 만들고 이것을 주역이라 했다. 그러나 원래 주역은 우주의 원리(原理)·천문(天文)·지리(地理)가 어울

려 사람에게 미치는 영향을 파악하고 거기에 어떻게 대처하여 삶을 어떻게 살아가야 하는가를 미리 알려주는 것이다.

역(易)에 대한 설명은 이 정도로 끝내고 본문을 좀 더 살펴보자. 논어에서 가(加)로 쓴 글자를 『사기(史記)』에서는 가(假)로 썼다. 이를 논하기 위해 『사기(史記)』 공자세가(孔子世家)에 나오는 문장을 소개한다.

공자만이희역(孔子晩而喜易), 서(序)〈단(彖)〉·〈계(繫)〉·〈상(象)〉·〈설괘(設卦)〉·〈문언(文言)〉 독역(讀易), 위편삼절(韋編三絶), 왈(曰), 가아수년(假我數年), 약시아어역(若是我於易), 즉빈빈의(則彬彬矣)[공자께서는 만연의 역(易)을 좋아하여 '단전', '계사', '상전', '설괘전', '문언전'을 서술하였으며 역(易)을 숙독(熟讀)하여 죽간(竹簡)을 엮은 가죽끈이 세 번이나 끊겼다. 그래서 "나에게 몇 년의 나이를 빌려주어 지금까지 하던 것처럼 역을 공부할 수 있다면 분연히 빛나게 될 것이다."라고 하였다.]라 하였다. 논어에서 "가(加)"를 『사기(史記)』에서는 가(假)로 쓴 것을 볼 수 있다. 가(加)[더한다]라는 말과 가(假)[빌린다]라는 말이 어느 것이 정확한 표현인지 알 수 없으나 둘 모두가 문장의 뜻은 통한다. 그렇다고 논어의 표현을 『사기(史記)』의 표현으로 바꿀 필요는 없다고 생각한다. 이는 아무래도 논어가 쓰여진 배경으로 보아 공자의 의중을 『사기(史記)』보다 논어가 더 정확히 표현하지 않았을까 추측하기 때문이다.

여기에서 유명한 사자성어 위편삼절(韋編三絶)[끈이 세 번 끊어지다.]이 나오게 된 것이다. 이 사자성어는 독서할 때 정독하고 책의 내용을 잘 파악하라는 교훈으로 많이 쓴다.

공자께서는 오십이학역(伍十以學易)이라 했다. 오십은 지천명(知天命)이라 했으니 하늘의 뜻을 연구하는 역을 배울 수 있는 나이라고 본 것이 아닐까 생각한다. 그 문장에 이어 가이무대과(可以無大過)[큰 허물이 없을 것이다.]라 하였으니 지천명하여 하늘의 뜻을 풀어도 크게 잘못되는 일이 없을 것이라는 자신감도 드러낸 것으로 보인다.

밥 먹는 것도 잊어버린다

葉公 問孔子於子路 子路不對
섭공 문공자어자로 자로부대
子曰 女奚不曰 其爲人也 發憤忘食 樂而忘憂 不知
자왈 여해불왈 기위인야 발분망식 낙이망우 부지
老之將至云爾
로 지 장 지 운 이

섭공이 자로에게 공자의 사람됨을 물었으나,

자로가 대답하지 않았다. 그러자 공자께서 자로에게 말씀하셨다.

"자네 왜 말하지 않았는가? 이렇게 말하지!

'그의 사람됨은 학문에 발분(發憤)하면 식사를 잊고,

학문을 즐김에 걱정을 잊으며, 늙어가는 것조차 알지 못한다.'라고"

第七篇 述而 十八章
제 칠 편 술 이 십 팔 장

섭공(葉公)은 초(楚)나라 섭현(葉縣)의 현윤(縣尹)으로서 초나라 대부이다. 성은 심(沈)이며 이름은 제량(諸梁)이고 자는 자고(子高)이다. 공(公)을 칭할 수 없으나 초나라의 제후가 왕을 참칭(僭稱)했기 때문에 초나라 현윤들은 모두 공(公)을 참칭했다. 그러므로 중원(中原)의 나라에서는 초나라를 오랑캐의 나라라고 업신여겼다.

섭공이 공자의 사람됨을 질문한 것에 자로가 대답하지 못했다고 했는데, 이는 성인(聖人)의 덕을 함부로 형용하여 말하지 못하는 것이 예인데, 하물며 자로가 스승을 함부로 평하여 말하지 않는 것은 당연하다 할 것이다.

공자께서 자로에게 여해불왈(女奚不曰)[자네는 왜 말하지 않았는가?] 한 것은 얼핏 보기에는 자로를 힐문(詰問)하는 것같이 보인다. 그러나 다음 말씀을 보면 발분망식(發憤忘食), 낙이망우(樂而忘憂), 부지로지장지운이(不知老之將至云爾)[학문에 발분하면 식사를 잊고, 학문을 즐김에 걱정을 잊으며, 늙어가는 것조차 알지 못한다.]라고 했다. 이 문장을 보면 힐문(詰問)이라기보다는 스스로의 학문을 넓히고, 도를 찾는 즐거움을 누리면서 섭공이 그의 마음을 알아주기를 바라는 것 같다.

발분(發憤)이란? 학문에 대한 욕심을 채우지 못해 마음속으로 안타까워하는 것을 표현한 것이며 낙이(樂以)란 학문을 즐기는 모양을 표현한 것이다.

이러한 표현은 술이(述而) 편에서도 여러 번 나온다. 예를 들면 1장에서는 신이호고(信而好古)[옛것을 믿고 좋아한다.]라 했고 19장에서는 아비생이지지자(我非生而知之者), 호고(好古), 민이구지자야(敏以求之者也)[나는 나면서부터 저절로 잘 아는 사람은 아니다. 옛것을 좋아하여 부지런히 찾아 배워 알게 된 사람이다.]라 하여 학문을 터득하는 즐거움을 알게 되었다고 했으며, 27장에서는 다문(多聞), 택기선자종지(擇其善者從之), 다견이식지(多見而識之)[많이 들은 중에 좋은 것을 택하여 좇았고, 많이 본 중에서 골라 기억한다.]라 하여 모두가 학문을 하는 즐거움을 말하고 있다.

본장은 공자께서 학문에 열중하는 모습과 도를 구현하여 실천하는 모습을 보여주는 장이다.

옛것을 좋아해 찾아 배워서 알게 된 사람이다

子曰 我非生而 知之者 好古 敏以求之者也

자왈 아비생이 지지자 호고 민이구지자야

공자께서 말씀하셨다.

"나는 나면서부터 저절로 잘 아는 사람이 아니다.

옛것을 좋아해 부지런히 찾아 배워서 알게 된 사람이다."

第七篇 述而 十九章

제 칠 편 술 이 십 구 장

공자께서는 자신은 나면서부터 아는 사람이 아니라 배우고 익혀서 아는 사람이라고 하였다. 공자께서 누구에게 무엇을 배웠는지 정확히 밝혀진 것은 없다. 다만 중국의 신동(神童)에 관한 이야기 중에 회남자(淮南子), 수무훈(修務訓) 편에 항탁(項託)이란 신동이 있었는데 그가 7세 때 공자를 가르쳤고 공자께서 경청했다는 구절이 있다. 그러나 그를 진정한 공자의 스승으로 말하는 것은 어려울 것 같다. 돈황변문집(敦煌變文集) 3권에 보면 공자께서 항탁(項託)에게 함께 천하를 주유(周遊)하자고 제안했으나, 그는 "부모가 계시니 모시고 공양해야 하고, 형이 있으니 따라야 하고, 아우가 있어 가르쳐야 하니 갈 수 없습니다."라고 거절하였다고 한다. 아마 공자보다 어렸고 스승으로 모시고 배우지는 않은 것으로 추측된다. 공자께서 논어 위정(爲政) 4장에서 오십유오이지우학(吳十有伍而志于學)[15세에 학문에 뜻을 두었다.]이라 했으니 7세 신동 보다 역시 나이가 더 많았을 것으로 추측이 가능하다. 그러므로 지금으로서는 공자께

서 옛것을 좋아하여 스스로 배우고 익혀 학문을 터득하였고 이룩하였다. 논어 자장(子張) 22장에 보면 위(衛)나라 대부(大夫) 공손조(公孫朝)가 자공에게 공자께서는 어디서 배우셨느냐고 묻자 자공이 대답하기를 부자언불학(夫子焉不學), 이역하상사지유(而亦何常師之有)[공자께서는 어디에선들 안 배우셨겠습니까? 어디서나 다 배우셨으며, 또 그 누구라고 정해진 스승이 있겠습니까? 누구에게나 다 배우셨습니다.]라고 설명하고 있다. 정해진 스승이 있어 배운 것이 아니고, 보고 듣고 하면서 느끼고 배웠다고 보면 될 것이다. 본편 18장에서도 자신은 발분망식(發憤忘食), 낙이망우(樂以忘憂), 부지노지장지운이(不知老之將至云爾)[학문에 골몰하면 음식을 먹는 것도 잊어버리고, 학문을 즐김에는 걱정도 잊으며, 늙어가는 것조차 잊는다.]라 하였다.

공자께서 자신을 저절로 아는 사람이 아니라고 한 것은 누구나 열심히 익히고 실천하면 모두가 도달할 수 있다는 마음으로 학문에 정진하고 덕행을 실천하는데 힘쓰라는 가르침이라고 볼 수 있지 않겠는가? 본장의 민이구지자(敏以求之者)[부지런히 찾아 배운다.]라고 한 것이 바로 이것인 것이다. 학문도 노력하지 않고 저절로 알 수 있는 것이 아니라 부지런히 배우고 익혀야 하는 것이다.

괴변·폭력·난동·귀신

子不語 怪 · 力 · 亂 · 神
자 불 어 괴 력 난 신

공자께서는 괴변·폭력·난동·귀신 등에 대해서는 별로 말씀하시지 않았다.

第七篇 述而 二十章
제 칠 편 술 이 이 십 장

자불어(子不語)란 '공자께서 말씀하지 않는다.'라고 번역할 수 있다.

이는 곧 공자께서 당신의 사상이나 철학으로 주장하지 않는다는 뜻이다.

개별적으로 살펴보면,

괴(怪)란 괴이(怪異)한 것, 비현실적인 것, 비이성적인 것으로 인간적이지도 않고, 합리적이지도 않은 그야말로 황당한 것을 말한다.

력(力)이란 전쟁과 같은 무력, 폭력 같은 물리적인 힘을 말한다.

위령공(衛靈公) 1장에 보면 공자께서 위(衛)나라 영공(靈公)을 만났을 때 영공이 진법(陳法)[전쟁 상황에서 진(陳)을 치는 방법]에 대해서 묻자.

공자께서는 '조두지사(俎豆之事)는 즉상문지의(則嘗聞之矣)니와 군려지사(軍旅之事)는 미지학야(未之學也)라' 하시고 명일수행(明日遂行)하시다.[예교(禮敎)에 관한 일은 듣고 있으나, 전쟁에 대한 일은 배우지 못했습니다.라고 하시고, 이튿날 위(衛)나라를 떠나셨다.]라고 말씀하셨듯이 력(力)에 대한 것 즉 전쟁 같은 것은 말하지 않았다.

난(亂)이란 난동을 부려 사회질서를 혼란하게 하거나 파괴하는 것을 이른다. 신하가 군주를 범하여 나라의 질서를 혼란하게 하는 것이나, 자식이 부모를 범함으로써 사회윤리를 어지럽히는 행위 같은 것이다.

신(神)은 귀(鬼)와 신(神)을 합한 말이며, 귀(鬼)란 부모나 조상이 돌아가시면 육은 땅으로 돌아가고, 정신은 혼(魂)으로 남는다. 이를 귀(鬼)라 한다.

공자께서는 신의 존재 자체를 부정하지는 않지만, 신이 인간 삶에 영향을 준다거나 신이 인간의 영역에 관여하는 것을 인정하지 않았다. 그러므로 옹야(雍也) 20장에서 무민지의(務民之義), 경귀신이원지(敬鬼神而遠之), 가위지의(可謂知矣)[사람이 지켜나갈 도의(道義)에 힘쓰고, 귀신을 공손히 다루되 멀리하면 지혜롭다 하겠다.]하여 부정하지는 않았으나 신이나 귀에 의존하지는 않았다.

하늘에 대해서 그 존재를 인정하고 하늘의 역할과 인간의 역할을 확실하게 구분하였다.

진인사대천명(盡人事待天命)[인간이 할 수 있는 일을 다 하고 하늘의 뜻을 기다린다.]이라 하여 인간이 할 수 있는 일은 인간이 해야지 하늘이 대신 모든 것을 해주지 않는다는 것이다. 인간이 할 수 있는 일과 하늘이 하는 일을 확실히 구분하였다.

하늘의 존재를 인정한 것은 팔일(八佾) 15장에서도 나온다.

획죄어천(獲罪於天), 무소도야(無所禱也)[하늘에 죄를 지으면 빌 곳이 없다.]하여 하늘의 존재를 인정했던 것이다.

공자께서는 괴(怪)·력(力)·난(亂)·신(神)은 말하기를 삼가 했고 인
(仁)·의(義)·예(禮)·지(知) 등을 바탕으로 합리적이고 현실적인 문화
주의를 강조했다. 사람과 사람 사이에 일어나는 모든 일은 인을 실
천하기 위해 용서하고 애인(愛人)하는 것이다.

이것이 바로 진정한 인(仁)이다.

셋이 가면 반드시 내 스승이 있다

子曰 三人行 必有我師
자왈 삼인행 필유아사
擇其善者而從之
택 기 선 자 이 종 지
其不善者而改之
기 불 선 자 이 개 지

공자께서 말씀하셨다.
"세 사람이 같이 길을 가면,
그중에는 반드시 나의 스승이 될만한 사람이 있다.
좋은 점은 내가 따르고 좋지 못한 점은 거울삼아 고치도록 한다."

第七篇 述而 二十一章
제 칠 편 술 이 이 십 일 장

삼인행(三人行)[세 사람이 같이 간다.]은 적은 사람이 동행하는 것을 표현한 것으로 자신을 빼면 결국 두 명인데 그중에서도 스승이 될 만한 것이 있다는 것이다. 이것은 두 명 중에서 한 명을 말하는 것이라기보다는 그들의 행동에서 선과 덕을 가려서 선과 덕이면 따르고, 그렇지 못하고 마음속으로 반성하여 고치는 지혜가 있으면, 이것이 곧 스승이 되는 것이다. 이것은 바로 선덕이나 악덕이나 자기가 따르는 방향과 고치는 방향을 바로 한다면 모두가 스승이 될 수 있는 것이라고 하는 것이다.

현재 사회에서도 평생교육을 많은 사람이 자주 이야기한다. 교육이란 남이 가르쳐 주는 것이기도 하지만 스스로 깨닫고 느끼면 이것이 교육이다. 학이(學而) 장에서 학이시습지(學而時習之), 불역열호

(不亦說乎)[때때로 배우고 익히니 기쁘지 아니한가?]라는 말도 같은
말이다.

우리도 남의 행동을 보고 스스로 느끼고 배우며 보고 느낀 점을
거울삼아 자기를 수양하면 이것이 교육이 아니겠는가? 학교에 가서
선생님에게 좋은 교육을 받는 것도 중요하지만 스스로 깨닫고 배울
수 있도록 훈련되고 생활 속에서도 배워 나가도록 노력하자.

선생께서는 네 가지를 가르치셨다

子以四教 文行忠信
자 이 사 교 　문 행 충 신

공자께서는 네 가지를 가르치셨다. 학문, 덕행, 충성, 신의.

第七篇 述而 二十四章
제 칠 편 　술 이 　이 십 사 장

공자께서 가르친 네 가지는 문·행·충·신(文·行·忠·信)이라 하였다. 한 가지씩 논해보자.

문이란 넓게 해석하여, 학문을 말한다. 학문은 옛 성왕(聖王)의 도, 덕치, 예교(禮敎) 등을 말하며 이런 것을 배워 실천하는 것을 문이라 한다. 행은 실행, 덕행같이 우리가 실천하는 범위를 말하며 충이란 성심을 다해 상대를 위해 일하는 자세를 말하며 신은 거짓 없이 신의를 지켜나가는 것을 말한다.

위의 것들은 군자가 꼭 알고 지켜나갈 덕목이다. 이것들 중에 문과 충은 정신적인 것이며 행과 신은 실제적인 행동으로 나타나는 것이다.

또 다음과 같이 볼 수도 있겠다. 문(文)과 행(行)은 개인의 수양이고, 충(忠)과 신(信)은 사회적 미덕으로도 볼 수 있겠다.

성인을 만나기 힘들다

子曰 聖人 吾不得而見之矣 得見君子 斯可矣
<small>자왈 성인 오부득 이견지의 득견군자 사가의</small>
子曰 善人 吾不得而見之矣 得見有恒者 斯可矣
<small>자왈 선인 오부득 이견지의 득견유항자 사가의</small>
亡而爲有 虛而爲盈 約而爲泰 難乎有恒矣
<small>망이위유 허이위영 약이위태 난호유항의</small>

공자께서 말씀하셨다.

"성인은 만날 수 없다. 군자라도 만날 수 있으면 좋겠다."

공자께서 또 말씀하셨다.

"선인은 만날 수 없다. 한결같은 사람이라도 만날 수 있으면 좋겠다.

없어도 있는 듯하고, 비어도 찬듯하고, 가난해도 태연해야 하나니

참으로 한결같기란 어렵다."

第七篇 述而 二十五章
<small>제 칠 편 술 이 이 십 오 장</small>

성인(聖人)이란 하늘이 내린 인물로서 대도(大道)를 행하여 천하 모든 백성을 교화한 인물로서, 맹자(孟子) 진심(盡心) 하(下)에 보면 오백 년 정도의 연한에 한 번씩 나온다고 말하고 있으면서 요·순(堯·舜)에서 탕(湯)까지가 오백여 년, 탕(湯)에서 주(周)나라 문왕(文王)에 이르는 기간이 오백여 년이고 문왕에서 공자까지 오백 년이라 했다.

군자란 논어 전편을 통해 수를 헤아릴 수 없이 나오는 용어이면서도 정확히 밝힌 곳이 없었으나 여기에서 설명을 간단히라도 하겠다.

춘추시대 이전에는 버슬하는 사람은 반드시 인격이 출중한 사람

이 했다. 그러므로 벼슬하는 사람을 모두 군자라고 말했다.

그러나 춘추시대 이후에는 그러하지 못했으므로 군자라, 함은 학덕(學德)이 높고 인격을 갖춘 문질(文質)이 겸비된 자를 말한다.

공자께서는 옹야(雍也) 16장에서 문질빈빈(文質彬彬), 연후군자(然後君子)[바탕과 꾸밈이 서로 잘 어울려야 비로소 군자이다.]라고 하였다.

춘추시대 이후에는 인격을 갖추지 못한 사람이 벼슬을 하는 경우도 있었고, 인격을 갖춘 군자도 벼슬을 못하는 경우가 있었고, 벼슬을 하는 사람 중에도 군자로서 인격을 갖추지 못한 사람도 있었으므로, 벼슬을 한다고 꼭 군자라고 하지 않았다.

또 공자께서는 선인을 그리워하며 항심자(恒心者)라도 만날 수 있었으면 하는 희망을 드러냈다.

선인(善人)이란 마음속에 악의가 없고, 행동함에 악함이 없어 무슨 일을 하든지 선을 행하는 사람을 말한다.

항심자는 덕을 이룬 정도는 선인보다 못하지만, 허세를 부리거나 교만하지 않고 거짓을 꾸미지 않으며 게으르거나, 꾀를 부리지 않고, 무슨 일이든지 일을 함에 있어서는 성실하고, 떳떳함이 있으며, 변함이 없는 사람이다.

공자께서는 항심자를 이렇게 표현했다.

"없어도 있는 듯하고, 비어도 찬듯하고, 작아도 태연하여 드러내지 않는 사람"이라 했다.

여기에서 망(亡)이란 형체나 실질이 모두 없는 것을 말하며, 허

(虛)는 형체인 그릇은 있으나 그 안에 채워 놓은 실질이 없는 것이며, 약(約)이란 채운 것이 얼마 되지 않는 적게 채워진 것을 말한다.

알고 실천하라

子曰 蓋有不知而作之者 我無是也
<small>자 왈 개 유 부 지 이 작 지 자 아 무 시 야</small>
多聞擇其善者而從之 多見而識之 知之次也
<small>다 문 택 기 선 자 이 종 지 다 견 이 지 지 지 지 차 야</small>

공자께서 말씀하셨다.

"잘 알지도 못하면서 행하는 사람이 있으나 나는 그렇게 한 일이 없다.

많이 들은 중에서 좋은 것을 택하여 좇았고,

많이 본 중에서 골라 기억한다. 이것이 슬기로서는 버금가는 것이니라."

第七篇 述而 二十七章
<small>제 칠 편 술 이 이 십 칠 장</small>

작(作)이란 책을 저술(著述)하는 것을 말하는 것으로, 춘추시대에는 수많은 이단들이 정확한 이론도 없고 잘 알지도 못하면서 마음대로 책을 저술하여 사람들을 현혹시키는 일이 많았으므로 공자께서는 이러한 것들을 염려하였다.

이러한 환경 속에서 공자께서는 많은 저술을 남겼으나 그것이 모두 술이부작(述而不作), 신이호고(信而好古)[전술(傳述)했을 뿐 짓지 않았으며, 옛것을 믿고 좋아했다.] 했다고 술이(述而) 1장에서 말하였다.

그러나 술이부작(述而不作)에 대해서는 학자들 간에 이론(異論)이 있다. 즉 어떤 학자는 공자께서 겸양(謙讓)해서 한 말이라고 하는 학자가 있는가 하면, 또 어떤 학자는 군자의 성덕(盛德)이라고 하는 학자도 있다.

본문으로 돌아가서 다문(多聞), 택기선자종지(擇其善者從之), 다견이식지(多見而識之), 지지차야(知之次也)[많이 들은 중에서 좋은 것을 택하여 좇았고, 많이 본 중에서 골라 기억한다. 이것이 슬기로서는 버금가는 것이다.]라고 한 것은 원래부터 아는 것이 으뜸이나 원래부터 아는 사람은 드물기 때문에 다음으로 중요하고 가치가 있는 것으로 선택한 것이다.

지(知)[아는 것]에 대하여 공자께서는 위정(爲政) 17장에서 자로에게 지지위지지(知之爲知之), 부지위부지(不知爲不知), 시지야(是知也)[아는 것을 안다고 하고, 모르는 것을 모른다고 하는 것이 정말 아는 것이다.]라 하여 아는 것과 모르는 것을 명백히 하는 것이 진정 知(지)[아는 것]라고 하였다.

공자께서는 지(知)를 이루기 위해 노력을 많이 했다. 술이(述而) 19장에서도 호고(好古), 민이구지자야(敏以求之者也)[옛것을 좋아하여 부지런히 찾아 배웠다.]고 했다. 이것은 위정(爲政) 11장에서 말한 온고이지신(溫故而知新)[지난 학문을 충분히 습득하고, 새로운 학문을 터득했다.]라는 것과 같다.

이와 같이 끊임없이 옛 학문을 터득하여 새로운 학문을 개발함으로써 명확히 알고 저술(著述)하였던 것이다. 그렇기 때문에 아무시야(我無是也)[나는 그렇게 하지 않았다.]라고 말할 수 있는 것이다.

나는 하늘에 빈지 오래다

子疾病 子路請禱
자 질 병　자 로 청 도

子曰 有諸
자 왈　유 제

子路對曰 有之 誄曰 禱爾于上下神祇
자 로 대 왈　유 지　뢰 왈　도 이 우 상 하 신 기

子曰 丘之禱久矣
자 왈　구 지 도 구 의

공자께서 심하게 병을 앓으시자, 자로가 기도를 드리자고 하니

공자께서 "그런 일[선례(先例)]가 있느냐?"고 물으셨다.

이에 자로가 "있습니다." 뢰문(誄文)에

"위로는 천신(天神)에게 빌고 아래로는 지기(地祇)에게 빈다고 했습니다." 하자, 공자께서 말씀하셨다. "나는 하늘에 빈지 오래다."

第七篇 述而 三十四章
제 칠 편　술 이　삼 십 사 장

공자께서 병이 심하자, 자로가 청도(請禱)하자고 했다.

공자께서 "그런 선례가 있느냐"라고 물으니 자로가 뢰문(誄文)을 들어 말하기를 "위로는 천신에게 빌고 아래로는 지기에게 빈다고 했습니다." 하니 공자께서는 "나는 하늘에 빈지 오래다."라고 하셨다.

공자께서는 평소 행실에서 선의와 정성과 노력으로 살아가는 것은 기도하는 것이나 마찬가지라는 것이다.

그래서 "나는 오래전부터 기도하였다."라고 하며

결국, 자로의 제안을 거절하였다.

청도(請禱)란 귀신에게 비는 행위를 말한다.

뢰(誄)는 덕행과 공적(功績)을 들어 강복(降福)을 비는 글이다.

이를 주자는 애사이술기행지사야(哀死而述其行之辭也)[죽은 이를 애도(哀悼)하면서 그의 행적을 서술한 글이다.]라고 하였다.

신기(神祇)의 신(神)은 천신(天神)을 말하는 것이고, 기(祇)는 지신(地神)을 말한다. 도이우상하신기(禱爾于上下神祇)란 "천지신명(天地神明)에게 빈다."라고 할 수 있다.

공자께서는 옹야(雍也) 20장에서 경귀신이원지(敬鬼神而遠之), 가위지의(可謂知矣)[귀신을 공경하되 멀리하면, 지혜롭다 할 것이다.]라고 하시면서 부정적으로 말씀하신다.

귀신을 섬기는 정성보다는 인간으로서 예를 다하고 도를 지켜나감이 더 중요하다는 것이다.

선진(先進) 11장에서도 보듯이 귀신을 섬기지는 않지만, 존재를 부정하지도 않았다.

신의 영역과 인간의 영역을 확실히 구분하여 인간은 인간으로서 최선을 다할 것이며, 신은 신의 역할을 인간에게 미칠 수 없다는 것이다.

당시 공자 시대까지도 은(殷)나라 풍습이 남아 천신과 지신뿐 아니라, 각종의 귀신을 섬기는 경향이 있었으니 공자께서는 이를 단호히 거부했던 것이다.

사치하면 거만하다

子曰 奢則不孫 儉則固 與其不孫也 寧固
자왈　사즉불손　검즉고　여기불손야　영고

공자께서 말씀하셨다.

"사치하면 거만하기 쉽고, 검약하면 고루하기 쉽다.
거만함보다는 차라리 고루한 것이 낫다."

第七篇 述而 三十五章
제칠편　술이　삼십오장

사즉불손(奢則不孫)[사치하면 거만하기 쉽다.]이라고 하였다.

이는 부귀하여 영화롭게 살면 사람은 대체로 공손하지 못하고, 거만하고 불손하게 구는 사람이 많다.

이런 것을 멀리하는 것으로 학이(學而) 15장에서 자공이 스승 공자께 물었다. "부이무교(富而無驕)[부자라도 교만하지 않다.]면 어떻습니까?"하고 질문하니, 공자께서 말씀하시길 "그것도 좋다. 그러나 부이호례자야(富而好禮者也)[부자라도 예를 지키는 사람]이면 더욱 좋을 것이다."라고 한층 높은 덕을 지켜나갈 것을 말씀하셨다.

또 팔일(八佾) 4장에서는 예여기사야(禮與其奢也,) 영검(寧儉)[예는 사치하는 것보다 검박해야 한다.]이라 하여 사치하는 것을 경계하였다.

또 검즉고(儉則固)[검약하면 고루하기 쉽다.]라 한 것은 검(儉)은 검소함을 뜻하나 가난하게 산다는 뜻도 있다.

여기에서도 학이(學而) 15장에 보면 자공이 공자께 물어본다. "빈이무첨(貧而無諂)[가난해도 아첨하지 않는다.]이면 어떻습니까?"하고 물어보니 공자께서는 "그것도 좋은 말이다. 그러나 미약빈이락(未若貧而樂)[가난하여도 이를 즐기라.] 하면 더욱 좋겠다."라고 하였다. 이처럼 높은 경지에 가기는 쉬운 일이 아니다.

부자가 예를 알고, 가난한 사람이 불만 없이 낙도(樂道) 한다는 것이 그리 쉬운 일이 아닌 것이다.

본장에서도 공자께서는 불손하고 거만한 사람보다는 차라리 고루한 사람이 낫다고 했다.

중국 한(漢) 유학자 공안국(孔安國)은 이 장을 두고 '사치하면 참월(僭越) 하는 행위를 할 수 있고, 검소하면 예에 미치지 못하는 일이 있을 수 있게 된다.'고 하였다. 이는 모두 사치함을 경계 하는 것들이다.

제8편

태백(泰伯)

현인군자의 예(禮)·사양함(讓)·인(仁)·효(孝)의 덕과 인품을 논하고 덕치를 지켜나가는 것을 함께 논했다. 또 태백·요·순·우·문왕·무왕의 덕을 높이고 예악(禮樂)도 언급하고 있다. 총 19장 중 9장을 수록했다.

태백은 덕이 높은 사람

子曰 泰伯其可謂至德也已矣
_{자 왈 태 백 기 가 위 지 덕 야 이 의}
三以天下讓 民無得而稱焉
_{삼 이 천 하 양 민 무 득 이 칭 언}

공자께서 말씀하셨다.

"태백(泰伯)은 가히 덕이 크고 높다 하겠다.

그는 천하를 세 번 사양했지만, 세상에 드러내지 않음으로 백성들은 그를 칭찬할 길이 없었다."

第八篇 泰伯 一章
_{제 팔 편 태 백 일 장}

태백(泰伯) 1장은 역사적 사실을 알지 못하면 본장의 내용을 알 수 없다. 그러므로 당시 역사를 알아보고 거기에 맞춰 풀이해야 한다. 태백은 주(周)나라가 은(殷)나라의 제후국일 때 주나라 왕 고공단보(古公亶父)의 장자였다. 그러므로 태백은 당연히 주나라의 태자(太子)가 되고 왕이 될 것으로 모두가 생각했다. 그런데 왕인 고공단보(古公亶父)는 셋째인 계력(季歷)의 아들 창(昌)의 비범(非凡)함을 알고 창(昌)[후일 주(周) 왕조(王朝)를 창건한 문왕(文王)]에게 선위(禪位)하기를 바랐다. 이런 고공단보(古公亶父)의 마음을 알아차린 태백은 둘째 동생 중옹(仲雍)을 데리고 남방[당시의 오(吳)나라]으로 떠났다. 중옹(仲雍)이 궁 안에 있으면 자신이 떠난 자리에 다툼이 일어날까 염려하여 중옹을 데리고 떠난 것으로 판단된다. 이러한 태백의 태도에 대하여 공자께서 지덕(至德)한 사람이라고 극찬하면서, 그는 삼양

(三讓) 하면서도 자취조차 없애버려 찾을 방법이 없어 백성들이 그를 칭찬하려 해도 칭찬할 길이 없다고 했다.

지덕(至德)을 주자(朱子)는 말하기를 "덕이 지극하여 여기에 다시 더할 것이 없는 것이다."라고 했다. 삼이천하양(三以天下讓)[세 번이나 천하를 양보했다.]이라고 한 것이다. 삼양(三讓)에 대해서는 후세 학자들 간에 조금씩 다른 견해가 있는 것이 보인다. 삼양(三讓), 세 번 사양하는 예(禮)에 관해서는 빙례(聘禮)[혼례(婚禮)], 향음례(鄕飮禮), 향사례(鄕射禮), 사상견례(士相見禮) 등에 자세히 나와 있다.

삼양(三讓)은 굳이 사양함을 말하는 것이다. 옛사람들은 사양할 때 세 차례 하는 것을 예절로 삼았다. 첫 번째는 예사(禮辭), 두 번째는 고사(苦辭), 세 번째는 종사(終辭)이다.

본문의 삼양(三讓)은 예로서의 양(讓)이 아니라 왕조의 후계자를 양보한 것이며 결과적으로 천하를 양보한 것이다. 그러므로 후세 학자들 간에 현상을 보는 관점이 다를 수 있다. 주자는 사양함이 너무 은미(隱微)하여 그 자취조차 찾을 수 없었다고 하였다. 후한(後漢) 말(末) 학자 정현(鄭玄)은 태백은 부왕(父王) 고공단보(古公亶父)가 병이 났을 때 남방으로 약초를 구하러 가서 부왕이 죽었는데도 돌아오지 않고 계력(季歷)이 상주(喪主)가 되게 한 것이 바로 첫 번째 사양이고, 부음(訃音)을 받고 계력(季歷)은 바로 돌아왔는데 태백은 급히 돌아와야 하는데도 돌아오지도 않은 것이 두 번째 사양이며, 면상(免喪)[상(喪)을 벗음.]한 뒤에 단발문신(斷髮文身)한 것이 세 번째 사양으로 보았다. 동진(東晉)의 학자 범녕(范寧)은 태왕(太王)이 죽자 계력(季歷)이 왕위에 오른 것이 첫 번째 사양이고, 계력(季歷)이 죽자 문왕(文王)이 왕위에 오른 것이 두 번째 사양이며, 문왕(文王)이 죽자 무왕(武王)이 왕위에 올라 드디어 천하를 얻었으니 이것이 세 번째 사양이라 했다. 명말청초(明末淸初)의 학자 고염무(顧炎武)는 사양할 당시에는 일개의 제후국을 양보했지만, 훗날 문왕(文王)과 무왕(武王)에게 사양한 것이며 이는 천하를 사양한 것이라 했다. 이것이 삼사(三辭)라는 것이다. 노사(路史)[송(宋)나라 나필(羅泌)이 쓴 것과 명(明)나라 서위(徐渭)가 쓴 것이 있다. 상고(上古)에 관한 역사를 서술한 사서(史書)]에 이런 표현이 있다.

方太王時　以與王季　而王季以與文王　文王以與武王
방 태 왕 시　이 여 왕 계　이 왕 계 이 여 문 왕　문 왕 이 여 무 왕
皆泰伯啓之也　故曰三讓
개 태 백 계 지 야　고 왈 삼 양

[태왕(太王)은 왕계(王季)에게 왕위를 전하고, 왕계는 문왕(文王)에게, 문왕은 무왕(武王)에게 전하였으니, 이는 모두 태백이 그러도록 열어 놓은 것이다. 그러므로 삼양(三讓)이라 한다.]

내 발을 펴보아라 내 손을 펴보아라

曾子有疾 召門弟子曰 啓予足 啓予手
증자유질 소문제자왈 계여족 계여수
詩云 戰戰兢兢 如臨深淵 如履薄氷
시운 전전긍긍 여임심연 여이박빙
而今而後 吾知免夫 小子
이금이후 오지면부 소자

증자가 병을 앓자, 제자들을 불러 말했다.

"내 발을 펴보아라! 내 손을 펴보아라!

시경(詩經)에 '전전긍긍하여 깊은 연못가에 서 있듯, 얇은 얼음을 밟듯 하라.' 했듯이 몸을 조심하였는데, 이제부터 내 걱정을 면하게 되었구나!"

第八篇 泰伯 三章
제팔편 태백 삼장

증자(曾子)는 병중에도 효에 대한 실천을 생각하고 제자들을 불러 자신의 손과 발을 살펴서 신체의 훼상(毁傷)이 있는가를 점검하게 한다. 이는 효경(孝經) 개종(開宗) 명의장(明義章)에서 말한 부효덕지본야(夫孝德之本也)[효는 덕의 근본이다.]라고 했고, 또 신체발부, 수지부모, 불감훼상, 효지시야(身體髮膚, 受之父母, 不敢毁傷, 孝之始也)[신체, 머리털, 피부는 부모로부터 물려받은 것으로 감히 손상될 수 없는 것이 효의 시작이다.]라 한 것을 지켰는지 점검한 것이다. 그리고 지금까지 자신이 살아온 삶을 돌아보며 신체를 훼상해서 불효를 저지르지 않을까? 하고 항상 시경(詩經), 소아(小雅), 소민편(小旻篇)의 표현대로 전전긍긍(戰戰兢兢)[두려워하고 조심스러워 근심함.] 여림심연(如臨深淵)[깊은 못 가에 서 있듯] 여리박빙(如履薄氷)[얇은 얼음을 밟듯]하며 효의 실천을 다하려 했으나 다하지 못함이 있을까 걱정하며 살았으나 이제 걱정을 면하게 되었다고 했다. 즉 죽음에 임하게 되었다는 것이다. 증자는 공자 제자십철(弟子十哲) 중에서도 특히 효의 실천자로 이름이 높은 분이다.

효경(孝經)에 보면 효제야자위인지본(孝弟也者爲仁之本)[효와 우애는 인을 행하는 근본이다.]라고 했다. 나의 몸을 아끼고 사랑하여서 잘 보존하는 것은 효의 시초이자 기본이 되는 것이다. 내 몸은 부모로부터 물려받아 자식에게 물려주어 영원한 인류문화를 계승하는 중요한 역사의 전달자인 것이다.

지금 사회가 인륜과 도덕이 무너지는 것은 사회 질서의 근간인 효제(孝弟)가 무너지기 때문이다. 각자가 자신의 직분에 충실하여 안연(顏淵) 11장에서 말한 군군, 신신, 부부, 자자(君君, 臣臣, 父父, 子子)[임금은 임금답게, 신하는 신하답게, 아비는 아비답게, 자식은 자식답게]로 돌아가서 자신의 직분을 다하고 가치관을 확립하여 질서를 바로 세운다면 인륜과 도덕이 무너지지 않을 것이다. 이제라도 우리의 가치관을 확립하여 인류의 도덕적 기준을 마련하여 건전한 사회가 되는 계기가 마련되었으면 좋겠다.

새가 죽을 때 그 울음이 슬프다

曾子有疾　孟敬子問之　曾子言曰
증자유질　맹경자문지　증자언왈

鳥之將死　其鳴也哀
조지장사　기명야애

人之將死　其言也善
인지장사　기언야선

君子所貴乎道者三
군자소귀호도자삼

動容貌　斯遠暴慢矣
동용모　사원포만의

正顏色　斯近信矣
정안색　사근신의

出辭氣　斯遠鄙倍矣
출사기　사원비패의

籩豆之事　則有司存
변두지사　즉유사존

증자가 병에 걸리자 맹경자가 문병을 오니 그에게 말했다.

"새가 죽으려 할 때 울음소리가 애처롭고,

사람이 죽으려 할 때는 그의 말이 착합니다.

군자로서 소중히 여길 바 예도가 세 가지가 있습니다.

몸을 예절에 맞게 움직이면 난폭함과 태만함을 멀리할 수 있을 것이며,

안색을 예절에 맞게 하면 신의를 가까이할 수 있을 것이며,

말을 예에 맞게 하면 억지와 천속을 멀리할 수 있을 것입니다.

변두를 맡아보는 것은 전담자가 있으니 맡기십시오."

第八篇　泰伯　四章
제 팔 편　태 백　사 장

　증자에 대한 이야기는 본장뿐만 아니라 본편 3, 5, 6, 7장에서도 언급하고 있고 『예기(禮記)』 3편 단궁(檀弓) 上(상) 19장에서는 죽음

을 앞두고 예에 맞지 않는다고 대부계손(大夫季孫)이 준 대부용(大夫用) 삿자리를 걷고 죽음을 맞이함으로써 죽는 순간에도 죽음까지 예에 맞추려는 모습을 나타낸 문장이 있다.

본장에서도 병중에 있으면서도 대부 맹경자에게 가르치는 말은 처연하면서도 아름답고 우리의 심경을 울린다. 또한, 자신의 병이 위중하고 혼미한 중에도 맹경자에게 대부로서 지켜나갈 덕[동용모(動容貌)-몸을 예절에 맞게 움직임, 정안색(正顔色)-안색을 바르게 함, 출사기(出辭氣)-말을 예절에 맞게 하는 것]을 가르치고 있다. 증자는 죽음에 임해서도 역책(易簀)[증자가 죽을 때 대부가 쓰는 삿자리를 신분에 지나치다 하여 바꾸었다는 고사, 죽음을 말함.]을 하고, 삼덕(三德)의 교훈을 더한 것이니 바로 언야선(言也善)[말이 착하다.]을 이행한 것이라고 말할 수 있다.

특히 조지장사(鳥之將死), 기명야애(其鳴也哀), 인지장사(人之將死), 기언야선(其言也善)은 우리가 깊이 새겨볼 명문장으로서 애처로운 마음이 들면서도 우리들의 가슴속에 무엇인가 숙연함을 느끼게 하는 문장이다.

증자는 삼덕(三德)을 말하기 앞서 위의 말을 한 것은 삼덕을 강조

※비(鄙): 천속(賤俗), 야비(野鄙)[성질이나 행동이 야하고 천함.]
※패(悖): 배리(背理)[도리에 어긋남.], 사리에 맞지 않음.
※변(籩): 죽제(竹製)로서 밤·대추 등 물기 없는 것을 담는 그릇
※두(豆): 김치·젓갈 등 물기 있는 것을 담는 그릇
※유사(有司): 일을 처리하는 담당자. 여기서는 제사에 종사하는 사람과 관청
※변인(籩人): 대추·밤 같은 마른 제물을 담당하는 사람
※해인(醢人): 김치·젓갈 같은 물기 있는 제물을 담는 것을 담당하는 사람
※종축(宗祝): 제사를 맡은 관명

하여 말하기 위하여 먼저 말한 것으로 보인다. 주자는 새는 죽는 것을 두려워하기 때문에 슬프고, 사람은 궁하면 근본으로 돌아가기 때문에 말이 착하다고 해석하고 있다.

무능한 사람에게도 묻는다

曾子曰 以能問於不能 以多問於寡 有若無 實若虛
증 자 왈 이 능 문 어 불 능 이 다 문 어 과 유 약 무 실 약 허
犯而不校
범 이 불 교
昔者吾友 嘗從事於斯矣
석 자 오 우 상 종 사 어 사 의

증자가 말했다.

"유능하면서도 무능한 사람에게도 묻고, 박학다식하면서도 천학 과문한 사람에게도 묻고, 도를 지녔는데도 없는 듯, 덕이 찼는데도 텅 빈 듯 겸손하고 또 남에게 욕을 보아도 따지고 마주 다투지 않는다. 옛날 나의 벗이 이런 태도를 취했었다."

第八篇 泰伯 五章
제 팔 편 태 백 오 장

"자신이 능력을 가지고 있으면서도 능력을 갖지 않은 사람에게 물어보고, 자신이 많이 알면서도 잘 모르는 사람에게도 물어보고, 유능하면서도 능력이 없는 듯이 하며, 학문이 가득 차 있으면서도 '아는 것이 없어' 비어 있는 듯이 하며, 남이 자신에게 위해(危害)를 가해도 따지거나 죄를 추궁하지 않았다."라고 했다. 여기서 본문의 뜻을 살펴보기 위해 공자께서 술이(述而) 25장에서 하신 말씀과 비교해 보자.

亡而爲有 虛而爲盈 約而爲泰 難乎有恒矣
망 이 위 유 허 이 위 영 약 이 위 태 난 호 유 항 의

[없어도 있는 듯하고, 비어도 찬듯하고, 가난해도 태연해야 하나

니 참으로 한결같기란 어렵다.]라 했다. 이는 본문에서 증자가 한 말이 공자께서 술이(述而) 25장에서 한 말과 뜻이 통한다.

증자는 옛날 자신의 벗이 이런 태도를 취했다고 했다. 그런데 여기서 증자의 벗을 주자는 논어 집주(集注)에서 안회(顏回)라고 말하고 있다. 주자가 이렇게 주장하는 근거는 본문에서 석자(昔者)라고 한 것은 지금은 없는 사람임을 표현한 것이라 할 수 있기 때문이다.

증자가 안회(顏回)를 우(友)[친구]로 표현했다. 두 사람은 모두 공자의 제자로서 공통점이 있어 우(友)라 했으나, 나이 차이가 많은 사이이다. 안회(顏回)는 B.C 521년생이고 증자는 B.C 505년생이니 16년의 나이 차이가 난다. 당시로 보면 부자간의 나이 차이다. 그러나 당시에는 나이를 초월해서 동지들과 우(友)의 관계를 유지했으니 별로 이상할 것은 없다. 여기에서 논해 보고자 하는 것은 동문(同門)은 붕(朋)이라 했고, 동지(同志)는 우(友)라 했다. 실제로 학이(學而) 1장에서 유붕이자원방래(有朋而自遠方來)라 하고 붕(朋)을 썼는데 본장에서는 우(友)라 썼으니 동문(同文)임에도 서로 다른 표현이 아닌가 하는 의문이 가기 마련이다. 당시에는 학년제가 없고 서당에 들어가면 모두 같은 공간에서 각자의 실력에 따라 공부를 했기 때문에 연령, 학력 차이가 심한 사람들이 함께 공부했다. 여기에서 구분된 것이 나이이다. 같은 나이의 동문(同門)이면 붕(朋)으로, 나이가 다르고 뜻이 같으면 우(友)라고 썼다. 그러므로 서로 같은 높이의 친구들을 붕(朋)으로 칭하고, 아랫사람과 윗사람이 함께 하는 것을 우(友)라고 칭한다. 그러므로 '망년지우(忘年之友)'는 있어도 '망년지붕(忘年之朋)'은 없는 것이다. 증자와 안회, 자유(子游)와 자하(子夏)는 우(友)라 할 수 있다.

어린 임금을 부탁할만한 신하

曾子曰 可以託六尺之孤 可以寄百里之命 臨大節而
증 자 왈　가 이 탁 육 척 지 고　가 이 기 백 리 지 명　임 대 절 이
不可奪也
불 가 탈 야
君子人與 君子人也
군 자 인 여　군 자 인 야

증자가 말했다.

"어린 임금을 부탁할 수 있고, 백리 사방의 나라를 맡길 수 있고,

존망(存亡)을 건 위급함에 임해서도 굽히지 않으면

군자다운 사람이라 할 수 있겠지? 군자다운 사람이다."

第八篇 泰伯 六章
제 팔 편　태 백　육 장

군자가 출사(出仕)하여 국정에 임하고 있을 때 임금이 붕어(崩御)
하면서 유고(遺誥)로 어린 임금을 부탁할 수 있고, 나라의 운명을 맡
길 수 있는 충성스러운 신하로 신임을 받고, 나라가 위급존망(危急存
亡)의 기로에 있을 때에도 지킬 수 있다면 군자다운 사람이 아니겠
는가? 과연 군자다운 사람이다. 이것이 본장의 내용이다.

육척지고(六尺之孤)의 육척(六尺)은 지금의 사척삼촌이분(四尺三寸
二분)이다. 공안국(孔安國)[전한(前漢) 노(魯)나라 사람, 공자의 11대
손]은 육척지고(六尺之孤)는 어린 임금을 말한다고 했다. 정현(鄭玄)
[후한말(後漢末) 사람]은 15세 이하라 했다. 형병(刑昺)은 육척(六尺)
은 15세이며, 칠척(七尺)은 20세라 했다.

기(寄)는 위임(委任)한다는 뜻이고 백리(百里)는 제후(諸侯)의 나라

이며 명(命)은 나라의 운명(運命)을 말하는 것이다. 대절(大節)이란 나라에 험난한 시기가 있는 것이 마치 대나무에 마디가 있는 것과 같으니 이것이 바로 대절이라 한다. 하안(何安)[후한(後漢) 위(衛)나라 사람]은 군자는 국가가 대절 때에는 안전하게 지켜 사직(社稷)을 정립(正立)해야 한다고 했다.

교만하고 인색하면 나머지는 볼 것도 없다

子曰 如有周公之才之美 使驕且吝 其餘 不足觀也已
<small>자 왈 여유주공지재지미 사교차린 기여 부족관야이</small>

공자께서 말씀하셨다.

"비록 주공과 같은 훌륭한 재능을 지녔다 해도
교만하고 인색하다면 나머지는 보잘 것이 없다."

第八篇 泰伯 十一章
<small>제 팔 편 태 백 십 일 장</small>

주공(周公)은 이름이 단(旦)이며 주·문왕(周·文王)의 아들로서 노(魯)나라의 시조(始祖)이다. 주공은 공자께서 이상(理想)으로 삼고 숭배하는 성인이다. 이런 인격을 갖춘 사람이라도 교만하고 인색하면 나머지는 보잘 것이 없다고 했다. 공자께서 교만과 인색함을 좋아하지 않음이 이러하다.

누구나 부(富)하거나 귀(貴)하게 되면 교만하기 쉽다. 학이(學而) 15장에서 자공(子貢)이 "부이무교(富而無驕)[부자라도 교만하지 않음.]면 어떻습니까?"하고 공자께 물으니 공자께서는 "가야, 부이호례자(可也, 富而好禮者)[좋다. 그러나 부자라도 예를 지켜라.]"라 했다. 사람은 부귀하면 예를 모르고 교만해지기 쉽기 때문에 더욱 정진(精進)하여 비록 부귀하더라도 예를 알고 교만하지 않는 사람이 되라는 교훈이다.

린(吝)이란 마음속에 욕심이 많아 남에게 베풀 줄 모르고 관대하지도 못한 것이다. 즉 정신적으로나 물질적으로나 인색한 것이다. 결국, 사람됨이 불인(不仁)하다고 할 수 있다. 인자는 남을 위해 베풀고 어려운 사람을 구제할 줄 안다. 옹야(雍也) 28장에서 자공이 박시제중(博施濟衆)에 대해 물어보자, 공자께서는 박시제중(博施濟衆)[널리 베풀고, 많은 사람을 구제함.] 함이 인자라 하고 문왕이나 주공도 실현하지 못해 걱정했다고 했다.

사람은 교만하지 말고 예를 알고 인색하지 않도록 부단히 노력해야 한다. 아무리 훌륭한 경륜을 갖고 있고 재주가 있는 사람이라도 교만하고 인색한 사람이라면 보잘 것 없는 사람이라는 것이다.

배우기를 좋아하고 도를 지켜라

子曰 篤信好學 守死善道 危邦不入 亂邦不居
자왈 독신호학 수사선도 위방불입 난방불거
天下有道則見 無道則隱
천하유도즉현 무도즉은
邦有道 貧且賤焉 恥也
방유도 빈차천언 치야
邦無道 富且貴焉 恥也
방무도 부차귀언 치야

공자께서 말씀하셨다.

"굳게 믿고 배우기를 좋아하고, 죽음으로서 도를 높여라.

위태로운 나라에 들어가지 말고, 문란한 나라에 살지 말라.

천하에 도가 있으면 나타나고, 도가 없으면 숨어라.

나라에 도가 있는데 가난하고 미천하면 부끄러운 노릇이오.

나라에 도가 없는데도 부귀하면 부끄러운 노릇이다."

第八篇 泰伯 十三章
제 팔 편 태 백 십 삼 장

독신호학(篤信好學), 수사선도(守死善道)[굳게 믿어 배우기를 좋아하고, 죽음으로써 도를 높여라.]라 한 것은 도, 즉 진리가 바르고 옳다는 것을 믿고, 진리를 밝히기 위해 열심히 공부하고, 도를 지키기위해 죽음도 불사한다는 것이다. 이는 위령공(衛靈公) 8장에서 유살신이성인(有殺身以成人)[몸을 죽여 인을 이룩한다.]이라 한 것이나, 맹자 고자(告子) 상(上) 10장 웅장장(熊掌章)에서 사생취의(捨生取義)[생을 버리고 의를 취한다.]라 한 것과 의미가 같다고 할 수 있다.

위방불입(危邦不入), 난방불거(亂邦不居)[위태로운 나라에 들어가지 말고 문란한 나라에 살지 말라.]라 함은 위방(危邦)이나 난방(亂邦)은 이미 도가 무너지고, 덕은 무시되고, 불의가 만연하여 위태로운 나라를 말하는 것으로 이러한 나라에는 들어가지도 말고, 더욱이 살지 말아야 할 나라라는 것이다. 이러한 나라에서 군자가 정도(正道)를 지키고 예를 다하면서 살아가기는 힘이 들것이다.

유도즉현, 무도즉은(有道則見, 無道則隱)[도가 있으면 나타나고 도가 없으면 숨는다.]은 아래의 빈차천(貧且賤)[가난하고 천하게 되는 것], 부차귀(富且貴)[부하고 귀하게 되는 것]와 함께 생각해보면 좋겠다. 유도즉현(有道則見)[나라에 도가 있으면 나타난다.]이면 군자는 자연스럽게 정사에 참여하게 되고 그러면 자연스럽게 녹(祿)을 받게 되어 부차귀(富且貴)는 따라오게 될 것이며, 무도즉은(無道則隱)[나라에 도가 없으면 숨는다.]하는 것은 군자는 정사를 피하여 정사에서 물러나게 되고 그러면 녹을 받지 못하므로 빈차천(貧且賤)하게 될 것이다. 이인(里仁) 5장에서는 빈여천, 시인지소오야, 불이기도득지, 불거야(貧與賤, 是人之所惡也, 不以其道得之, 不去也)[빈천은 누구나 싫어하지만, 세상이 나빠서 빈천하게 되었다면, 구태여 버리지 말라.]라 하여 초연하게 빈천을 즐길 수 있게 하라고 하는 것이다.

방유도(邦有道)[나라에 도가 있을 때] 일 때는 나라에 정사가 인의 정치가 이뤄지며 덕을 숭상하고, 예를 따라 도로서 나라가 다스려진다. 즉 위정(爲政) 3장에서 말하는 도지이덕, 제지이례(道之以德, 齊之以禮)[덕으로 이끌고 예로서 다진다.] 하는 나라에서 빈차천(貧且賤)은 자신의 잘못이나 능력 부족으로 빈차천 하게 되었지 세상을 원망할 수 없다고 할 것이다. 그러므로 이는 군자로서 치(恥)[부끄러움]인 것이다. 또 방무도(邦無道)란 나라의 정사가 불의하고 힘으로 정치가 이뤄지며 오직 형벌로만 백성을 다스리는 나라 즉 위정(爲政) 3장에서 말한 도지이정, 제지이형(道之以政, 齊之以刑)[법으로 이끌고, 형벌로 다지다.]의 나라를 말한다. 이러한 나라에서 부차귀(富且貴)는 정도(正道)에 어긋나고, 불의, 부정에 영합한 결과일 것으로 부차귀를 누리는 것은 군자로서 치(恥)[부끄러움]일 것이다. 이는 술이(述而) 15장에서도 불의이부차귀, 어아여부운(不義而富且貴, 於我如浮雲)[의롭지 못하게 부귀하게 되는 것은 내게 뜬구름과 같다.]이라 하였다.

방자하면서 강직하지 않고 무식하면서 성실하지 않으며

子曰 狂而不直 侗而不愿 悾悾而不信
자왈 광이부직 통이불원 공공이불신
吾不知之矣
오 부 지 지 의

공자께서 말씀하셨다.

"방자(放恣)하면서 강직(剛直)하지 않고

무식(無識)하면서 성실(誠實)하지 않고

무능(無能)하면서 신의(信義)마저 없는 사람은

어찌해야 좋을지 모르겠다."

第八篇 泰伯 十六章
제 팔 편 태 백 십 육 장

공자께서도 광(狂)하고 통(侗)하며 공공(悾悾)하기만 한 결점 많은 자를 어찌해야 좋을지 모르겠다고 했다. 그러나 이러한 사람의 결점만 나무라는 마음이 아니고 그런 결점 중에서 장점을 찾고자 하지 않았을까? 하고 생각해보게 된다.

실제로 공자께서는 자로(子路) 21장에서 광자(狂者)는 진취적인 데가 있어 중도(中道) 즉 중용(中庸)을 행하는 사람을 찾지 못할 바엔 진취적인 광자(狂者)와 함께 하겠다고 하였다. 본장과 함께 본다면 광자(狂者)의 결점인 방자(放恣)함이나, 경망(輕忘)함을 멀리하고 강직하고 진취적인 데가 있는 사람으로 거듭난다면 최선의 인간은 아닐지라도 차선(次善)은 될 수 있지 않겠는가? 하고 기대했다.

통(侗) 즉 '무지(無知)' 또는 '우둔한 사람'이라도 일에 임하여 성실하고, 정성스럽게 처리하는 착한 사람이라면 모두가 감동할 것이다.

공공(悾悾)은 '무능(無能)하다.' 혹은 '어리석다.'라는 뜻이지만 어떤 일을 맡으면 꼭 이루어 나감으로써 결점을 극복하고, 신의를 지키고, 참된 모습을 보여준다면 충분히 좋은 점으로 기억할 수 있고, 결점이 보완되지 않겠는가?

그러나 부직(不直)하고, 불원(不愿)하고, 불신(不信)하여 결점만 보인다면 이것은 공자께서 어찌해야 좋을지 모르겠다고 염려하는 본래의 취지가 아닐 것으로 보인다.

학문에 시기를 놓치지 마라

子曰 學如不及 猶恐失之
자왈 학여불급 유공실지

공자께서 말씀하셨다.

"학문은 뒤쫓지 못하는 듯 서둘러 해라. 그래도 혹 놓칠까? 겁이 난다."

第八篇 泰伯 十七章
제 팔 편 태 백 십 칠 장

젊을 때는 학문보다는 노는 것이 더 좋은 것이 사실이다. 또한, 시간은 영원히 나를 위해 있을 줄 알고 노는데 정신이 팔리고 시간이 많은 것으로 생각하나, 지나가면 다시 오지 않는 것이 시간이고 지난 시간은 불러올 수가 없다. 이런 것은 젊을 때는 느끼지 못하고 지난 후에라야 뉘우치는 것이다. 그러면서도 후학들도 이런 이치를 알면서도 놓치는 것이 바로 이것이고 공자가 바로 이 장에서 그런 것을 경계한 말이다.

나는 이장을 주자의 권학문(勸學文)과 권학을 위한 시, 우성(偶性)을 소개하므로써 위의 공자의 권학을 대신 풀이한다.

勿謂今日不學而有來日
물 위 금 일 불 학 이 유 래 일

勿謂今年不學而有來年
물 위 금 년 불 학 이 유 래 년

日月逝矣歲不我延
일 월 서 의 세 불 아 연

嗚呼老矣是誰之愆
오 호 노 의 시 수 지 건

배우지 않고 내일이 있다 하지 말고

금년에 배우지 않고 내년이 있다고 하지 말라.

해와 달이 지나가는데 세월은 나를 기다리지 않는다.

아! 늙도다. 이는 누구의 허물인고!

朱子「勸學文」
주 자　권 학 문

少年易老學難成
소 년 이 로 학 난 성

一寸光陰不可輕
일 촌 광 음 불 가 경

未覺池塘春草夢
미 각 지 당 춘 초 몽

階前梧葉已秋聲
계 전 오 엽 기 추 성

소년은 늙기 쉽고 학업은 이루기가 어려우니

한 치의 시간이라도 가벼이 할 수 없다.

연못에 봄 풀이 꿈꾸는 것을 깨기도 전에

뜰 앞의 오동잎은 이미 가을을 알리는구나.

朱子의 詩「偶性」
주 자　시　우 성

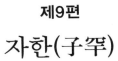

제9편

자한(子罕)

주로 공자의 덕과 행적 즉 덕행을 논했다. 총 30장 중 11장을 수록했다.

내가 아는 것이 있는가?

子曰 吾有知乎哉 無知也 有鄙夫問於我
자왈 오유지호재 무지야 유비부문어아
空空如也 我叩其兩端而竭焉
공공여야 아고기양단이갈언

공자께서 말씀하셨다.

"내가 아는 것이 있는가? 아는 것이 없다. 그러나 무식한 사람이 나에게
성심껏 물어오면, 나는 다 털어내어서 그에게 가르쳐줄 뿐이다."

第九篇 子罕 七章
제 구 편 자 한 칠 장

공자께서는 '내가 아는 것이 있겠는가? 아는 것이 없다. 그러나 나
보다 못한 사람이 물어오면 내가 알고 있는 것을 모두 그에게 가르
쳐줄 뿐이다.'라고 하신 말씀이 본문의 내용이다. '내가 아는 것이 없
다.'라고 한 것은 겸양(謙讓)의 말이라고 할 수도 있으나, 그것보다는
누구나 배우고 익히면 잘 알 수 있다는 것을 강조한 것이라 할 것
이다. 술이(述而) 2장에서 학이불염(學而不厭)[배우기에 물리지 않는
다.] 하였고, 술이(述而) 18장에서는 발분망식(發憤忘食), 낙이망우(樂
以忘憂), 부지노지장운이(不知老之將云爾)[학문에 발분(發憤)하면 식
사를 잊고, 학문을 즐김에 걱정을 잊으며, 늙어가는 것조차 알지 못
한다.]라 하였다. 즉 열심히 노력해서 배웠을 뿐이라고 하여, 열심히
노력하여 학문을 터득하였음을 강조했고, 술이(述而) 19장에서 다
음과 같이 말하고 있다. 아비생이지지자(我非生而知之者), 호고민이
구지자야(好古敏以求之者也)[나는 나면서부터 저절로 잘 아는 사람

은 아니다. 옛것을 좋아하여 부지런히 찾아 배워서 알게 된 사람이다.]라 하여 자기는 천재가 아니고 열심히 노력해서 배웠다고 했다. 스승은 어디에나 있고 학문을 하는 자세에 따라 얼마든지 배울 수 있다고 강조하고 있다.

술이(述而) 21장을 보면 삼인행(三人行), 필유아사언(必有我師焉), 택기선자이종지(擇其善者而從之), 기불선자개지(其不善者改之)[세 사람이 길을 가면 그중에는 반드시 나의 스승이 될 만한 사람이 있다. 그중에서 좋은 점은 내가 따르고, 좋지 못한 점은 거울삼아 고치도록 한다.]라고 하여 별도의 스승에게 배우는 것도 중요하지만 일상에서도 스스로 자신이 다른 사람의 행위를 보고 좋은 점은 배우고, 나쁜 점은 고쳐 나감으로써 그들을 스승으로 삼아 배울 수 있다는 것이다.

이렇듯이 공자께서는 열심히 배운 바를 남에게 열심히 가르쳤다.

공자께서는 남을 깨우치는 일에는 적극적이었다. 술이(述而) 2장에서는 회인불권(誨人不倦)[남을 깨우치기에 지치지 않는다.]이라고 하셨다. 또한, 정성을 다해 배우고자 하는 사람은 가르쳤다. 술이(述而) 7장에서 자행속수이상(自行束修以上), 오미상무회언(吾未嘗無誨焉)[속수(束修)의 예 이상을 치른 사람에게 내 일찍이 가르치지 않은 바 없다.]라 하여 누구나 배우고자 하는 사람은 모두 가르치었다. 배우는 사람마다 같은 질문이라도 답은 달랐다. 즉 그 사람의 실력 정도, 성격, 질문하는 의도, 환경 등에 따라 대답이 다른 것이다.

공자께서는 배우고, 익히고, 가르치는데 전력을 다했다.

안연의 탄식: 선생님의 덕

顔淵喟然歎曰
<small>안 연 위 연 탄 왈</small>

仰之彌高 鑽之彌堅 瞻之在前 忽焉在後
<small>앙 지 미 고　찬 지 미 견　첨 지 재 전　홀 언 재 후</small>

夫子循循然善誘人 博我以文 約我以禮
<small>부 자 순 순 연 선 유 인　박 아 이 문　약 아 이 례</small>

欲罷不能 旣竭吾才 如有所立 卓爾
<small>욕 파 불 능　기 갈 오 재　여 유 소 립　탁 이</small>

雖欲從之 末由也已
<small>수 욕 종 지　말 유 야 이</small>

안연이 크게 감탄하며 말했다.

"선생님의 덕은 우러러보면 더욱 높게 보이고, 뚫어 파면 더욱 굳으며, 앞에 보인 듯하다가는 홀연히 뒤에 있는 듯하다. 선생님께서는 차근차근 순차적으로 사람을 잘 유도해 계발시키신다. 학문으로 나를 넓게 해주시고, 예로서 나의 행동의 기틀을 잡아 주신다. 그만 배우려 해도 그만둘 수 없게 잘 가르쳐 주시므로 나도 모르게 나의 재능을 다해 좇아가 배우나, 그래도 또한 앞에 우뚝 새로운 지표(指標)를 세워 놓으신다. 자꾸 좇아가지만 끝내 좇아갈 방도가 없는 것이다."

第九篇 子罕 十章
<small>제 구 편　자 한　십 장</small>

안연이 스승의 학덕(學德)을 따라 차근차근 좇아가면서 배우지 못함을 크게 탄식하면서 스승의 학덕을 말하고 있다. '선생님의 덕은 뚫어 파면 팔수록 굳고, 학문적 깊이를 모를 정도로 깊고, 알고 있다고 생각하면 새로운 것이 보이고, 극복하고, 성취했다고 생각하면 저만큼 앞에 새로운 목표를 세워 주시니, 깊이를 알 수 없고, 넓이를

알 수 없는 것이 스승의 학덕이며, 또한 교육목표이다. 그러니, 배우지 않으려 해도 배우지 않을 수 없고, 쫓아가려고 해도 쫓아갈 방도가 없다.'고 호소하면서 탄식을 하고 있다.

공자의 인품을 논한 장은 논어에 여러 장 있다. 술이(述而) 37장에서는 자온이려(子溫而厲), 위이불맹(威而不猛), 공이안(恭而安)[공자께서는 온순하시고 엄숙하며, 위엄이 있으시되 무섭지 않고, 공손하시되 안도감을 주신다.]라고 하였고, 자하는 자장(子長) 9장에서 군자삼변(君子三變), 망지엄연(望之儼然), 즉지야온(卽之也溫), 청기언야려(聽其言也厲)[군자의 태도는 세 가지로 다르게 나타난다. 외모를 바라보면 엄숙하게 보이고, 가까이 보면 온화하고, 말을 들으면 바르고 엄숙하다.]라고 했다. 여기에서 군자라고 한 표현은 공자를 나타낸 표현이다. 또 자공은 자장(子長) 24장에서 노(魯)나라 대부 숙손무숙(叔孫武叔)이 공자를 비방하자 자공은 숙손무숙에게 중니불가훼야(仲尼不可毁也), 타인지현자(他人之賢者), 구릉야(丘陵也), 유가유야(猶可踰也), 중니(仲尼), 일월야(日月也), 무득이유언(無得而踰焉), 인수욕자절(人雖欲自絶), 기하상어일월호(其何傷於日月乎)[선생님은 비방할 수가 없는 분입니다. 다른 사람은 현명하다 해도 언덕 같은 것으로 누구나 넘어갈 수 있습니다. 그러나 선생님은 해나 달같이 높으신 분이라 누구도 넘지 못합니다. 비록 남들이 자기 스스로 선생님의 가르침을 끊는다 하더라도 해와 달 같은 선생님에게 무슨 흠이 가겠습니까?] 하고 스승을 옹호하고 있다.

안연을 비롯한 다른 많은 제자들도 스승의 높은 덕을 배우려고 노력했고, 그들은 열심히 스승의 가르침을 배웠던 것이다. 위대한 스승 밑에 훌륭한 제자들이라 할 것이다. 때문에 공자의 위대함을 널리 알릴 수 있었던 것이다.

문인으로 가신을 삼다

子疾病　子路使門人　爲臣
자질병　자로사문인　위신
病間曰　久矣哉　由之行詐也　無臣而爲有臣　吾誰欺
병간왈　구의재　유지행사야　무신이위유신　오수기
欺天乎
기천호
且予與其死於臣之手也　無寧死於二三子之手乎
차여여기사어신지수야　무녕사어이삼자지수호
且予從不得大葬　予死於道路乎
차여종부득대장　여사어도로호

공자께서 병이 심해지자 자로가 문인(門人)으로 하여금 신(臣)을 삼아 장사(葬事)할 준비를 차렸다. 병이 차도가 있자, 이를 알고 공자께서 말씀하셨다.

"신(臣)이 없는 나를 신(臣)이 있는 것으로 꾸몄으니, 누구를 속이자는 거냐? 하늘을 속이자는 거냐? 나는 신(臣)의 손에 죽는 것보다는 차라리 너희들 손에 죽는 것이 나을 것이며, 또한 내 비록 큰 장례식은 못 치른다 할지라도 설마 주검이 길가에야 버려지겠느냐?"

第九篇　子罕　十一章
제구편　자한　십일장

자로는 존경하는 스승께서 마지막 가는 길에 최대한의 예를 마련하려고, 옛날 대사구(大司寇)의 벼슬을 했던 것을 원용(援用)하여 가신(家臣)을 세워 죽음을 맞게 하였다. 실로 자로 다운 발상이라 하겠다. 그렇게 해서라도 돌아가시려는 스승의 업적을 보상하고 싶은 것이 자로의 마음이었으리라.

예와 도를 중시하는 공자께서는 죽음에 임해서도 예를 중요시하여, 원용(援用)하는 것을 용납하지 않고, 가신(家臣) 세운 것을 속인 것이라고 나무라셨다. 자신의 마음은 가신 손에 죽는 것보다 제자들의 손에 죽는 것이 차라리 떳떳하고 그것이 낫다고 하신다.

공자께서 자로를 이렇게 나무라는 것은 죽음에 임해서도 스승으로서 올바른 도를 가르치려고 하는 것이며, 자로가 가신을 세워 마지막 가시는 스승의 체(體)[돌아가시는 사람의 수족(手足)]를 돕도록 한 것은 제자로서 스승에 대한 애정이라 할 것이다. 누구도 나무랄 수도 없고, 잘못이라고 비난할 수도 없다고 할 것이다.

공자께서는 죽음에 대해서 신중했다. 학이(學而) 9장에서는 신종추원(愼終追遠)[부모 상(喪)을 신중히 모시고 선조의 영을 충심으로 모시다.]이라 했고, 술이(述而) 9장에서는 자, 식어유상자지측(子, 食於有喪者之側), 미상포야(未嘗飽也), 자어시일(子於是日), 곡즉불가(哭則不歌)[공자께서는 상(喪)을 당한 사람 곁에서 식사하는 경우 배부르도록 먹는 일이 없었으며, 곡(哭)을 하면 종일토록 노래를 부르는 일이 없었다.] 하였고, 부모의 상(喪)이나 선조의 제사를 귀중하게 여겼다. 이는 예의 정신에 바탕이 되는 것이다.

옹야(雍也) 8장에 보면 공자께서는 백우(伯牛)가 악질(惡疾)에 걸렸을 때 창 너머로 손을 잡고 망지(亡之), 명의부(命矣夫), 사인야(斯人也), 이유사질야(而有斯疾也), 사인야(斯人也), 이유사질야(而有斯疾也)[이럴 리가 없는데! 운명이로구나! 이런 사람이 이런 병에 걸리다니! 이런 사람이 이런 병에 걸리다니!] 하고 애통해하면서 눈물을 흘렸으며, 선진(先進) 8장에서는 안연이 죽자 희(噫), 천상여(天喪予), 천상여(天喪予)[아아! 하늘이 나를 잊으시는구나! 하늘이 나를 잊으셨구나!] 하고 애통해하면서 통곡하였다. 그뿐만 아니라 공자께서는 위(衛)나라에 갔을 때 옛 여관 주인이 죽자, 들어가 곡을 하고 나와 타고 다니던 준(駿)[마차를 끄는 말]을 부의(賻儀)로 주었다는 일화가 있다. 이렇듯 죽음에 대해 애통해하는 것은 지극히 인간적인 면이 나타난 것이며, 사람에 대한 사랑의 표현이며 인의 실천이라 할 수 있다.

평소에도 이런 삶을 살아왔기 때문에 죽음에 임해서도 정신이 좀 들자 예에 맞는 절차를 하지 않았다고 자로를 나무란 것이리라.

나가서는 공경을 섬기고

子曰 出則事公卿 入則事父兄 喪事不敢不勉
자왈 출즉사공경 입즉사부형 상사불감불면
不爲酒困 何有於我哉
불위주곤 하유어아재

공자께서 말씀하셨다.

"나가서는 공경(公卿)을 섬기고, 안에서는 부형(父兄)을 섬기고, 장사(葬事)는 정성을 다해 치르고, 술로 인해 문란해지지 않는다. 이런 것들을 나도 쉽게 해낼 수 있을 뿐이다."

第九篇 子罕 十五章
제 구 편 자 한 십 오 장

공경(公卿)이란? 3공9경(三公九卿)의 벼슬을 말한다. 3공9경은 나라의 최고위급 관직을 가진 사람을 일컫는다. 공(公)은 처음에는 왕의 아들을 칭하는 용어였다. 춘추시대까지는 제후국의 왕도 왕이라 칭하지 못하고 공(公)이라 칭했다. 예를 들어 제(齊)나라 환공(桓公)은 왕이었으나 주(周)나라의 제후국이므로 왕이라 칭하지 못하고 공이라 칭했다.

전국시대(戰國時代)로 오면서 제후국들이 왕이라 칭하면서 나라의 최고위 관직을 가진 사람에게 공이라 칭하였다. 중국의 주(周)나라에서는 삼공(三公)의 명칭을 태사(太師), 태부(太傅), 태보(太保)라 했고, 전한(前漢)에서는 행정 담당을 승상(丞相), 군사 담당을 태위(太尉), 감찰 담당을 어사대부(御史大夫)라 하였으니, 이들을 3공이라 했으며, 이 제도는 당·송(唐·宋)까지 이어졌다. 구경(九卿)은 나라마다 수시로 바뀌어 왔기에 여기서는 언급하지 않겠다.

우리나라에서도 고려(高麗) 때에는 태위(太尉), 사도(司徒), 사공(司空)으로 불렀으며 이들을 3공이라 하였고, 조선시대에는 영의정(領議政), 좌의정(左議政), 우의정(右議政)을 3공이라 했다.

부형(父兄)은 종족 가운데 높은 분을 일컫는 것이다. 종족이란 동성(同姓)의 친족을 말한다.

면(勉)이란? 정성을 다해 돕는다는 뜻이다. 공자께서는 상사(喪事)에는 최대한의 예로써 정성을 다했으며, 서로 도와 일을 치르도록 했다.

곤(困)이란? 남으로부터 피해를 입어 힘겨운 상태를 말하는 것으로, 주곤(酒困)이라고 하면 술 때문에 곤란을 당한다고 하는 것이다. 불위주곤(不爲酒困)[술로 인해 곤란해지지 않는다.]에 대해서는 향당(鄉黨) 8장에서 유주무량, 불급난(惟酒無量, 不及亂)[술은 양이 없으시되 난잡한데 이르지는 않는다.]라고 하였다. 공자께서도 술은 많이 마신 것으로 보인다. 다만 술에 취해서 추태를 부리거나 실수는 하지 않으셨다는 것을 향당(鄉黨) 8장을 보면 알 수 있다.

하유어아재(何有於我哉)[이런 것은 나도 쉽게 해낼 수 있을 뿐이다.]는 해석이 갈려 어떤 것이 옳은 것인지를 필자는 모르겠다.

다만 옛 학자들의 주장을 소개하여 독자들의 판단에 맡기고자 한다.

황간(皇侃, 488년~545년): 남북조 시대 양(梁)나라 학자

言我何能行此三事 故云 何有於我哉
온 아 하 능 행 차 삼 사 　 고 운 　 하 유 어 아 재

　　　　　　　　　　　　　　（論語議疏）
　　　　　　　　　　　　　　　논 어 의 소

[내가 어찌 이 세 가지 일을 능히 할 수 있겠느냐]는 말이다. 그러므로 "어찌 나에게 있겠는가?"라고 한 것이다.

형병(邢昺, 932년~1010년): 송(宋)나라 학자

他人無是行於我 我獨有之 故曰 何有於我哉
타 인 무 시 행 어 아 　 아 독 유 지 　 고 왈 　 하 유 어 아 재

　　　　　　　　　　　　　　（論語正義）
　　　　　　　　　　　　　　　논 어 정 의

[다른 사람은 이런 행실이 없고, 나에게만 오직 이런 것이 있기 때문에 "어찌 나에게 어려움이 있겠는가]라고 한 것이다.

정약용(丁若鏞, 1762년~1836년)

皆非也 如侃之說則太謙也 如昺之說則太傲也
개 비 야 　 여 간 지 설 즉 태 겸 야 　 여 병 지 설 즉 태 오 야

　　　　　　　　　　　　　　（論語古今註）
　　　　　　　　　　　　　　　논 어 고 금 주

[(두 사람의 말) 모두 아니다. 황간의 말은 너무 겸손하고, 형병의 말은 너무 오만하다.]

학문을 한다는 것은 산을 쌓아 올리는 것과 같다

子曰 譬如爲山 未成一簣 止 吾止也
자왈 비여위산 미성일궤 지 오지야

譬如平地 雖覆一簣 進 吾往也
비여평지 수복일궤 진 오왕야

공자께서 말씀하셨다.

"학문함을 비유하건대 산을 쌓아 올리는 것과 같다.

흙 한 삼태기가 모자라는데 그만두었다 해도 그것은 내가 그만둔 것이다.

또 비유하면 땅을 고르는데 흙 한 삼태기를 부었다 하여도 그만큼 진척한 꼴인데 그것도 내가 나서서 한 것이다."

第九章 子罕 十八章
제구장 자한 십팔장

학문을 하던, 다른 어떤 일을 하던 시작했다면 결과에 대해서는 자신의 책임을 다해야 한다. 공자께서는 비여위산(譬如爲山)[산을 쌓아 올리는 것에 비유함.] 하면서 그 결과에 대해서는 자신이 책임을 져야 한다는 것을 강조하신 것이다. 산을 쌓으면서 한 삼태기의 흙만 보태면 완성될 것을 중지하여 산이 되지 못하고 언덕으로 남는다 해도 결국 멈춘 책임은 나에게 있지 남의 탓을 할 것이 아니라고 한 것이며, 어떤 일을 하기 위해 준비하고 기초를 마련해 놓았으나 시작만 하고 진척이 없다고 해도 이것은 내가 하지 않은 것이지 남에게 완성되지 못한 책임이 있는 것이 아니다. 이런 현상을 비유하여 비여평지(譬如平地)라 하면서 땅을 고르는 일을 시작한 것은 남이 한 것이 아니라 바로 자신임을 말한 것이다. 그러므로 중도에 그만두어 일의 진척이 없거나, 일이 성사되지 못한 책임 또한 나에게 있는 것이다.

　우리 주위에도 결과가 좋으면 모두 내가 한 것이고, 일을 해보니 결과가 나쁘면 남의 탓을 하는 것을 종종 볼 수 있는데, 어떤 일을 시작하는 것도 자신이며, 끝내는 것도 자신이다. 결국, 결과에 대한 책임도 당연히 내 몫인 것이다. 이것을 자신의 책임을 면하기 위해 남의 탓을 하는 것은 비겁한 행위일 뿐 아니라, 무책임한 사람이다.

꽃피고 열매 맺어야 하지만

子曰 苗而不秀者 有矣夫 秀而不實者 有矣夫
자왈 묘이불수자 유의부 수이불실자 유의부

공자께서 말씀하셨다.

"싹은 돋았으나 꽃을 피우지 못하는 것도 있고, 꽃은 피고서도 열매를 맺
지 못하는 것도 있을 것이니라!"

第九章 子罕 二十一章
제구장 자한 이십일장

곡식 등 처음으로 싹이 나는 것을 묘(苗)라 하고, 자라서 꽃피우는
것을 수(秀)라 하며, 열매를 맺어 결실을 보게 되는 것을 실(實)이라
한다. 다른 만물도 싹이 나는 것도 있고, 나지 않는 것이 있다. 싹이
나서 성장하는 것도 있고 시들어 버리는 것도 있으며, 잘 자라 착실
히 열매를 맺는 것도 있고, 그렇지 못하는 것도 있을 것이다. 사람의
경우도 마찬가지이다. 학문의 경우 본장을 대입시켜 본다면 학문을
시작은 하였으나 중도에 포기하는 경우가 있는가 하면, 열심히 공부
하여 덕을 쌓으면 그것으로 만족하는 경우가 있는가 하면, 백성을
위해 베풀어 선정(善政) 하는 경우도 있다. 이렇게 보면 본장이 표현
한 문장을 비교함이 무리는 없을 것이다.

형병(刑柄)은 논어정의(論語正義)에서 이장은 공자께서 안회가 일
찍 죽음으로서 통석(痛惜)해 하여 안회를 비유하여 말한 것이라고
했다. 그런데, 다산 정약용은 논어 고금주(古今註)에서 안회는 일찍
죽었지만, 덕이 이미 성숙하였다고 했다. 그러므로 통석(痛惜)하게

생각하면 덕을 이루지 못한 것 같이 보일 수 있다. 이는 잘못된 것이기 때문에 옳은 판단이라고 할 수 없다고 형병(刑柄)의 주장을 반박하였다.

형병(刑柄)의 주장과 다산(茶山)의 반박을 비교해 볼 때 다산이 안회가 덕을 이룬 것을 모든 것을 이룬 것으로 보는 것은 공자께서 말한 본문의 뜻을 간과한 것으로 보인다. 안회의 죽음을 보고 공자께서 통석해서 본문과 같은 말을 했다고 하면, 이는 안회가 자신이 이룬 덕을 백성들에게 펼치고, 후학에 전하여야 열매를 맺었다 할 것인데, 안회는 열매를 맺지 못한 것이다.

그래서 공자께서 이를 통석(痛惜)해 했다고 할 것이다.

젊은 후배를 두려워하라

子曰 後生可畏 焉知來者之不如今也
자왈 후생가외 언지래자지불여금야
四十五十而無聞焉 斯亦不足畏也已
사십오십이무문언 사역부족외야이

공자께서 말씀하셨다.

"젊은 후배를 두려워해야 한다!

장래의 그들이 우리만 못하리라 할 수 있겠는가?

그러나 사십오십이 되어도 이름이 나지 않으면 두려울 것이 없느니라."

第九編 子罕 二十二章
제구편 자한 이십이장

후배가 선배보다 뛰어나야 그 사회는 발전하는 것이다. 선배보다 뛰어난 후배가 없는 사회는 발전할 수가 없는 것이다. 문화, 과학, 예술, 체육 등 모든 분야가 마찬가지로 뒤쫓아 오는 후배가 더욱 잘 해야 발전하는 사회가 될 것이다. 그러므로 항상 뒤쫓아 오는 후배들을 두려워해야 하는 것이다. 청출어람, 청어람(靑出於藍, 靑於藍)[쪽에서 나오는 물감이 쪽보다 더 푸르다.] 즉 제자가 스승보다 뛰어나단 뜻이다. 이것이 후생가외(後生可畏)와 비슷한 말이다.

공자는 후배들을 두려워해야 한다고 했으나, 이는 어디까지나 후배들의 발전 가능성을 인정하고 존경하라는 가르침이라고 생각한다. 그러기 때문에 그들이 오늘의 우리만 못하리란 생각을 할 수 있겠는가?라고 반문하는 것이다. 그러나 40, 50세가 되어도 가능성이 보이지 않으면 두려워할 것이 없다고 단언하는 것을 보아도 후배들의 가능성을 항상 높이 보고 있음을 알 수 있겠다.

공자는 진취적으로 현실을 개혁하고 미래를 중시하는 분이다. 그는 참다운 문화 창조자요 미래 설계자이다. 그러나 그는 급진적 개혁보다는 점진적 개선을 주장하였다.

온고이지신, 가이위사의(溫故而知新, 可以爲師矣)[지난 학문을 충분히 습득하고 새로운 것을 알면, 스승이 될 수 있다.] 위정(爲政) 11장에서 말한 것처럼 옛것을 배우고 새로운 것을 배워서 점진적인 개선을 주장하는 것을 볼 수 있다. 이렇게 개혁을 하되 점진적으로 후배들이 더욱 발전시켜 나갈 것을 주장하고 있다.

옳은 말을 따르지 않을 수가 있는가?

子曰 法語之言 能無從乎 改之爲貴
<small>자왈 법어지언 능무종호 개지위귀</small>
巽與之言 能無說乎 繹之爲貴
<small>손여지언 능무열호 역지위귀</small>
說而不繹 從而不改 吾末如之何也已矣
<small>열이불역 종이불개 오말여지하야이의</small>

공자께서 말씀하셨다.

"바른말을 따르지 않을 수 있겠느냐?

그러나 그 말을 따라 잘못을 고치는 것이 더욱 귀중하다.

조용히 타이르는 말이 듣기에 즐겁지 않겠느냐?

그러나 그 말의 참뜻을 찾아내는 것이 더욱 귀중하다.

즐거워만 하고 뜻을 찾지 않고, 따르기만 하고 고치지 않는다면, 나로서는 어찌할 도리가 없느니라."

第九篇 子罕 二十三章
<small>제 구 편   자 한   이 십 삼 장</small>

불교에서는 진리의 말을 법어(法語)라고 한다. 본장에서 법어지언(法語之言)이란? 정언(正言) 즉 올바른 말을 말한다. 올바른 말은 따라야 함은 당연하다. 그러나 올바른 말을 따라서 실천하기 위해 잘못된 것을 고치지 않는다면 이것이 정말 잘못된 것이다. 그렇기 때문에 잘못을 고치는 것이 올바른 말을 따르기만 하는 것보다 귀중한 것이다.

손여지언(巽與之言)은 부드럽고 공손하게 하는 말을 일컫는다. 잘못된 부분이 있을 때 공손하고 부드러운 말로 듣기 좋게 말하면 그 뜻을 충분히 알아듣고 고쳐야 한다. 고치지 않는다면 부드럽고 좋은 말을 해도 소용이 없는 것이다. 그러므로 공자께서는 위령공(衛靈公) 29장에서 과이불개, 시위과의(過而不改, 是謂過矣)[잘못하고도 고치지 않는 것이 잘못이다.]라 했고 학이(學而) 8장에서는 과즉물탄개(過則勿憚改)[잘못했으면 즉시 고쳐라.] 하였다. 또 본장에서는 공자께서도 법어지언(法語之言)[올바른 말]을 따르지 않고, 손여지언(巽與之言)[공손하게 타이르는 말]의 참뜻을 알지 못하면 어찌할 도리가 없다고 한 것이다.

사람의 덕행은 자신이 깨달아 행하지 않으면 주위에서 아무리 법어지언(法語之言)을 말하고, 손여지언(巽與之言)의 소중한 말도 소용이 없는 것이다. 자신이 듣고, 배운 것을 깨달아 행해야 되는 것이지 스스로 행하지 않으면 남이 어찌할 도리가 없는 것이다. 덕행은 강요해서 되는 것이 아니다.

삼군의 대장은 뺏을 수 있다

子曰 三軍可奪帥也 匹夫不可奪志也
_{자 왈 삼 군 가 탈 수 야 필 부 불 가 탈 지 야}

공자께서 말씀하셨다.

"삼군이라 할지라도 그 대장을 뺏을 수는 있으나
한 사나이로부터 그의 뜻을 뺏을 수는 없다."

第九篇 子罕 二十五章
_{제 구 편 자 한 이 십 오 장}

　본장은 삼군(三軍), 수(帥), 필부(匹夫)와 같은 용어를 정리하여서 풀어야 되겠다. 삼군은 대군(大軍)을 말한다. 일군(一軍)은 1만2천5백 명이다. 그러나 여기에서 삼군이란 꼭 3만7천5백 명이란 숫자로 말하는 것이 아니라 많은 군사라는 것을 비유해서 말하였다고 보아야 할 것이다. 수는 장수를 말하며 총지휘관이다. 그리고 필부는 신분이 높지 않은 보통의 사나이를 말하는 것이며, 이러한 용어를 정리하면, 본장의 뜻은 인간의 신념과 의지를 강조한 것이라고 본다. 즉 사람의 신념과 의지를 쉽게 뺏을 수 없는 것이라는 것을 강조하는 것이라고 볼 수 있다. 태백(泰伯) 6장에서 증자는 임대절이불가탈야(臨大節而不可奪也)[존망을 건 위급함에 임해도 굽히지 않는다.]라 하였다. 아무리 급해도 뜻을 굽히지 않는다는 것이다.

　삼군이 그 장수를 지킨다 해도 이는 군사들의 마음이 하나로 뭉치지 못하기 때문에 장수를 끝까지 지키지 못하지만, 필부의 뜻은 자신이 지켜나가는 내면의 세계이기 때문에 죽으면서도 빼앗기지 않을 수 있는 것이다. 맹자는 지, 기수야(志, 氣帥也)[뜻은 기의 장수이다.]라 했다. 뜻이 굳세면 용기는 거기에서 나오는 것이라고 하는 것이 맹자의 진정한 뜻이라고 볼 것이다.

소나무와 전나무의 절개

子曰 歲寒然後 知松栢之後彫也

자 왈　세 한 연 후　지 송 백 지 후 조 야

공자께서 말씀하셨다.

"한겨울 추운 날씨가 된 다음에야 소나무와 전나무의 절개를 알 수 있다."

第九編 子罕 二十七章

제 구 편　자 한　이 십 칠 장

　추운 겨울에도 푸르름을 유지하는 소나무와 전나무를 보고 인간 생활에서의 절개를 말하고 있는 구절이다. 사람들의 생활도 평소에 최고의 애국자, 가장 친한 사람, 가장 정직한 사람처럼 행동하는 인간이 생활 속에서 하는 행위를 보면 그 사람의 인간성을 알 수 있다. 이것이 본장에서 강조하려고 하는 점이라고 생각한다.

　평소에 애국을 논하고 깨끗한 사람이라고 다른 사람의 존경을 받던 사람이 알고 보니 공금횡령, 부정부패, 병역기피, 투기 등 온갖 불법을 한 것이 탄로가 나고 앞에서 친한 척하다가도 조금만 자기 이익에 도움이 되지 않으면 모른 체 돌아서는 인간, 남의 잘못은 조금도 용서할 줄 모르고 욕하는 사람이 자신의 이익을 위해서는 못하는 일이 없는 이중적 태도를 보이는 등 우리 주변을 돌아보면 본문이 뜻하는 바를 알 수 있지 않겠는가?

　어떤 어려운 처지에서도 변하지 않는 사람을 송백(松栢)으로 비교하여 표현한 것이 본장의 취지이다. 세한(歲寒)에도 꿋꿋이 견디며 푸르름을 잃지 않는 송백 같은 군자가 나와 혼탁하고 부패

한 세상을 바로잡아 무너진 도덕을 일으켜 세웠으면 좋겠다. 우리도 송백의 절개를 보고 다시 한번 살아온 자취를 돌아보았으면 한다.

지·인·용

子曰 知者不惑 仁者不憂 勇者不懼
_{자 왈 지 자 불 혹 인 자 불 우 용 자 불 구}

공자께서 말씀하셨다.

"지혜로운 자는 미혹되지 않고, 어진 자는 걱정하지 않고, 용감한 자는 두려워하지 않는다."

第九篇 子罕 二十八章
_{제 구 편 자 한 이 십 팔 장}

지·인·용(知·仁·勇)은 군자의 덕목이다. 지자(知者)는 판단력·통찰력을 지니고 있어 이치에 밝고 시비곡직(是非曲直)을 판단하는 안목이 있기 때문에 어떤 일에도 미혹되지 않고 모든 일을 이치에 맞게 처리할 줄 안다.

인(仁)이란? 만인에 대한 사랑, 즉 박애(博愛)와 자애(慈愛) 등을 표현하는 것이다. 때문에 인자는 모든 사람을 사랑하고 사사로운 욕심 없이 일하기 때문에 근심할 일이 없는 것이다.

용(勇)은 용기이다. 용기는 정의를 과단성(果斷性) 있게 실천하는 힘이다. 정의를 실천하는 용자는 어떠한 어려움도 극복하는 힘이 있으므로 두려워할 것이 없는 것이다.

주자는 다음과 같이 풀이했다. 명이촉리(明以燭理), 고불혹(故不惑), 심상락천(心常樂天), 고불우(故不憂), 기능배의(氣能配義), 고불구(故不懼)[총명함이 사리를 밝힐 수 있기 때문에 미혹되지 않고, 마음이 항상 천명을 즐기기 때문에 근심하지 않으며 기가 능히 의에 배합

하기 때문에 두려워하지 않는다.]

　이러한 지·인·용(知·仁·勇)은 군자가 갖추어야 할 기본적인 덕목이기 때문에 군자는 항상 익혀 실천하도록 노력하고 다른 사람보다 솔선수범하여 타인의 모범이 되도록 노력하여야 할 것이다.

제10편
향당(鄕黨)

공자의 향리 생활이나 집에서의 생활을 생생히 볼 수 있다. 식습관, 잠자리 등 재미있고
흥미 있는 이야기가 많으나 총 17장 중 3장만 수록했다.

예를 갖춘다는 것

問人於他邦　再拜而送之
문 인 어 타 방　재 배 이 송 지

康子　饋藥　拜而受之曰　丘未達　不敢嘗
강 자　궤 약　배 이 수 지 왈　구 미 달　불 감 상

다른 나라에 있는 친지에게 문안드리기 위해 사람을 대신 보낼 때는 대신 가는 사람에게 두 번 엎드려 절하고 전송했다.

계강자가 약을 보내오자, 공자께서는 엎드려 절하며 이를 받고 말씀하셨다. "나는 이 약에 대해서 잘 모른다. 따라서 감히 먹을 수 없다."

第十篇　鄕黨　十一章
제 십 편　향 당　십 일 장

외국에 있는 친지에게 문안은 자신이 하는 것이 마땅하나 그러지 못해 다른 사람을 문안사(問安使)로 보낼 때는 사자(使者)에게 재배(再拜)하고 보냈다고 했다. 명(明)나라 학자 왕우태(王宇泰)는 절하는 것은 사자(使者)에게 절하는 것이 아니라 방문할 대상의 사람에게 절하는 것이라 했다. 이렇게 형식을 취하는 것은 예는 정성의 표현으로 비록 내가 못가더라도 내가 가서 문안하는 심정으로 보낸다는 마음으로 엎드려 절하는 것이다. 살아있는 사람은 단배(短拜)이나 외국에 있으므로 재배(再拜)하는 것이다. 여기서 문(問)이란 사자(使者)로 하여금 문안할 때는 반드시 빙문(聘問)[물건을 가지고 방문함.]을 하였기 때문이다.

타방(他邦)은 다른 나라라는 뜻이다. 당시 중국은 일천하(一天下)[하늘이 주신 나라 천자국(天子國) 일국(一國) 즉 주(周)나라]에 여러 제후국이 있어 백성들은 살고 싶은 나라를 선택하여 살 수 있었다. 논어에서 타인을 대신 사자(使者)로 보낼 때는 재배(再拜)하고 보냈다고 했으나, 『예기(禮記)』에는 그런 표현이 없다. 어차피 『예기(禮記)』도 공자께서 정리한 책으로 예기에 기록되지 않은 것은 공자께서 예기를 기록하면서 사자(使者)를 다른 나라에 보내면서 재배(再拜)한 것은 보내는 의식이 아니라 스스로 문안받는 사람을 존경하는 의미로 사자(使者)가 떠난 후 멀리서 혼자 하였기에 이는 사자(使者)를 보내는 의식이 아니다. 그런데 이것이 논어에는 기록된 것은 제자들이 공자의 언행을 정리하면서 보고 들은 그대로 정리함으로써 이러한 기록이 된 것으로 보인다.

강자(康子)는 노(魯)나라의 최고 실력자인 계강자(季康子)이다. 계강자는 노(魯)나라 실력자 삼환 중에서도 가장 강력한 사람이다. 이런 사람이 공자의 병환에 약을 보냈다. 보통의 신하들이라면 이를 계강자가 자신을 좋아한다고 좋아하겠지만, 공자께서는 예를 다하여 절하고 약성(藥性)을 모르겠으니 먹을 수 없다고 했다. 보내준 약을 받으면서 절하는 것은 계강자가 종경(宗卿)[종중(宗中)의 경(卿)]이기 때문이다. 종중(宗中)이란 노(魯)나라 왕부(王府)를 말한다. 이들은 일반 백성과 구별이 되는 신분으로 일반 백성은 존경을 표해야 한다. 계강자는 삼환의 한 사람으로 그중에서도 가장 권력이 막강한 사람이다. 계강자는 팔일(八佾) 1장에서 보듯이 황제만이 취할 수 있는 팔일무(八佾舞)를 자기 뜰에서 추게 하는 참람(僭濫)함을 범한 사람이다. 신분에 따른 예를 중시하는 공자께서는 이를 묵과할 수 없는 일

인 것이다. 공자께서는 실권을 잃은 노(魯)나라 왕실을 회복하기 위하여 노력하던 중이었으므로 삼환의 이런 참월(僭越)을 보고 지나치지 않았다. 이런 와중에 약이 오니 보내준 정성에 대해서는 엎드려 절하고는 받았으나 미달, 불감상(未達, 不敢嘗)[약의 성분에 대해서 모르기 때문에 맛보지 못하겠습니다.] 하고 당당히 거절했던 것이다. 약을 받고 엎드려 절한 것은 계강자가 종경(宗卿)[종친(宗親)의 한 품계]이므로 일반인인 공자보다 신분상으로 위인 까닭이다. 그러므로 예를 중시하는 공자께서 예를 표하는 절을 한 것이다.

여기에서 후세 학자들 간에 해석을 달리하는 경우가 있어 여기에 소개하려고 한다. 북송(北宋)의 형병(邢昺)은 '약을 보낸 연유를 알지 못한 것이다.' 하여 보낸 자체에 대한 것을 의심하는 것 같은 느낌을 주고 있다. 그런가 하면 주자(朱子)는 받고서 먹지 않는 것은 준 성의를 헛되게 하는 것이기 때문에 '병에 대한 약성을 알지 못해서 감히 맛보지 못하겠습니다.'라고 하여 병을 핑계 댔다고 했다. 학자들의 해석이 어떠하든 당시 공자께서는 자신의 소신을 권력자라 해서 굽히지 않았다는 것은 오늘의 우리에게도 시사하는 바가 크다 하겠다.

마구간에 불이 났다

廐焚 子退朝 曰 傷人乎 不問馬
구 분 자퇴조 왈 상인호 불문마

마구간에 불이 났는데, 공자께서는 퇴청(退廳)하시어 묻되
"사람이 다쳤느냐?" 물으시고 말에 대해서는 묻지 않으셨다.

第十章 鄕黨 十二章
제 십 장 향 당 십 이 장

　공자께서 사람을 중요하게 여겼다는 것을 알 수 있는 장이다. 사람을 중요하게 여긴다고 말들은 하지만 정작 자신의 일로 닥치고 보면 옛날이나 지금이나 사람들은 이익을 쫓아 재물을 중요하게 생각하고 행동하게 마련이다. 그러나 공자께서는 중요한 재물인 말에 대해서는 언급하지 않고 '사람이 상했느냐'라고 사람의 안부만 물었다. 이는 사람을 중요하게 생각했을 뿐 재물에는 초연한 입장이었음을 알 수 있다.

　구(廐)[마구간]에 대해서는 왕필(王必)[미상~218년 위(魏)나라 유학자]은 국구(國廐)[나라의 마구간]라고 했다. 그렇다면 더욱 말에 대한 관심을 나타내야 한다. 말은 국가의 재산이고, 당시 공자께서는 노(魯)나라의 대사구(大司寇) 벼슬을 하는 관리였다. 당연히 나라의 재산인 말에 대해 물어보아야 한다. 그러나 공자께서는 그렇게 하지 않았다. 다만 사람의 안부만 물어봄으로 사람의 중요함을 강조한 것이다.

　『예기(禮記)』에 보면 공자 개인의 마구간으로 볼 수 있는 기록이 있

다. 『예기(禮記)』 잡기(雜記)에 다음과 같은 기록이 있다.

廏焚 孔子拜人爲火來者 拜之 士壹 大夫再
亦相弔之道也

[마구간에 불이 났다. 공자는 향인(鄕人)들이 불난 일 때문에 위로하러 온 사람들에게 절을 하였다. 그들에게 절하는데 사(士)에게는 한 번 하고, 대부(大夫)에게는 두 번 하였다. 이는 서로 재난에 행하는 조문의 도이다.]라고 했으니 『예기(禮記)』의 기록으로 보면 개인의 마구간으로 볼 수밖에 없다. 그렇기 때문에 향인(鄕人)으로부터 직접 조문을 받았을 것이다.

친구가 죽었는데 빈소 차릴 곳이 없다

朋友死 無所歸 曰 於我殯
붕 우 사 　 무 소 귀 　 왈 　 어 아 빈
朋友之饋 雖車馬 非祭肉 不拜
붕 우 지 궤 　 수 거 마 　 비 제 육 　 불 배

벗이 죽고 그를 돌보아줄 사람이 없으면
공자께서 '내 집을 빈소로 하라'고 말씀하셨다.
벗들이 선물로 주는 물건은 제사에 쓸 고기 이외에는
수레나 말 같은 값나가는 것일지라도 엎드려 절하지 않으셨다.

第十篇 鄉黨 十五章
제 십 편 　 향 당 　 십 오 장

　공자께서는 친구가 죽었는데 돌보아줄 사람이 없을 때에는 자기 집에 빈소를 차려 장례를 치르도록 했다. 본문에서 무소귀(無所歸)[돌보아줄 사람이 없다.]라 함은 장례를 치를 일가친척이 없다는 것이다. 당시 장례는 입관(入棺) 후 바로 장례를 치르지 않고 시신을 일정 기간 모셔 두었다가 장례를 치렀으므로 집에 빈소를 차리는 것은 무척 힘든 일이었다. 그럼에도 공자께서는 친구를 위해 빈소를 차리도록 하는 우정을 보여 주고 있다.

　당시 중국에서는 천자(天子)는 7개월, 제후(諸侯)는 5개월, 대부(大夫)는 3개월, 사(士)는 2개월 동안 시신을 모셨고 일반 백성들은 형편에 따랐으나 보통 15일 이상은 모셨다.

　그런가 하면 친구 간에 보내는 선물은 아무리 값이 나가는 선물이라도 고마워하는 인사를 따로 하지 않았다. 다만 제사에 쓰는 고기는 절하고 받았으며 반드시 예를 표했다. 제사에 쓰는 고기는 친구의 선조에 대한 공경의 표시를 한 것이다. 그렇지만 친구 사이의 재물은 서로 나눠 쓰는 것을 통상으로 하기 때문에 따로 예를 지킬 일이 없다. 그러므로 아무리 값나가는 수레나 말 같은 선물이라 해도 따로 예를 표시하고 받지 않았다.

이에 대하여 주자(朱子)는 논어집주(論語集註)에서 다음과 같이 논했다.

朋友有通財之義 故雖車馬之重不拜 祭肉則拜者
봉 우 유 통 재 지 의　고 수 거 마 지 중 불 배　제 육 즉 배 자
敬其祖考 同於己親也
경 기 조 고　동 어 기 친 야

[친구는 재물을 서로 건네는 의가 있으므로 비록 수레나 말을 줄지라도 절하지 않으며 제육(祭肉)에 대하여 절하는 것은 그의 조상을 공경하여 자기의 부모와 같게 여긴 것이다.]라 했다.

논어는 전체적으로는 제자들과의 관계가 주로 많고 공(公)·경(卿)·대부(大夫)들과의 관계가 있으며, 일반 서민 대중이나 자신의 사사로운 일들이 향당(鄕黨)에 있고, 그중에서도 친구와의 관계는 향당(鄕黨) 15장이 대표적인 것으로 공자께서 평소에 친구들을 어떻게 대하였는지 잘 나타난 장이다.

본장을 두 개의 장으로 나눈 책도 있다.

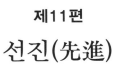

제11편

선진(先進)

향당이 공자의 일상생활을 논했다면 선진은 제자 또는 현인들의 일상생활을 논했다. 나름의 원칙에 의해 장을 뽑다 보니 총 24장 중 4장을 선정해 수록했다. 논어를 전후로 나눈다면 선진부터 후편으로 본다.

예악은 소박한 것이 좋다

子曰 先進於禮樂 野人也 後進於禮樂 君子也
자왈 선진어예악 야인야 후진어예악 군자야
如用之 則吾從先進
여용지 즉오종선진

공자께서 말씀하셨다.

"옛날 선배들의 예악(禮樂)은 소박하고 야인적(野人的)이었으나, 지금 후배들의 예악(禮樂)은 화려하고 군자적(君子的)이다. 만약 내가 둘 중의 하나를 택한다면, 옛날 선배들의 것을 쫓겠다."

第十一篇 先進 一章
제십일편 선진 일장

선진(先進)은 공자 이전의 사람을 말하며 공자께서는 이들을 선배로 예우(禮遇) 했다. 후진(後進)이란 공자 시대 사람을 말하며, 이들을 후배라 말하는 것이다. 선진의 예악(禮樂)이 야인 같다고 함은 소박하고 고풍스러우며 순수한 면이 있는 것이며, 후진의 예악(禮樂)이 군자적(君子的)이라 함은 화려하고 아름다움이 있으나, 화려함이 지나친 것을 비판하는 듯하다. 공자께서 문인들 중에서 벼슬하고 있는 자를 꾸짖어 말하기를 '너희들은 예악(禮樂)에 익숙해 있기 때문에 질박(質朴)한 선진의 예악을 경시하여 야인으로 여기고 스스로 군자라 자처하지만, 내가 사람을 등용한다면 반드시 선진부터 등용할 것이다.'라고 말한 것으로 보면 후진들의 자만심을 꾸짖은 것이다.

공자께서는 옹야(雍也) 16장에서 질승문즉야(質勝文則野), 문승질즉사(文勝質則史), 문질(文質), 빈빈(彬彬), 연후(然後), 군자(君子)[내용이 겉치레보다 두드러지면 야(野)하고, 겉치레가 내용을 능가하면 사(史)하다. 내용과 겉치레가 잘 어울려야 비로소 군자이다.]라고 했다. 즉 실질적인 질(質)과 질을 꾸민 문화(文華)가 서로 한쪽으로 치우치지 않고 잘 어울려야 군자의 도를 나타낸다고 했다. 또 팔일(八佾) 4장에서는 예(禮), 여기사야(與其奢也), 영검(寧儉)[예는 사치스러운 것보다 차라리 검소해야 한다.]고 했고 이인(里仁) 23장에서는 이약실지자(以約失之者), 선의(鮮矣)[모든 처사를 단단히 단속함으로써 실패한 일은 거의 없다.]라고 했다. 이는 내용이 없는 화려한 꾸밈을 경계했고, 투박하고 야(野)[촌스러움] 할지라도 질(質)[충실한 내용]을 중시하였던 것이다. 이와 연결해서 본장을 해석하면 공자의 주장을 알 수 있다.

　공자께서는 내용이 빈약하면서 사(奢)한 후진의 예악보다 차라리 투박하고 야(野)하면서도 질(質)이 충실한 선진의 예악이 더 낫다고 한 것이다.

계로가 귀신 섬기는 것을 묻다

季路問事鬼神
계 로 문 사 귀 신
子曰 未能事人 焉能事鬼 敢問死
자 왈 미 능 사 인 언 능 사 귀 감 문 사
曰 未知生焉知死
왈 미 지 생 언 지 사

계로가 귀신 섬기는 일을 묻자, 공자께서 말씀하셨다.

"사람도 제대로 섬기지 못하는데 귀신을 섬길 수 있겠느냐?"

"감히 묻겠습니다. 죽음은 어떻습니까?"

"삶도 아직 모르는데 어찌 죽음에 대해 알겠느냐?"

第十一篇 先進 十一章
제 십 일 편 선 진 십 일 장

짧고 간단한 질문과 답변이지만 공자의 생사에 대한 사상과 믿음에 관한 생각이 잘 나타나고 있다. 당시의 사회는 천신(天神), 지신(地神), 인신(人神)뿐만 아니라 각종 미신이 횡행하였다. 이러한 귀신을 섬기는 풍조 속에서 공자께서는 귀신에 관해서는 별로 말하지 않았다. 술이(術而) 20장에 보면 불어괴력난신(不語怪力亂神)[괴변, 폭력, 난동, 귀신 등에 대해서는 별로 말씀하시지 않았다.]라고 했다.

공자께서는 현실적인 실천과 현실의 일에 관심을 가졌기 때문에 죽음이나 죽음 이후의 일을 별로 말하지 않았다. 그러므로 귀신을 섬기는 일보다는 사람의 도리를 중요시하였고, 죽음 이후의 일보다는 살아서 올바르게 사는 것을 중요하게 생각하고 어떻게 사는 것이 올바르게 사는 것인가를 주로 말했다. 결국, 바르게 사는 것을 강조했던 것이다.

그러나 공자께서는 옹야(雍也) 20장에서 경귀신이원지(敬鬼神而遠之), 가위지의(可謂知矣)[귀신을 공손히 다루되 멀리하면 지혜롭다 하겠다.]하여 귀신을 부정하지는 않았다. 다만 거기에 완전히 빠져서 사람의 도리를 망각하는 것을 경계했다. 그래서 인간사도 제대로 알지 못하는데 귀신에 대해서 어찌 알 것이며, 살아가는 것도 제대로 알지 못하고 있는데, 죽음 이후를 어찌 함부로 말할 수 있는가? 하여 현실을 중요시하는 것을 강조하고 있다.

공자께서는 초현실적인 것이나 미지의 세계에 관한 것은 말씀하시지 않았을 뿐만 아니라 신의 세계도 말씀하시지 않았다. 오직 오늘을 사는 현실의 삶, 곧바르게 사는 것에 대한 것을 강조하였을 뿐이다.

지나침은 모자람과 같다

子貢問 師與商也孰賢
_{자 공 문 사 여 상 야 숙 현}
子曰 師也過 商也不及
_{자 왈 사 야 과 상 야 불 급}
曰 然則師愈與
_{왈 연 즉 사 유 여}
子曰 過猶不及
_{자 왈 과 유 불 급}

사(師)와 상(商)은 누가 현명합니까?

사는 지나치고 상은 모자란다.

그렇다면 사가 좀 현명합니까?

지나친 것은 모자라는 것과 같다.

第十一篇 先進 十五章
_{제 십 일 편 선 진 십 오 장}

과유불급(過猶不及)이란 말을 지나친 일이나 행동을 두고 쓰는 말로 알고 있는 사람들이 많은데 무심코 과유불급이라고 말하는 것을 볼 수 있다. 그렇지만 공자가 한 말은 조금 다른 의미가 있다. 위 본문에서 보다시피 예를 행하는 것을 가지고 사(師)와 상(商)의 방법을 두고 평한 것으로 우열을 가릴 수 없는 것으로 중용을 취하지 못한 것은 지나친 것이나, 미치지 못한 것이나, 중용(中庸)을 지키지 못한 것은 같다는 것이다. 공자께서는 자로(子路) 21장에서 부득중행이여지(不得中行而與之), 필야광견호(必也狂狷乎), 광자진취(狂者進取), 견자유소불위야(狷者有所不爲也)[중도(中道)를 행하는 사람을 사귀지 못할 바에는 반드시 광자(狂者)나 견자(狷者)와 사귀겠다. 광자

(狂者)는 진취적이어서 선을 행하고자 할 것이요, 견자(狷者)는 절대로 나쁜 일을 하지 않을 것이다.]라고 했다. 이 말을 자장과 자하에 비유한다면 덕을 행함에는 자장은 광자[지나치게 뜻이 높고 진취적인 사람이나 실행은 이를 따르지 못하는 사람]에 속하고 자하는 견자[학식은 조금 부족하나 절조가 있고 견고한 사람]로 분류할 수 있다. 예를 행함에 자장은 사치하여 과하고, 자하는 검소하여 불급이 된다. 이것이 공자가 지적한 과유불급인 것이다.

공자께서는 이어서 말하기를 '공경하는 마음이 있어도 예에 맞지 않으면 이를 야라 하고, 공손한 몸가짐이 있어도 예에 맞지 않으면 급이라 하고, 용기가 있어도 예에 맞지 않으면 이를 역(逆)이라 한다.'라고 말하면서 예를 강조하였다.

※사(師): 자장의 이름   ※상(商): 자하의 이름
※숙현(孰賢): 누가 더 현명한가?   ※과(過): 지나치다
※유(愈): 뛰어나다, 낫다.   ※유(猶): 같다

내 제자가 아니다

季氏富於周公 而求也爲之聚斂而附益之
<small>계 씨 부 어 주 공　이 구 야 위 지 취 렴 이 부 익 지</small>
子曰 非吾徒也 小子鳴鼓而攻之可也
<small>자 왈　비 오 도 야　소 자 명 고 이 공 지 가 야</small>

계씨는 노(魯)나라 임금보다 더 부(富)했다.

그런데 염구(冉求)가 그를 위해 무거운 세금을 부과하고 심하게 거둬들이므로 그의 재산을 더욱 많게 해 주었다.

이에 공자께서 말씀하셨다.

"그는 나의 제자가 아니다. 자네들은 전고(戰鼓)를 울리며 그를 공격해도 좋다."

第十一篇 先進 十六章
<small>제 십 일 편　선 진　십 육 장</small>

계씨(季氏)는 계손씨(季孫氏) 즉 계강자(季康子)이니 삼환 중에서도 가장 세도가 있는 사람이다. 그는 원래도 주공(周公)[주왕실(周王室)의 삼공(三公)]보다도 부했다. 그런데 염구(冉求)가 그의 재(宰)[벼슬 이름]가 되어 그 부를 더욱 늘리기 위해 백성에게 가혹한 세금을 부과하는 일이 일어났다. 이를 본 공자께서 크게 노하여 다른 제자들에게 전고(戰鼓)를 울려 그를 공격해도 좋다고 하면서 염구를 나무란다.

염구는 공자의 제자 중에도 자로와 함께 정사에 밝다고 칭찬하던 사과십철(四科十哲) 중에 한 사람이다. 실제로 공자께서는 옹야(雍也) 6장에서 계강자에게 구야예, 어종정야, 하유(求也藝, 於從政也, 何有)

[구(求)는 재간이 많으니 정치에 종사해도 아무 걱정이 없습니다.]하고 제자의 재주 있음을 자랑했다. 그러나 그것은 어디까지나 군자가 정치에 참여함으로 위로는 군왕을 바른 정치로 인도하고 아래로는 백성을 편하게 함으로써 인의 정치를 실현하려는 것이지 참월무도(僭越無道)한 삼환의 계손씨 같은 권력자의 재산을 늘리는데 재주를 쓴다는 것은 군자로서 도저히 용서되지 않는다. 그러므로 공자께서는 염구를 나무라는 정도가 아니라 나의 제자가 아니라고까지 하면서 그를 다른 제자들이 전고(戰鼓)의 죄로 다스리라고 한 것이다.

안연(顏淵) 17장에서 공자께서는 정자정야(政者正也)[정치는 바로잡는 것이다.]라고 했다. 또 『예기(禮記)』에서도 보면 가정맹어호야(苛政猛於虎也)[가혹한 정치는 호랑이보다 사납다.]라고 하여 가렴주구(苛斂誅求)를 나무라고 오직 인도(仁道)인 덕치를 할 것을 군주나 군자들에게 설파했던 것이다.

공자께서는 이인(里仁) 3장에서 유인자, 능호인, 능오인(唯仁者, 能好人, 能惡人)[오직 인자라야 사람을 좋아할 줄 알고, 미워할 줄 안다.]라 했다. 염구의 잘못은 바로 백성을 고통 속으로 몰아넣고, 계강자 같은 악덕자를 위한 정치를 함으로써 인의 정치를 가로막은 죄이다. 공자께서는 계강자를 위해 백성에게 고통을 준 구(求)를 제자라도 극도로 미워한 것이다.

오늘의 정치인들이 꼭 알아야 하고 실천해야 할 덕목이라 하겠다.

정자정야(政者正也)

제12편

안연(顔淵)

대체적으로 제자들이 공자에게 질문하고 공자께서 답하는 형식이 많으며 군주나 군자가 인정을 베푸는 도를 논한 장이 많고 다양한 것들이 많은 편으로 총 24장 중 12장을 수록했다.

나를 극복하고 예로 돌아가는 것이 인이다

顏淵問仁
_{안 연 문 인}
子曰 克己復禮爲仁
_{자 왈 극 기 복 례 위 인}
一日克己復禮 天下歸仁焉
_{일 일 극 기 복 례 천 하 귀 인 언}
爲仁由己 而由人乎哉
_{위 인 유 기 이 유 인 호 재}
顏淵曰 請問其目
_{안 연 왈 청 문 기 목}
子曰 非禮勿視 非禮勿聽 非禮勿言 非禮勿動
_{자 왈 비 례 물 시 비 례 물 청 비 례 물 언 비 례 물 동}
顏淵曰 回雖不敏 請事斯語矣
_{안 연 왈 회 수 불 민 청 사 사 어 의}

안연이 인에 대해 묻자, 공자께서 말씀하셨다.

"자신을 누르고 예로 돌아감이 인이다.

하루라도 자기를 누르고 예로 돌아가면 천하가 인으로 돌아갈 것이다.

인을 이룩함은 나로부터 비롯함이니라. 어찌 남에게 의존되는 것일까 보냐?"

안연이 말하기를 청컨대 "조목을 가르쳐 주십시오."라고 하자.

공자께서 말씀하셨다.

"예가 아니면 보지 말고, 예가 아니면 듣지 말고, 예가 아니면 말하지 말고, 예가 아니면 움직이지 말라."

안연이 말했다.

"제가 비록 약삭빠르지 못하고 불민하지만 말씀대로 실천하고자 합니다."

弟十二篇 顏淵 一章
_{제 십 이 편 안 연 일 장}

공자께서는 '인은 예로 돌아감이다.'라고 하여 예를 지킬 것을 강조했다. 그러면 인(仁)은 무엇이며 예(禮)는 무엇인가? 맹자는 이루

(離婁) 상(上) 10 자포장(自暴章)에서 인인지안택야(仁人之安宅也)[인은 사람이 편히 살 수 있는 집이다.]라고 했다.

　인이나 예를 한마디로 설명하기는 힘들다. 공자께서는 팔일(八佾) 3장에서 인을 말하기를 '인이불인(人而不仁), 여례하(如禮何), 인이불인(人而不仁), 여악하(如樂何)[사람이 어질지 못하면 예는 무엇을 하며, 사람이 어질지 못하면 음악은 무엇을 할 것인가?]' 하고 인을 강조했다. 이인(里仁) 1장에서는 '이인위미(里仁爲美), 택불처인(擇不處仁), 언득지(焉得知)[인에 사는 것이 아름답다. 스스로 택하여 인에 처하지 않으면 어찌 지혜롭다 하겠는가?]'라고 하며 인의 좋은 점을 말했다. 그러나 공자께서는 자한(子罕) 1장에서 인에 대해서는 자주 말하지 않았다고 한다. 자한언이·여명·여인(子罕言利·與命·與仁)[공자께서는 이익과 운명과 인에 대해서는 말씀을 하는 일이 드물었다.]라고 말했다. 군자는 의를 말하되 이(利)를 않는 것이다. 또 명이란 천명이니 고원(高遠)한 이치를 함부로 말로 표현하거나 전술하는 것이 힘들고, 인 또한 천명이니 마찬가지로 함부로 말할 수 없는 것이다. 그러므로 이 세 가지는 말하는 것이 드물었다. 자로(子路) 27장에서 보면 강·의·목·눌 근인(剛·毅·木·訥 近仁)[강직하고 과감하고 질박하고 말이 무거운 사람은 인에 가까우니라.]하여 인에 가깝다고 했다. 결코, 인이라고 하지 않았다. 또 헌문(憲問) 2장에서는 어떤 사람이 극·벌·원·욕(克·伐·怨·欲), 불행언(不行焉), 가위이인의(可爲以仁矣)[남에게 이기기를 좋아하고, 자기 공을 내세워 자랑하고, 남을 원망하고, 끝없이 탐욕하는 네 가지를 억제하고 행하지 않으면 인이라고 하겠습니까?]라고 물으니 공자께서는 '가이위난, 인즉부지야(可以爲難, 仁則不知也)[그렇게 하기란 퍽 어렵지만, 인(仁)인지 어떤지는 잘 모르겠다.]'라고 하여 인을 행하기가 어려움을 말하고 있으니 인을 함부로 말하지 않았던 것이다. 그러나 제자들이 인에 관해 물어 올 때는 적극적이고 현실에 맞게 설명하고 가르쳤다. 본장에서도 안연에게 적절한 설명을 하였고 안연(顏淵) 3장에서 사마우(司馬牛)가 인에 대해 물었을 때는 '인자기언야인(仁者其言也訒), 위지난(爲之難), 언지득무인호(言之得無訒乎)[인자는 말하기 어려워한다. 실천하기 어려우니 말하기 어렵지 않을 수 있겠느냐?]'라고 하여 실천하는 것을 인의 중요한 요소로 강조하고 있다.

번지(樊遲)는 인을 3번이나 질문했다. 자로(子路) 19장에서 질문했을 때는 '거처공(居處恭), 집사경(執事敬), 여인충(與人忠)[일상에도 항상 공손한 태도를 지키고 일을 맡아 처리할 때는 신중과 성의를 기울이고, 남과 교제할 때에는 충성을 다하여라.]'이라 했고 옹야(雍也) 20장에서는 '선난이후획(先難而後獲)[어려움을 먼저 구하고 보답을 뒤로 미룬다.]'이라 했고, 안연(顏淵) 22장에서는 '애인(愛人)[사람을 사랑함.]'이라 했다. 번지의 3번 질문에 대답이 모두 다르다. 이것은 질문자의 의도나 상황에 따라 인에 관한 답변은 변화했고, 공자께서는 변화되는 상황을 정확히 아시고 상황에 대처할 수 있도록 대답한 것으로 보인다.

인이란 사람과 사람 즉 두 사람의 관계로 서로 사랑하고 아껴주는 관계라고 보면 별 잘못이 없을 것이다. 부자, 부부, 형제.... 등 서로 간에 인애로서 관계가 되어야 한다. 이를 실천적으로 옮기는 것이 예라고 공자께서는 주장했다.

그러면 예란 과연 무엇인가? 예란 서로가 지켜야 할 규율, 혹은 사회제도로서 다른 사람들과 공존, 공영하며 살아가는 사회질서를 말하는 것이다. 공자께서 주장하는 것은 모든 사람이 욕망이나 욕심을 버리고 예를 지켜나감으로써 인을 이룰 수 있다는 것이 본장의 주된 논점이라고 생각한다.

인이 사람과 사람의 관계이지만 인을 실천하고 이루는 것은 각자가 혼자 이루어갈 수밖에 없다. 인은 멀리 있는 것이 아니고 각자 자신의 인격에 있고, 자신이 이뤄 나가야 한다는 것이다. 자한(子罕) 28장에서는 인자불우(仁者不憂)[인자는 걱정하지 않는다.]라 했고, 안연(顏淵) 2장에서는 중궁(仲弓)의 문인(問仁)에 대하여 이르기를 출문여견대빈(出問如見大賓), 사민여승대제(使民如承大祭), 기소불욕물시어인(己所不欲勿施於人)[사회에 나가 사람을 사귈 때는 큰손님 만난듯 경건하고, 백성을 부릴 때는 큰제사 모시듯 신중히 하고, 내가 원하지 않는 바를 남에게 시키지 말라.]이라고 했다. 여기에서 출문여견대빈(出問如見大賓), 사민여승대제(使民如承大祭)까지는 중궁(仲弓)에게는 현재 상황으로는 해당되지 않는 말로 보이는데 어떤 상황에서 이런 말이 나왔는지 알지 못하겠다. 그것은 여기서는 논할 수 없고, 인에 관한 공자의 사상은 전체적으로 보아서는 각자의 노력으로 이루어감을 강조한 것이라고 보아야 할 것이다. 이는 위령공(衛靈公) 8장에서도 보면 지사인자(志士仁者), 무구생이해인(無求生以害仁),

유살신이성인(有殺身以成仁)[지사와 인자는 살기 위하여 인을 해치는 일이 없고, 몸을 죽여 인을 이룩한다.]이라 하였고 위령공(衛靈公) 35 장에서는 당인, 불량어사(當仁, 不讓於師)[인을 행함에 있어서는 스승에게도 양보하지 않는다.]라고 하여 인은 자신이 이룩해 감을 말하고 있다. 모든 사람이 인을 이룬다면 세상은 모두가 인애(仁愛)로 가득 찬 좋은 세상이 될 수 있을 것이다.

내가 원치 않는 것을 남에게 시키지 말라

仲弓問仁
<small>중 궁 문 인</small>
子曰 出門如見大賓 使民如承大祭 己所不欲 勿施於人
<small>자 왈 출 문 여 견 대 빈 사 민 여 승 대 제 기 소 불 욕 물 시 어 인</small>
在邦無怨 在家無怨
<small>재 방 무 원 재 가 무 원</small>
仲弓曰 雍雖不敏 請事斯語矣
<small>중 궁 왈 옹 수 불 민 청 사 사 어 의</small>

중궁이 인을 묻자, 공자께서 말씀하셨다.

"사회에 나가 사람을 사귈 때에는 큰손님을 만난 듯 경건하고, 백성을 부리
릴 때는 큰제사를 모시는 듯 신중히 하고, 내가 원치 않는 바를 남에게 시키
지 말라. 그렇게 하면 나라에 벼슬하고 있을 때에도 원망이 없을 것이고, 집
에 있을 때에도 원망이 없을 것이다."

중궁이 말했다.

"제가 비록 불민(不敏)하나, 말씀대로 실천하겠습니다."

第十二篇 顔淵 二章
<small>제 십 이 편 안 연 이 장</small>

여견대빈(如見大賓)[큰손님을 보다]이란? 곧 국빈을 맞이하는 것으
로 당시 제후국들은 제후(諸侯)나 공후(公侯)가 서로 조견(朝見)[조정
끼리 찾아가 만남] 하였으니 국빈을 맞이하는 절차나 규범이 경건
하고 엄격했다. 그러므로 손님을 맞이하는 예가 올바로 행해지는 것
이 인이라는 것이다.

또 사민여승(使民如承)[백성을 노역으로 부릴 때] 일 때에는 대제
(大祭)[큰제사를 모시다.]를 모시듯 하는 것이 인이라 했다. 여기에

서 대제란 체제(禘祭)[왕자의 제사]나 교사(郊祀)[하늘과 땅에 지내는 제사] 같은 제사를 말하는 것이다. 곧 백성을 노역에 부릴 때 대제를 지낼 때와 같은 마음으로 정성을 들이는 것이 인을 행하는 것이라 한 것이다. 기소불욕, 물시어인(己所不欲, 勿施於人)[내가 원치 않는 것을 남에게 시키지 말라.]은 바로 서(恕)[용서하다.]인 것이다. 서는 인이라 했다. 이런 일들을 지켜나가면, 조정에 나가서도 원망을 듣지 않고, 집에 있을 때에도 원망이 없을 것이라 했다.

옛 유학자들은 본장을 다음과 같이 주(注) 했다.

전한(前漢)의 공안국(孔安國)은 위인지도, 막상호경(爲仁之道, 莫尙乎敬)[인을 행하는 도는 공경스러움 보다 더한 것이 없다.]라 했고, 송(宋)의 주희(朱熹)는 경이지기, 서이급물, 즉사의무소용, 이심덕전의(敬以持己, 恕以及物, 則私意無所容, 而心德全矣), 내외무원, 역이기효언지, 사이자고야(內外無怨, 亦以其效言之, 使以自考也)[공경으로서 자기 몸을 견지하고, 용서로서 만물에게까지 골고루 미친다면, 사사로운 마음이 끼어들지 않게 되어 심덕(心德)이 온전해질 것이다. 안으로나 밖으로나 원망이 없어져서 또한 그 효과로 말하더라도 스스로 살피게 된다.]라 했다.

공자께서는 인을 묻는 제자들에게 가르치는 답이 각각 다른 것 같으나 근본은 같다고 볼 것이다. 근본이 같다고 하는 것은 각자의 능력이나 성격, 특성에 따라 한 가지씩 그 사람에게 절실한 것을 우선으로 가르쳐 주었지만 모두가 인을 이루는 요소인 것이다. 그러므로 근본이 같다고 하는 것이다. 예를 들면 안연(顏淵) 1장에서 안연에게는 극기복례위인(克己復禮爲仁)[자기를 누르고 예로 돌아감이 인이다.]이라고 했다. 이에 안연이 자세히 내용을 알려 달라고 하니 비례물시, 비례물청, 비례물언, 비례물동(非禮勿視, 非禮勿聽, 非禮勿言, 非禮勿動)[예가 아니면 보지 말고, 예가 아니면 듣지를 말고, 예가 아니면 말하지 말고, 예가 아니면 움직이지 말라.]이라고 자세히 말했다. 이는 곧 인은 예의 실천에 기초하는 것을 말해주는 것이다.

또 안연(顏淵) 3장에서 사마우가 인을 물었을 때는 인자기언야인(仁者其言也訒)[인자는 말하기를 어려워한다.]이라고 하였다. 이유를 묻는 사마우에게 답하기를 '실천하기가 어려우니 말하기가 어렵지 않겠느냐?'고 했다. 이는 말을 할 때에는 실천할 수 있는가를 고려하여 말을 함부로 하지 말라는 경고이기도 하다. 이렇듯 인은 여러 방면에 있다.

또 이인(里仁) 2장에서는 인자안인, 지자이인(仁者安仁, 知者利仁)[인자는 인에 안주하고 지자(知者)는 인을 이롭게 한다.] 한다고 했다. 여기에서 안인(安仁)은 인에 사는 것이 인자의 본질이다. 그러므로 인자는 부귀할 때나 빈천할 때나 한결같이 인에 안주하여 사는 것이다. 지자의 이인이란 지혜를 가진 사람으로 인자는 되지 못해도 인에 사는 것이 이로운 줄 알아 인을 추구하고 지키는 것이 인을 이롭게 하는 것이다. 이인(里仁) 3장에서는 유인자, 능호인, 능오인(有仁者, 能好人, 能惡人)[오직 인자라야 사람을 좋아할 줄도 알고, 미워할 줄도 안다.]라고 하여 인자의 역할을 논하였다.

인자는 말하기 어려워한다

司馬牛問仁
사 마 우 문 인
子曰 仁者其言也訒.
자 왈 인 자 기 언 야 인
曰 其言也訒 斯謂之仁矣乎
왈 기 언 야 인 사 위 지 인 의 호
子曰 爲之難 言之得無訒乎
자 왈 위 지 난 언 지 득 무 인 호

사마우가 인에 대해 물었다.

공자: "인자는 말하기를 어려워한다."

사마우: "말하기를 어려워하는 것을 바로 인이라 하겠습니까?"

공자: "실천하기 어려우니 말하기가 어렵지 않을 수 있겠느냐?"

第十二篇 顔淵 三章
제 십 이 편 안 연 삼 장

　사마우(司馬牛)는 송(宋)나라 사람으로 공자의 제자이다. 『사기(史記)』에서 말하기를 '사마우는 자(字)가 자우(子牛)이며 말이 많고 성격이 조급하다.'고 하였다. 그러므로 공자께서는 사마우가 인을 물어올 때 이렇게 일러준 것이다. 이런 것을 양(梁)나라 유학자 황간(黃侃)은 이렇게 말했다.

古者言之不出 恐行不逮 故仁者不易出言 一云
고 자 언 지 불 출 공 행 불 체 고 인 자 불 이 출 언 일 운
仁道旣深 不得輕說 故言於仁事 必爲難也
인 도 기 심 부 득 경 설 고 언 어 인 사 필 위 난 야

　[옛사람이 말을 쉽게 하지 않음은 실행이 말에 미치지 못할까 두려워서이다. 그러므로 인한 사람은 반드시 말을 쉽게 내놓지 않는

다. 한편으로 말하면 인도(仁道)는 심오한 것으로 가볍게 말할 수 없다. 그러므로 인에 대한 일을 말할 때는 반드시 어려워하는 것이다.]라 했다. 이 말은 이인(里仁) 22장에서 공자께서 같은 말을 한 것이 있다. 고자언지불출(古者言之不出), 치궁지불체야(恥躬之不逮也)[옛사람이 말을 함부로 하지 않는 것은 몸소 실천함이 따르지 못할까 두려워하였기 때문이다.]라 하였다. 여기에서 실천함이 따르지 못할까 두려운 것은 '인'이라고 나타내지는 않았으나 '인'의 실천을 말하는 것이라 할 것이다. 학이(學而) 3장에서 교언영색, 선의인(巧言令色, 鮮矣仁)[말을 듣기 좋게 꾸미고 낯빛을 보기 좋게 꾸미는 자는 인이 드물 것이다.]이라 한 것도 인을 행하기 어려움을 말하는 것이라 본다.

공자께서 본장에서 위지난(爲之難), 언지득무인호(言之得無訒乎)[실천하기 어려우니 말하기 어렵지 않을 수 있겠느냐?]라고 한 것을 한말(漢末)의 유학자 공안국(孔安國)은 행인난(行仁難), 언인역부득불난(言訒亦不得不難)[인을 행하기 어려우니 인을 말하는 것도 또한 어렵지 아니할 수 없는 것이다.]이라 해서 위지난(爲之難)을 인을 행함이 어려움을 말한 것으로 해석하고 있다.

인을 행함이 어렵다 함은 우리가 일생을 살아가면서 인이란 이 한 글자를 벗어날 수가 없다. 인은 바로 인륜이기 때문이다. 위로는 임금에서부터 일반 백성들까지 인륜에 속하지 않는 일이 있는가? 부자, 형제, 군신, 친구, 부부… 등 천하의 인륜은 모두 인으로 통하니 인간이 이를 모두 알고 행하기 쉽지 않으며, 그래서 공자께서도 위지난(爲之難)이라 했다.

위지난(爲之難)은 인을 행하기 쉽지 않다는 말이다. 그러므로 공자께서는 인을 드물게 말씀하셨다. 또한, 공자께서는 '강의(剛毅)[강직하고 씩씩함.]한 사람이나, 목눌(木訥)[고지식하고 느리며 말이 적음.]한 사람은 인에 가깝다.'라고 했다. 이것도 인을 행함이 어려움을 말하는 것으로 보인다.

군자는 근심하거나 두려워하지 않는다

司馬牛問君子
<small>사 마 우 문 군 자</small>
子曰 君子不憂不懼
<small>자 왈 군 자 불 우 불 구</small>
曰 不憂不懼 斯謂君子矣乎
<small>왈 불 우 불 구 사 위 군 자 의 호</small>
子曰 內省不疚 夫何憂何懼
<small>자 왈 내 성 불 구 부 하 우 하 구</small>

사마우가 군자 됨을 물었다.

공자: "군자는 근심하지 않고 두려워하지 않는다."

사마우: "근심하지 않고 두려워하지 않으면, 그것으로 군자라 하겠습니까?"

공자: "속으로 반성하여 허물이 없거늘 어찌 근심하며 어찌 두려워하겠느냐"

第十二篇 顔淵 四章
<small>제 십 이 편 안 연 사 장</small>

사마우(司馬牛)와 공자의 문답은 우연히 이루어진 것이 아니다. 사마우는 근심과 두려움으로 시간을 보내고 있었던 것이다. 사마우에게는 사마환퇴(司馬桓魋)라는 형이 있었는데, 그는 송(宋)나라에서 벼슬하고 있으면서 송(宋)나라에 반란을 일으키고, 자기 동생의 스승인 공자를 살해하려고 했으니, 술이(述而) 22장에 보면 공자께서는 환퇴(桓魋)가 자기를 죽이려고 한다는 말을 전해 듣고는 다음과 같이 말한다. "천생덕어여, 환퇴기여여하(天生德於予, 桓魋其如予何)[하늘이 내게 선천적으로 덕을 부여해 주었거늘, 환퇴가 나를 어떻게 해치겠는가?]" 또 사마천의 『사기(史記)』 공자세가(孔子世家) 편에 보면 환퇴가 공자를 해치려고 하는 일을 자세히 기술하고 있다. 그러

니 동생 사마우로서는 화가 자신에게 미칠까 하는 생각으로 근심스럽고 두렵지 않을 수 없는 처지였다.

이런 상황에서 스승에게 군자가 취해야 할 태도에 대해 묻자, 공자께서는 이런 처지에 놓인 제자에게 위로를 겸해서 격려하는 의미를 담은 말을 해 준 것이다. 즉 군자불우불구(君子不憂不懼)[군자는 근심하지 않고 두려워하지 않는다.]라고 하면서 내성불구, 부하우하구(內省不疚, 夫何憂何懼)[안으로 살펴서 잘못이 없으니 무엇을 근심하고 무엇을 두려워하겠는가?]라고 했다. 여기에서 내성불구(內省不疚)[안으로 살펴서 잘못이 없다.]라 함은 형인 환퇴의 반란에 가담하지 않았다는 것을 말하는 것이다. 그러나 당시 군주시대에 형제간이라면 죄를 의심하지 않겠는가? 그럼에도 공자께서는 제자를 위로하기 위해서 이런 말을 했던 것이다. 그러나 지금 그 문장을 볼 때면 단순한 위로의 말로 보기보다는 사람이 자신이 떳떳함이 있으면 근심하거나 두려워할 일이 없다고 보면 더욱 확실한 문장일 것이다.

본장과 같은 뜻으로 공자께서는 자한(子罕) 28장에서는 지자불혹, 인자불우, 용자불구(知者不惑, 仁者不憂, 勇者不懼)[지혜로운 사람은 미혹되지 않고, 어진 사람은 걱정하지 않고 용감한 사람은 두려워하지 않는다.]라고 했다. 함께 알아두면 이해하는 데 도움이 될 것이다.

남들은 형제가 있는데 나만 없다

司馬牛憂曰 人皆有兄弟 我獨亡
사 마 우 우 왈　인 개 유 형 제　아 독 무
子夏曰 商聞之矣 死生有命 富貴在天
자 하 왈　상 문 지 의　사 생 유 명　부 귀 재 천
君子敬而無失 與人恭而有禮
군 자 경 이 무 실　여 인 공 이 유 례
四海之內 皆兄弟也
사 해 지 내　개 형 제 야
君子何患乎無兄弟也
군 자 하 환 호 무 형 제 야

사마우가 두려운 듯 말했다.

"남들은 모두 착한 형제를 두고 있는데 나만이 없다."

자하가 말했다.

"내가 듣기로는 생과 사는 운명에 있고, 부귀는 하늘의 뜻에 있다.

군자로서 경건하고 과실이 없고, 남에게 공손하고 예의를 지키면 온 천하에 있는 사람들이 모두 형제다.

군자가 어찌 형제 없음을 근심하겠는가?"

第十二篇 顏淵 伍章
제 십 이 편　안 연　오 장

사마우(司馬牛)는 실제로는 환퇴(桓魋)라는 형이 있었다. 환퇴는 『사기(史記)』 공자세가에도 나오는 인물로서 공자를 죽이려고 했던 사람이다. 그는 송나라에서 반란을 일으킨 무도한 사람이었고, 동생 사마우는 너무나 다른 자였기 때문에 사마우가 형제가 없다고 표현한 것이다. 일설에는 환퇴는 사마우의 형이 아니라는 설도 있다.

사생유명(死生有命), 부귀재천(富貴在天)[생과 사는 운명에 있고, 부귀는 하늘의 뜻이다]. 죽고 사는 것은 인간의 힘으로 어찌할 수 없고, 부귀도 선악이나 노력에 대해 공평하지 않은 것을 보면 이것도 하늘의 뜻으로 돌릴 수밖에 없다. 그렇지만 사람의 노력으로 할 수 있는 것이 있으니 스스로 인덕을 갖추기 위해 경이무실(敬而無失), 경이유례(敬而有禮)[남을 공경하고 과실이 없고, 남과 사귈 때 예의를 지키다.]는 인간의 노력으로 가능한 일이다. 이런 노력을 한다면 온 세계 모든 사람이 형제가 될 수 있는데 무엇을 걱정하느냐고 자하는 사마우를 위로하고 있다. 이 말이 사해지내(四海之內), 개형제야(皆兄弟也)[천하에 모든 백성이 형제이다.]라고 하는 말이다.

이는 스스로를 돌아보고 인격을 닦아 열린 마음으로 다른 사람과 함께 한다면 비록 남이라도 형제와 같이 대할 수 있을 것이니 타인과 비교해서 형제 없음을 한탄할 것이 아니라 적극적으로 자신을 수양하여 다른 사람들의 신임을 받고 그들을 형제로 대하는 것이 형제 없음을 한탄하고 있는 것보다 유익할 것이다.

경제를 충족시키고 국방을 튼튼히 하고 백성들이 믿게 한다

子貢問政
자 공 문 정
子曰 足食 足兵 民信之矣
자 왈 족 식 족 병 민 신 지 의
子貢曰 必不得已而去 於斯三者何先
자 공 왈 필 부 득 이 이 거 어 사 삼 자 하 선
曰 去兵
왈 거 병
子貢曰 必不得已而去 於斯二者何先
자 공 왈 필 부 득 이 이 거 어 사 이 자 하 선
曰 去食 自古皆有死 民無信不立
왈 거 식 자 고 개 유 사 민 무 신 불 립

자공이 정치에 대해서 물었다.

공자: "식량을 충분히 하고, 군비를 충분히 하며, 백성들을 믿게 하는 것이다."

자공: "만부득이 한 가지를 버려야 한다면 어느 것을 먼저 버려야 합니까?"

공자: "무기를 버려라."

자공: "부득이한 가지를 버려야 한다면 어느 것을 먼저 버려야 합니까?"

공자: "양식을 버려라. 자고로 사람은 누구나 한 번 죽는다. 그러나 백성이 믿지 않으면 나라가 존립할 수 없다."

第十二篇 顔淵 七章
제 십 이 편 안 연 칠 장

자공이 정치에 대해서 묻자, 공자는 요즘 말로 풀어서 말한다면 경제를 안정시키고, 국방을 튼튼히 하고 국민이 정치주체인 정권을 믿게 하는 것이라고 거침없이 말하고 있다. 여기에서 족식(足食)이란 백성이 생활하는데 충분한 경제를 말하는 것이며, 족병(足兵)이란 국방을 튼튼히 하여 국민으로 하여금 불안하지 않도록 하여 주는 것을 말하고, 민신지의(民信之矣)란 위정자가 백성들에게 믿음을 갖도록 정치를 하는 것을 이른다. 공자께서는 모든 정치를 다 잘해도 백성의 믿음을 잃으면 나라를 유지하지 못한다고 했다. 즉 자고개 유사민무신불립(自古皆有死民無信不立)[자고로 사람은 누구나 한 번은 죽는다. 그러나 백성들이 믿지 않으면 나라가 존립할 수 없다.]이다. 그러나 백성의 믿음은 무릇, 의식을 해결하는 것을 우선으로 하는 것이니 당태종 평전에서 당태종은 '나라는 백성을 근본으로 삼고, 백성은 의식을 근본으로 삼는다'라고 했다. 이는 족식의 중요성을 강조한 것이며 당태종은 건국 당시에는 병(兵)을 의지했고, 결국 족병을 중요시했던 것이다. 그렇다면 여기에서 살펴보아야 할 것은 족식, 족병이 민신지의의 요건을 충족시키는 것이라면 족식, 족병을 버리고 민신지의가 존립할까? 하는 것이다.

옛날이나 지금이나 경제 즉 먹고사는 문제와 나라를 지켜나가는 국방의 중요성은 마찬가지다. 그러나 본장에서 공자가 강조하고자 하는 뜻은 백성의 믿음을 강조하기 위한 말이라고 본다. 백성이 나라를 믿지 못하면 병이 강해도 외환을 막지 못하고, 식이 풍부하더라도 즐거움을 누릴 수 없다. 요즘 표현으로 하면, 잘 살아도 행복지수는 낮다고 말할 수 있겠다.

공자는 군주시대에도 백성의 뜻을 따르라고 강조하고 있다. 백성의 뜻이 바로 하늘의 뜻이라고 말한다. 주서(周書)에 보면 이런 말이 있다. 천시자아민시(天視自我民視), 천청자아민청(天聽自我民聽)[하늘은 눈이 없지만, 백성의 눈으로 보고, 하늘은 귀가 없지만, 백성의 귀로 듣는다.] 하늘의 뜻은 보고 듣는 것 모두 백성을 통해서 보고 듣는다는 것은 백성의 마음을 하늘의 뜻으로 받아들여 정사를 하라는 것이다. 이는 도덕정치를 추구하고 있는 공자의 정치철학을 의미 있게 표현하였다고 하겠다.

임금이 임금답고 신하가 신하다워야 한다

齊景公問政於孔子
제경공문정어공자

孔子對曰 君君 · 臣臣 · 父父 · 子子
공자대왈 군군 신신 부부 자자

景公曰 善哉 信如 君不君 · 臣不臣 · 父不父 · 子不子
경공왈 선재 신여 군불군 신불신 부불부 자불자

雖有粟 吾得而食諸
수유속 오득이식제

제나라 경공이 공자에게 정치에 대해서 묻자, 공자께서 대답하셨다.

"임금은 임금다워야 하고, 신하는 신하다워야 하고, 어버이는 어버이다워야 하고, 자식은 자식다워야 합니다."

경공이 말했다.

"좋은 말이오. 정말 임금이 임금답지 못하고, 신하가 신하답지 못하고, 어버이가 어버이답지 못하고, 자식이 자식답지 못하면 비록 곡식이 창고에 가득 한들, 내 어찌 먹을 수 있겠소?"

弟十二篇 顏淵 十一章
제 십 이 편 안 연 십 일 장

논어에서 정치에 대한 것을 말할 때는 언제나 당시의 상황을 살펴서 해석해야 할 필요가 있다. 공자께서 제나라 경공에게 이렇게 말할 때는 제나라의 정치가 문란하고 경공이 순리에 맞지 않게 후계자를 정하려고 하고 있었으므로 공자는 이를 바로 세우라는 뜻으로 이런 말을 한 것 같다.

제나라 경공이 공자를 만날 수 있는 기회는 두 번이었다. 즉 노나라 소공(昭公) 20년에 제나라 경공이 노나라를 방문했을 때와 소공

25년 공자께서 삼환 제거에 실패하고 제나라로 갔을 때인데, 어느 때 만난 것인지는 확실치 않다. 다만 군군(君君), 신신(臣臣), 부부(父父), 자자(子子)는 임금은 임금답게 덕치를 잘하고, 신하는 신하답게 임금에게 도리를 다하고, 임금과 신하 사이에 서로의 직분을 다하고 존중하라는 것이 공자의 뜻으로 생각해야 한다. 이것이 곧 공자의 정명사상(正名思想)인 것이다. 그런데 후대의 전 제자들이 자신의 신분, 지위를 지키기 위해 편파적으로 악용함으로써 공자의 정명사상을 훼손하였다.

공자께서는 자로(子路) 3장에서 자로가 공자에게 위나라에서 임금이 선생님을 모셔 정치를 부탁하면 무엇부터 하시겠습니까? 하고 물으니 공자께서는 필야정명호(必也正名乎)[반드시 명분을 바로잡겠다.]라고 하면서 명부정즉언불순(名不正則言不順), 언불순즉사불성(言不順則事不成), 사불성즉예악불흥(事不成則禮樂不興), 예악불흥즉형벌불중(禮樂不興則刑罰不中), 형벌불중즉민무소조수족(刑罰不中則民無所措手足)[명분이 바로서지 못하면 말이 순조롭게 전달되지 못하고, 말이 순조롭게 전달되지 못하면 모든 일이 성취되지 못하고, 모든 일이 성취되지 못하면 예악이 흥하지 못하고, 예악이 흥하지 못하면 형벌이 적중하지 못하고, 형벌이 적중하지 못하게 시행되지 못하면 백성들은 손발 둘 곳이 없게 된다.]라고 하여 정명(正名)은 백성을 위한 사상임을 말하고 있다.

그러나 지금으로 다시 해석해보면 각자 자신이 있는 위치에서 자신이 부여받은 임무를 충실히 하라는 말로 보면 틀리는 해석이 아닐 것이다. 정치인은 국민을 위한 정치에 정열을 쏟고, 학자는 연구에 매진하고, 선생님은 후학을 잘 가르치고, 사업가는 경제 활성화와 나라의 경제에 보탬이 되고, 생산에 종사하는 사람은 열심히 일하여 생산을 늘리는 일에 매진함으로써, 각자 자기 일에 충실하게 임한다면 그것이 바로 위의 문장을 실천하는 것이라고 생각된다.

승낙한 일을 묵히는 일이 없다

子曰 片言 可以折獄者 其由也與 子路無宿諾
<small>자 왈 편 언 가 이 절 옥 자 기 유 야 여 자 로 무 숙 낙</small>

공자께서 말씀하셨다.

"한마디 말로써 재판을 판결할 수 있는 사람은 유(由)일 것이다.

자로는 승낙한 것을 묵히는 일이 없다."

第十二篇 顔淵 十二章
<small>제 십 이 편 안 연 십 이 장</small>

　　본장은 공자께서 자로의 분명하고 공평하며 정의감 넘치는 행동으로 정사를 처리하는 것을 칭찬한 말임과 동시에, 신중하지 못한 점을 지적한 것이라고 보아야 할 것이다. 신중하지 못한 점에 관해서 지적한 것은 여러 곳에 보이나 공자께서 지적한 것 중에서 대표적인 것을 소개하면 공야장(公冶長) 7장에서는 '유', 야호용과아, 무소취재('由', 也好勇過我, 無所取材)[유(由)가 용맹하기를 좋아하는 것은 나보다 더하지만 사리를 재량 분간할 줄을 모른다.]라 했고, 술이(述而) 10장에서는 폭호빙하(暴虎馮河), 사이무회자(死而無悔者), 오불여야(吾不與也), 필야임사이구(必也臨事而懼), 호모이성자야(好謀而成者也)[맨주먹으로 범을 치고 맨발로 강을 건너며 죽어도 뉘우치지 않는 자와 나는 같이하지 않겠다. 반드시 일을 앞에 대했을 때 겁낼 줄 알고 신중히 다루어 성취시키는 사람과 같이 하겠다.]라 하고 자로의 무모한 용기를 나무라는 것이다. 그러나 본장에서는 정사를 처리하는 능력에 있어서 자로의 신속한 결단력과 공정을 기하는 정

의감 같은 장점을 칭찬한 것으로 보인다. 이런 점은 자로만이 가진 장점이라 할 수 있다.

본문으로 돌아가 살펴보면 편언(片言)에 관해서는 공안국은 편(片)은 편(偏)과 같은 뜻이라 했다. 즉 한쪽 말 한마디만 듣고도 옥사(獄事)를 결단할 수 있는 사람이 자로라고 했다. 그럼에도 자로는 사심이 없고 정의감이 충만한 사람이기 때문에 옥사(獄事)가 잘못되는 일이 별로 없는 것이며, 이런 일을 할 수 있는 사람은 오직 자로뿐일 것이라 할 것이다. 그러나 남송(南宋)의 학자 주자는 편언(片言)이란 반언(半言)[반마디 말]이라 했다. 반언(半言)이란 그 말이 미처 끝나지 않았는데 이미 그 말을 믿는 것을 말한다고 하여 판단의 잘못이 있을 수 있음을 지적했다고 할 수 있다. 무숙락(無宿諾)에 관해서는 하안(何晏), 형병(邢昺) 등은 숙(宿)은 예(豫)와 같은 뜻이라 했다. 즉 승낙 후 일을 처리할 당시에 무슨 일이 있을까 두려워 미리 승낙하지 않았다고 했다. 그러나 황간(黃侃)은 자로는 성품이 곧아 마음속에 숨기는 바가 없어 한마디 말만으로도 재판을 해도 족할 것이라고 했다.

송사가 없게 함이다

子曰 聽訟吾猶人也 必也使無訟乎
자 왈 청 송 오 유 인 야 필 야 사 무 송 호

공자께서 말씀하셨다.

"송사를 처리함에 있어 나도 남만큼 하지만,

내가 바라는 것은 반드시 송사를 없게 함이다."

第十二篇 顔淵 十三章
제 십 이 편 안 연 십 삼 장

송사(訟事)를 공정하게 하기란 정말로 어렵다. 공자께서는 이런 송사를 처리함은 다른 사람만큼은 할 수가 있다고 하시면서, 그러나 자신이 다스린다면 송사가 일어나서 잘 처리하는 것보다는 송사가 없게 하겠다는 것이 다스림의 목표라 하겠다. 이는 근본을 바로 잡음으로서 송사의 원인을 미연에 방지하려고 하는 것이다.

공자께서는 위정(爲政) 3장에서 도지이정, 제지이형, 민면이무치(道之以政, 齊之以刑, 民免而無恥), 도지이덕, 제지이례, 유치차격(道之以德, 齊之以禮, 有恥且格)[법으로 이끌고, 형벌로 다지면 백성이 형벌은 면하나 부끄러움을 못 느낀다. 그러나 덕으로 이끌고 예(禮)로써 다지면 염치를 느끼고 또한 착하게 된다.]이라 했다. 여기서 도지이정, 제지이형, 민면이무치(道之以政, 齊之以刑, 民免而無恥)는 송사를 행하여 백성이 죄를 지었어도 조금도 부끄러워하지 않고, 죄를 면하면 도리어 떳떳하게 생각하며 부끄러움을 모른다고 한 것이다. 그러나 도지이덕, 제지이례, 유치차격(道之以德, 齊之以禮, 有恥且格)은 백성을 도덕적으로 가르침으로서 덕치를 하여 백성들 간에 송사가 일어나지 않게 하고 송사 자체를 부끄럽게 생각하여 서로의 다툼이 없게 하려 함이 공자께서 만들려는 세상인 것이다. 서로가 예(禮)로 대함으로써 악한 마음이 자라지 못하게 하고, 서로가 존경하는 마음을 가짐으로써 다툼이 없고 다툼이 없음으로 송사가 일어나지 않는 세상, 이것이 바로 필야사무송호(必也使無訟乎)[반드시 송사가 없게 함.]의 경지인 것이다.

이는 극기복례(克己復禮)[자기를 이겨 예로 돌아감.]하여 인을 이룩하고 충·서(忠·恕)를 실천하여 사회를 정도(正道)로 가게 하는 것이다. 이것이 바로 공자께서 이룩하려는 인의 도이며, 무송(無訟)의 사회인 것이다. 사마천(司馬遷)의『사기(史記)』에도 송사와 무송을 비교하여 다음과 같이 말했다. 부례금미연지전(夫禮禁未然之前), 법시이연지후(法施已然之後)[대저 예는 아직 그렇게 되기 전에 금하고, 법은 이미 그렇게 된 후에 시행한다.]라고 했다.

정치는 바로잡는 것이다

季康子問政於孔子
계강자문정어공자
孔子對曰 政者正也 子帥以正 孰敢不正
공자대왈 정자정야 자솔이정 숙감부정

계강자가 정치에 대해 공자에게 물었다.

공자께서 대답하셨다.

"정치는 바로잡는 것입니다. 선생께서 솔선하여 바르게 나간다면
그 누가 감히 부정할 수 있겠습니까?"

第十二篇 顔淵 十七章
제십이편 안연 십칠장

계강자(季康子)는 당시 노나라의 정권을 장악한 삼환의 한 사람으로 최고 권력을 누리며 왕보다도 더 세력이 컸고 실제로 노나라를 좌우하던 사람으로 이 사람이 공자에게 정치에 대해서 묻자, 공자는 당신이 바르면 백성이 따를 것이다. 즉 당신이 바르지 않기 때문에 정치가 바르지 않다고 직설적으로 통박하는 용기의 성인(聖人)이다.

정자정야(政子正也)[정치는 바로잡는 것이다.] 이보다 더 정확한 정치의 요체(要諦)가 있을까? 지금 우리 정치 현실을 보면 더욱 절실히 보이는 한 구절이다. 민주주의 제도가 정말 옳은 제도인가?

모든 국민이 주인이라니 주인이 없는 것과 무엇이 다른가? 정체에 문제가 있는 것이 아닌가? 정당은 정당대로 정치인은 정치인대로 자기 욕심부터 채우려 하지 국민과 역사에 대해서 떳떳하게 심판을 받으려고 하는 마음이 과연 있는지 묻고 싶다. 정권을 잡기 위

해서는 수단과 방법을 가리지 않고 정권을 잡으면 서로의 이권을 위해 싸우고 분열하고 있다.

지금 우리 주위에 공자의 사상인 정자정야(政子正也)를 실현시킬 정치인이 나와서 나라를 위해 일한다면 좋은 나라를 건설할 수 있을 것이다.

일을 먼저 하고 얻는 것을 후에 하라

樊遲從遊於舞雩之下 曰 敢問 崇德脩慝辨惑
번 지 종 유 어 무 우 지 하 왈 감 문 숭 덕 수 특 변 혹
子曰 善哉問 先事後得 非崇德與
자 왈 선 재 문 선 사 후 득 비 숭 덕 여
攻其惡 無攻人之惡 非脩慝與
공 기 악 무 공 인 지 악 비 수 특 여
一朝之忿 忘其身 以及其親 非惑與
일 조 지 분 망 기 신 이 급 기 친 비 혹 여

번지가 공자를 따라 무우(舞雩) 제단에서 산보하고 있을 때, 감히 여쭈어 보겠습니다. "덕을 높이는 것과 사악함을 바로잡는 것과 미혹(迷惑) 함을 올바르게 분별하는 것을 가르쳐 주십시오."

공자께서 말씀하셨다. "참 좋은 질문이다. 일을 앞세우고 얻기를 뒤로하면 그것이 덕을 높이는 것이 아니겠느냐? 자기의 나쁜 점을 다스리고, 남의 악한 점을 다스리지 않는다면 이것이 사악함을 고쳐 바로잡는 것이 아니겠느냐? 하루아침의 분노를 못 이겨 내 몸을 잊고 횡포한 짓을 하여 그 누(累)를 부모에게까지 끼치는 것이 바로 미혹된 짓이 아니겠느냐?"

第十二篇 顔淵 二十一章
제 십 이 편 안 연 이 십 일 장

무우(舞雩)에는 기우제(祈雨祭)를 지내기 위하여 쌓아 놓은 단이 있으며, 무단(舞雩壇) 주위는 수목을 잘 가꾸어 놓은 곳이라 소요(逍遙)하기 좋은 곳이다. 그리고 번지(樊遲)는 공자의 어자(御者)를 자주 했으므로 스승에게 자연스럽게 질문하고 가르침을 받을 기회가 많았던 것이다.

공자께서는 숭덕(崇德)을 '선사후득, 비숭덕여(先事後得, 非崇德與)

[즉 일을 먼저 하고, 보상은 뒤로하면 그것이 덕을 높이는 것이 아니겠느냐?]'라고 했고 본편 10장에서 자장이 숭덕을 물었을 때는 '주충신(主忠信), 사의(徙義), 숭덕야(崇德也)[충성과 신의에 힘쓰고, 정의를 향하여 나아가는 것이 덕을 높이는 것이다.]'라고 했다. 이것은 모두 덕을 높이는 것으로 표현은 다를지라도 덕을 높이는 방향은 같은 것이다.

수특(脩慝)을 공기악(攻其惡), 무공인지악(無攻人之惡), 비수특여(非脩慝與)[자신의 악함을 다스리고, 남의 악함을 다스리지 않는 것이 사특(邪慝)함을 고쳐 바로잡는 것이 아니냐?]라고 하였다. 내가 악을 싫어하니, 남의 악을 나무라지 못하는 것이다. 이는 공자께서 말한 일이관지(一以貫之)[하나로 꿰뚫다.]의 충서(忠恕)로서 그중에 서(恕)에 해당되는 것이다. 서(恕)를 공자께서 정의하기를 기소불욕(己所不欲), 물시어인(勿施於人)[내가 싫은 일을 남에게 시키지 말라.]이라 했으니, 수특(脩慝)이 바로 서(恕)가 되며, 인덕이요 인이 되는 것이다.

다음으로 변혹(辨惑)을 말하기를 '일조지분(一朝之忿), 망기신(忘其身), 이급기친(以及其親), 비혹여(非惑與)[하루아침의 분노를 못 이겨 내 몸을 잊고 횡포한 짓을 하여 그 누를 부모에게까지 끼치는 것이 미혹한 짓이 아니겠느냐?]' 했고 본편 10장에서 변혹(辨惑)에 대한 자장의 질문에는 '애지욕기생(愛之欲其生), 오지욕기사(惡之欲其死), 기욕기생(旣欲其生), 우욕기사(又欲其死), 시혹야(是惑也)[좋아하면 살기를 바라고 미워하면 죽기를 바라지만, 이렇듯 살기를 바랐다가 또 죽기를 바라는 것이 미혹이니라.]'했다. 미혹이란 자신의 감정을 다스리지 못하고 감정이 일시적으로 바뀌는 것을 말하는 것으로 본편 10장 자장에게 한 례(例)나 21장 번지에게 한 례(例)나 같은 것이라 생각한다.

옳은 일을 실천하여 덕을 높이는 것은 인이라 할 것이며, 사특(邪慝)한 생각을 버리고 서(恕)를 실천함은 용(勇)이며 미혹한 감정을 분별하여 일시적 감정을 다스릴 수 있는 것은 지(智)라 할 것이다. 이것이 바로 군자가 행할 도인 것이다.

바른길로 인도하라

子貢問友
<small>자 공 문 우</small>
子曰 忠告而善道之 不可則止 無自辱焉
<small>자 왈 충 고 이 선 도 지 불 가 즉 지 무 자 욕 언</small>

자공이 벗에 대해 물으니, 공자께서 말씀하셨다.

"충심을 다해 충고하고 선을 베풀어 인도하되, 말을 듣지 않으면 그만두어라. 스스로 욕되지 않도록 해야 한다."

第十二篇 顔淵 二十三章
<small>제 십 이 편 안 연 이 십 삼 장</small>

자공의 질문은 친구를 사귀면서 지켜나갈 도리에 관한 것을 질문한 것으로 보인다. 친구 관계란 어떤 것인가? 어떻게 서로의 관계를 맺어야 하는가? 의문에 대하여 맹자는 이루(離婁) 하(下)에서 '책선(責善)은 붕우(朋友)의 도이다.'라고 하였으니 선으로 인도하는 것이라고 하겠다. 그러나 사람은 자기 본위로 사고하기 때문에 남의 충고를 받아들여 고치는 것이 생각하는 것보다 쉽지 않음을 알 수 있다.

공자께서는 학이(學而) 8장에서 과즉물탄개(過則勿憚改)[잘못이 있으면 즉시 고쳐라.]라 했다. 그러나 자신의 잘못을 인정하고 남의 충고를 받아들여 고쳐나가는 사람보다는 충고를 오히려 못마땅하게 생각하고 감정적으로 대하는 경우가 있다. 이럴 경우 잘못하면 상대방을 노엽게 하여 도리어 나를 공격하는 경우도 있다. 이것은 책선(責善)으로 우정을 돈독히 하려다가 오히려 우정에 금이 가는 경우가 생긴 것이다. 그러므로 충고도 예에 맞고 중도를 지켜 상대의 노

여움이나 못마땅함을 당하지 않도록 해야 한다.

　친구를 충고하는 것은 친구로서 당연히 할 일이지만 친구가 그 충고를 받아들이지 않거나 받아들일 마음이 없고 충고하는 말을 이해하지 못하고 오해를 할 경우에는 충고하지 않음만 못하므로 즉시 중지해야 한다. 계속해서 충고하는 것은 도리어 욕을 볼 수도 있고, 친구로서 서로의 관계가 멀어질 수도 있다.

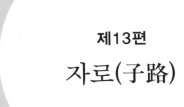

제13편

자로(子路)

군자가 나라를 다스리고 백성을 교화하는 것이 많으며, 치국의 요체가 수신임을 말하고 있는 장이 있다. 또 인(仁)·정(政)·효(孝)·제(弟)를 강조하고 중행(中行)을 강조하며 언제나 덕을 강조함이 있다. 참으로 다양한 부분이 함께 수록되어 어떤 한 가지만 강조하기에는 어려움이 있다. 총 30장 중 11장을 수록했다.

백성보다 먼저 일하라

子路問政
<small>자 로 문 정</small>
子曰 先之勞之
<small>자 왈 선 지 로 지</small>
請益
<small>청 익</small>
子曰 無倦
<small>자 왈 무 권</small>

자로가 정치에 대해 물으니, 공자께서 말씀하셨다.

"백성들 앞서서 일하고, 백성들을 위로하라."

자세히 말해 주십시오.

공자께서 말씀하셨다.

"지치고 게을러서는 안 된다."

第十三篇 子路 一章
<small>제 십 삼 편 자 로 일 장</small>

자로가 정치에 대해서 공자께 물어보자 공자께서는 백성들에 앞장서서 선을 행하고, 인을 실천하며 백성들을 위해 그들을 잘 다독이고, 격려하라고 하신 말씀이 선지로지(先之勞之)이다. 이를 자세히 설명해달라고 청하니 무권(無倦)[지치지 않는다.]이라 해서 백성들이 만족할 때까지 인의 덕을 행할 것을 가르치고 있다.

공자께서는 옹야(雍也) 10장에서도 인자선난이후획(仁者先難而後獲)[인자는 어려운 일은 내가 먼저 하고, 보답은 나중으로 한다.]이라고 하셨다. 즉 솔선수범하고, 그러면서 지치지 말고 끝까지 인덕을 백성들에게 베풀고 수행함으로써 모범을 보이라는 것이다. 지치거나 권태를 내어 중도이폐(中道而廢)하면 시작하지 아니함만 못하니, 이를 경계하고 지속적으로 선지로지(先之勞之) 하라는 것이다.

명분을 바로잡겠다

子路曰 衛君待子而爲政 子將奚先
자로왈 위군대자이위정 자장해선

子曰 必也正名乎
자왈 필야정명호

子路曰 有是哉 子之迂也 奚其正
자로왈 유시재 자지우야 해기정

子曰 野哉由也 君子於其所不知 蓋闕如也
자왈 야재유야 군자어기소부지 개궐여야

名不正 則言不順 言不順 則事不成 事不成 則禮樂不興
명부정 즉언불순 언불순 즉사불성 사불성 즉례악불흥

禮樂不興 則刑罰不中 刑罰不中 則民無所措手足
례악불흥 즉형벌불중 형벌불중 즉민무소조수족

故君子名之 必可言也 言之必可行也 君子於其言 無所苟已矣
고 군자명지 필가언야 언지필가행야 군자어기언 무소구이의

자로: "위나라 임금이 선생님을 모셔다가 정치를 부탁드리면 선생님은 무엇부터 먼저 하시겠습니까?"

공자: "반드시 명분을 바로잡겠다."

자로: "그렇습니까? 선생님의 생각은 지나치게 우원(迂遠) 하십니다. 왜 명분을 먼저 바로잡고자 하십니까?"

공자: "비천한 야인 같구나. 유야! 군자는 자기가 모르는 것은 말하지 않는 것이다. 명분이 바로 서지 않으면, 말이 순조롭지 못하고, 말이 순조롭지 못하면 모든 일이 성취되지 못하고, 모든 일이 성취되지 못하면 예악(禮樂)이 흥성하지 못하고, 예악이 흥성하지 못하면 형벌이 바르지 못하고, 형벌이 바르게 시행되지 못하면, 백성들은 손발 둘 곳이 없게 된다. 그러므로 군자가 사물에 이름을 붙일 때에는 반드시 말로서도 순조롭게 전달되게 할 것이며, 말로써 남에게 전달된 이상 반드시 실행되어야 한다. 군자는 말에 있어 조금이라도 소홀한 바가 있어서는 안 된다."

第十三篇 子路 三章
제 십 삼 편   자 로   삼 장

본문은 역사적 사실을 알아야 설명할 수 있는 문장이다. 그래서 먼저 공자께서 말씀하신 필야정명(必也正名)[반드시 명분을 바로잡겠다.]이라고 한 연유부터 역사적 사실을 알아야 이해할 수 있는 것이다. 당시 위나라 군주는 괘첩(蒯輒)이었다. 괘첩은 아버지가 외국으로 추방된 상황에서 할아버지 영공의 위(位)를 이어받아 군주가 되다 보니 아버지가 살아 있는 상태로 아비인 괘외(蒯聵)는 그대로 세자로 불리고, 그 아들인 괘첩(蒯輒)은 임금이라 불리니 명(名)이 바로 서지 않는 상태가 위나라에서 벌어진 것이다. 그러므로 공자께서 필야정명(必也正名)을 위나라의 가장 시급한 문제로 보았던 것이다. 그러나 정치가 그렇게 원리적으로 움직이지 못하니, 명분을 바로잡기 위해 괘첩이 왕위를 내려놓고 아버지에게 왕위를 되돌려 주려고 해도 마음대로 되지 않는 것이 현실이었다. 이러한 형세를 잘 알고 있는 자로가 해기정(奚其正)[어떻게 명분을 먼저 바로잡겠습니까?]하고 반문하는 것이다.

공자께서는 자로에게 야인 같은 생각이라고 꾸짖으면서 군자는 자신이 모르는 것이 있으면 좀 비워놓고 여유 있게 생각해야 한다고 말하면서 명분이 서지 못하면 말을 조리 있게 할 수 없고, 말을 조리 있게 하지 못하면 일이 순조롭게 성사되지 못하며, 일이 순조롭게 성사되지 못하면 예악이 일어나지 않으며, 예악이 바르지 못하면, 형벌이 고르지 못하고, 형벌이 고르지 못하면 백성들은 의지할

※우원(迂遠): 꾸불꾸불하여 멀다.

곳을 알지 못함으로 손발을 둘 곳이 없다고 한 것이다. 그러므로 군자의 말은 언제나 정확해야 하고 말한 것은 반드시 지켜나가고 소홀해서는 안 된다고 자로를 가르치고 있다. 필야정명(必也正名)은 제나라 경공이 공자께 정치에 대해서 물어보았을 때 안연(顏淵) 11장에서 군군, 신신, 부부, 자자(君君, 臣臣, 父父, 子子)[임금은 임금답고, 신하는 신하답고, 아비는 아비답고, 자식은 자식다워야 한다.]라는 말과 같은 뜻이다. 당시 경공도 후궁이 많고 거기서 난 자식들이 많아 후사도 정하지 못해 정치가 어지러웠다. 또 같은 의미로 계강자가 정치에 대해서 물을 때 안연(顏淵) 17장에서 정자정야(政者正也)[정치는 바르게 잡는 것이다.]라 한 것도 넓은 의미에서 보면 명분을 바르게 함이라고 할 것이다.

본문 중에서 중요한 단어를 살펴보면 야(野)란 꾸밈이 전혀 없어 예가 없는 상태를 말한다. 궐(闕)이란 비우는 것을 말하며 여기서는 자로가 모르는 것에 대해서는 좀 비워놓고, 말하지 말라는 뜻이다. 언불순(言不順)이라 함은 말이 순서가 없다는 의미이다. 앞에서 언급한 바로 아비는 국외에서 세자로 불리고, 아들은 국내외적으로 군주라 하니, 아비가 아들의 지위가 되고, 아들이 아비의 지위가 되니 언불순(言不順)이 아니겠는가? 사불성(事不成)[일이 이루어지지 못한다.]이라 함은 말에 명분이 없어 아무도 호응하지 않으니 사불성(事不成)일 수밖에 없다.

위정자가 바로 하면 명령을 내리지 않아도 이루어진다

其身正 不令而行 其身不正 雖令不從
기 신 정 불 령 이 행 기 신 부 정 수 령 부 종

위정자 자신이 올바르면 명령을 내리지 않아도 이루어지고
위정자 자신이 올바르지 못하면 호령하여도 백성이 따르지 아니한다.

第十三篇 子路 六章
제 십 삼 편 자 로 육 장

　공자께서는 위정자가 몸가짐이나 행위가 올바르면 백성은 명령을 내리지 않아도 모든 일을 이룬다고 말한다. 역시 위정자의 솔선수범을 덕목으로 요구하고 있다. 안연(顏淵) 17장에서도 정자정야(政者正也), 자솔이정(子帥以正), 숙감부정(孰敢不正)[정치란 바로잡는 것이다. 당신이 솔선하여 바르게 나가면 누가 감히 부정할 수가 있겠소?]이라 하고 계강자에게 바른 정치의 기본을 역설한다.

　바른 정치의 기본은 덕치요, 예치(禮治)이며 인정(仁政)을 베푸는 것이다. 기신정(其身正)[위정자가 올바르다.]은 참으로 중요하다. 기신정(其身正), 근자열(近者說)[가까운 곳에 있는 사람들이 기뻐 따르다.] 할 것이며 원자래(遠者來)[먼 곳에 있는 사람이 덕을 따라올 것이다.] 할 것이라고 공자께서 본편 16장에서 말했다. 본편 4장에서도 상호례(上好禮), 즉민막감불경(則民莫敢不敬), 상호의(上好義), 즉민막감불복(則民莫敢不服), 상호신(上好信), 즉민막감불용정(則民莫敢不用情), 부여시(夫如是), 즉사방지민(則四方之民), 강부기자이지의(襁負其子而至矣)[윗사람이 예를 좋아하면 백성들이 경건하지 않을 리 없고, 윗사

람이 도의를 잘 지키면 백성들도 복종하지 않을 리 없고, 윗사람이 선의를 지키면 백성도 성실하지 않을 리 없다. 이렇게 되면 사방에 있는 이웃나라 백성들도 제 자식을 포대기에 싸 업고 찾아올 것이다.]라고 했다. 참으로 위정자가 기신정(其身正)하여 덕과 예로 인정을 베풀면 백성은 따르게 마련이다.

내 몸가짐이 바르면 정치하는 것은 쉽다

子曰
_{자 왈}
苟正其身矣　於從政乎何有
_{구 정 기 신 의　어 종 정 호 하 유}
不能正其身　如正人何
_{불 능 정 기 신　여 정 인 하}

공자께서 말씀하셨다.

"자기 몸가짐을 바르게 한다면 정치하는 것은 아무것도 아니다. 자기 몸가짐을 바르게 하지 못한다면 어찌 남을 바르게 다스릴 수가 있겠느냐?"

第十三篇　子路　十三章
_{제 십 삼 편　자 로　십 삼 장}

본장은 자로(子路) 6장과 맥락이 같은 것이다. 공자께서 자로(子路) 6장에서 기신정(其身正), 불령이행(不令而行), 기신부정(其身不正), 수령부종(雖令不從)[위정자 자신이 올바르면 명령을 내리지 않아도 만사가 이루어지고, 위정자 자신이 올바르지 못하면 비록, 호령을 하여도 백성들이 따르지 아니한다.]라고 하였다. 또 본장에서는 구정기신의(苟正其身矣)[자기 몸가짐을 바르게 한다.]라 했다. 이는 곧 수신(修身)으로 인을 이룰 수 있는 것이며, 인을 이룬 것이다. 인에 대해서는 이인(里仁) 3장에서 유인자, 능호인, 능오인(唯仁者, 能好人, 能惡人)[오직 인자라야 사람을 좋아할 줄 알고, 미워할 줄도 안다.]라하고 팔일(八佾) 3장에서는 인이불인(仁而不仁), 여예, 악하(如禮, 樂何)[사람이 어질지 못하면 예는 무엇 할 것이며 악은 무엇 할 것이냐?]라고 했다.

즉 본장에서 구정기신의(苟正其身矣)라 한 것은 인을 이룬 것이니 정치하는 것은 아무것도 아니다. 즉 쉽다고 한 것이다.

또 안연(顏淵) 17장에서 계강자가 정치에 대해서 물어 왔을 때 공자께서는 정자정야, 자수이정, 숙감부정(政者正也, 子帥以正, 孰敢不正)[정치란 바로잡는 것이다. 당신이 솔선하여 바르게 한다면 감히 누가 바르지 않겠는가?]라고 당시 권력자인 계강자에게 정치를 솔선수범해서 바르게 하라고 했다.

자신을 바르게 하지 못하면 다른 사람을 바르게 할 수 없다는 것이다. 불능정기신, 여정인하(不能正其身, 如正人何)[자기 몸을 바로잡을 수 없으면 어떻게 남을 바로잡겠는가?]는 수신(修身)이다. 수신하지 못하면 다른 사람의 잘못을 탓할 수 없는 것이다. 공자께서는 수신을 위해 술이(述而) 24장에 보면 문·행·충·신(文·行·忠·信)을 가르쳤고, 태백(泰伯) 13장에서는 독신호학, 수사선도(篤信好學, 守死善道)[굳게 믿고 배우기를 좋아하며, 죽음을 무릅쓰고 좋은 도를 지킨다.]라 했다. 이는 수신이요, 정기신(正其身)이라 할 것이다. 여기에서 독신(篤信)은 신(信)이요, 호학(好學)은 문(文)이며 수사(守死)함은 충(忠)이며 선도(善道)는 행(行)이라 할 것이다. 또 공자께서는 정기신(正其身)[몸을 바르게 함.]의 처신으로 위방불입(危邦不入)[위험한 나라에는 들어가지 않음.]하고, 난방불거(亂邦不居)[혼란하여 위태로운 나라에는 살지 말라.] 하라고 했다. 이는 정기신(正其身)의 자세로 처신함으로 자신의 몸을 위험한 곳에 두지 말며, 언제나 바른 자세를 지켜나갈 수 있는 환경에 처하도록 하라는 것이다.

본문에 위정(爲政)이라 하지 않고 종정(從政)이라 했는데 어떤 차이가 있는가? 위정(爲政)은 제후 즉 임금의 정치행위를 말하며, 종정(從政)은 대부의 정치행위를 말한다. 여기에서는 아마 대부의 정치행위를 일반적으로 기술한 것으로 생각된다. 위정(爲政)은 논어의 편명(篇名)으로도 나온 것이라 여기에서 소개하는 것이다.

정치란 백성이 기뻐하고 외국인이 덕을 따라와야 한다

葉公問政
섭 공 문 정
子曰 近者說 遠者來
자 왈 근 자 열 원 자 래

섭공이 정치에 대해서 묻자, 공자께서 말씀하셨다.

"가까운 곳에 있는 사람들이 기뻐 따르고, 먼 곳에 있는 사람이 덕을 따라와야 한다."

第十三篇 子路 十六章
제 십 삼 편 자 로 십 육 장

섭공(葉公)은 초(楚)나라 대부이며, 섭현(葉縣)의 현윤(縣尹)이다. 성은 심(沈)이며 이름은 제량(諸梁)이고, 자(字)는 자고(子高)이다. 섭현은 아버지 대로부터 물려받은 봉지(封地)이다. 섭공은 정치가로서 활동이 많았으며 명망이 높았었다. 그러나 그는 대외관계에 치중하면서 국내문제에는 소홀하여 백성들의 불만은 늘어나고 인구는 늘어나지 않았다. 이에 섭공의 문정(問政)에 대하여 공자께서 근자열, 원자래(近者說, 遠者來)[가까운 곳에 있는 사람이 기뻐 따르고, 먼 곳에 있는 사람이 덕을 따라와야 한다.]라고 깨우쳐준 것이다.

근자열(近者說)하려면 백성들이 편안함을 느낄 수 있는 정치, 즉 덕으로 백성을 다스리는 덕치를 해야 한다. 그리고 안연(顔淵) 7장에서 자공이 문정(問政)할 때 공자께서 대답했던 족식, 족병, 민신지의(足食, 足兵, 民信之矣)[식량을 충분히 시키고 군비를 충분히 하고, 백성을 믿게 하는 것]의 정책으로 나라를 안정시켜야 한다고 했다. 이

것이 바로 근자열(近者說)할 수 있는 요건이라 할 것이다. 동·서·고·금(東·西·古·今)을 막론하고, 어느 나라나 먹고사는 것과 외침(外侵)을 막는 것, 즉 경제문제와 국방은 중요한 문제이다. 이 문제가 해결된다면 백성들은 나라를 믿고 위정자를 열열(熱烈)히 따를 것이다. 이것이 바로 근자열(近者說)이다.

　당시에는 각 제후국(諸侯國)의 백성들은 나라를 자유롭게 드나들 수 있었으니 족식, 족병, 민신지의(足食, 足兵, 民信之矣)로 백성의 생활이 안정되고, 나라의 기본이 서 있으면 백성들은 위정자를 믿고 찾아와 살려고 할 것이다. 이것이 바로 원자래(遠者來)의 요건인 것이다.

인(仁)이란 평상시에는 공손하고

樊遲問仁
번지문인
子曰 居處恭 執事敬 與人忠 雖之夷狄 不可棄也
자왈 거처공 집사경 여인충 수지이적 불가기야

번지가 인에 대하여 묻자, 공자께서 말씀하셨다.

"일상 시에도 항상 공손한 태도를 지키고, 일을 맡아 처리할 때에는 신중과 성의를 기울이고, 남과 교제할 때에는 충성을 다해라. 이런 덕행은 비록 오랑캐 땅에 가서라도 버릴 수 없는 것들이다."

第十三篇 子路 十九章
제 십 삼 편 자 로 십 구 장

인(仁)의 구현(具顯)은 사람과 사람의 관계가 예를 지키고 의가 행해지는 모든 것이라고 할 것이다. 번지(樊遲)는 인을 세 번이나 물었다. 그때마다 공자의 답변은 조금씩 다른 해답을 주었다. 본장에서는 본문과 같은 답을 주었고, 옹야(雍也) 20장에서는 선난후획(先難後獲)[어려움을 남보다 먼저 치르고 보답은 뒤에 얻는다.]이면 인이라 했고, 안연(顏淵) 22장에서는 애인(愛人)[사람을 사랑하는 것]이라 했다. 같은 사람의 같은 질문에도 그 상황과 시기에 따라 인의 실천은 달라진다는 것을 알 수 있다.

그렇지만 인의 설명 중에서 가장 일반적이고 보편적인 설명이라면 안연(顏淵) 1장일 것이다. 공자께서 말씀하시기를

克己復禮爲仁 一日克己復禮 天下歸仁焉
극 기 복 례 위 인 일 일 극 기 복 례 천 하 귀 인 언

爲仁由己 而由人乎哉
위 인 유 기 이 유 인 호 재

[자기를 누르고 예로 돌아감이 인이다. 하루라도 자기를 누르고 예로 돌아가면 천하가 인으로 돌아가는 것이다. 인을 이룩함은 나로부터 비롯함이니, 남에게 의존될 것일까?]라 했다.

사람은 살아가면서 사람을 좋아하는 감정을 가질 때가 있을 수 있고, 미워하는 감정이 있을 때도 있을 것이다. 이럴 때에 공자께서는 이인(里仁) 3장에서 유인자, 능호인, 능오인(唯仁者, 能好人, 能惡人)[오로지 인자라야 사람을 좋아할 줄 알고 미워할 줄도 안다.]이라 하여 인자라야 판단력이 있어 좋아할 수 있고 미워할 수도 있다고 했다.

지금까지 인의 성격을 살펴보았다. 결국, 인은 사람의 삶의 척도라 할 수 있다. 이러한 인에 관하여 본장에 말씀하신 것을 살펴보면 거처공(居處恭)이란 평소 스스로 행동을 할 때도 공손한 태도를 가지라는 말이며, 집사경(執事敬)이란 무슨 일이나 책임을 가지고 일을 처리할 때에는 성의를 다하고 신중히 처리하여야 하며, 인여충(人與忠)이란 사람들과 서로 사귀고 관계를 맺을 때 충성과 충심을 다해야 한다는 것이다. 이러한 예는 오랑캐 땅에 가서라도 버려서는 안 된다고 했다.

군자는 화합하되 뇌동하지 않는다

子曰
자 왈
君子 和而不同 小人 同而不和
군 자 화 이 부 동 소 인 동 이 불 화

공자께서 말씀하셨다.

"군자는 화합하되 뇌동(雷同)하지 않으나, 소인은 뇌동만 하고 화합하지 못한다."

第十三篇 子路 二十三章
제 십 삼 편 자 로 이 십 삼 장

화(和)란 자신의 개성을 지켜나가면서 다른 사람과 조화를 이루고, 자신의 특질을 지켜나가면서, 각자의 개성을 지키고, 다른 사람의 의견을 존중함으로써 사회 발전을 꾀하는 것을 말한다. 또한, 윗사람이 옳다고 하는 것도 옳지 못한 것은 옳지 못함을 말하여 바로 잡고, 윗사람이 옳은 것을 옳지 않다고 해도 옳은 것은 옳다고 말하여 바로 잡아감으로써 화합하는 것이 화이다.

동(同)이란 자신의 특질을 버리고 리(利)만을 위해 무조건 동화되어 이익을 추구하려고 하다 보니, 나쁜 것과 좋은 것을 구분하지 못하고, 오직 이익을 따라 행하는 경우를 동(同)이라 한다. 즉 윗사람이 옳다고 하면 옳지 않은 것도 따르고 윗사람이 옳지 않다고 하면 옳은 것도 따라서 옳지 않다고 하는 것을 동(同)이라 한다.

군자는 오직 국가와 사회를 위해 화를 이루고, 동하지 않는다. 그

러나 소인은 자신의 이익을 위해 동(同)하고, 대의를 위해 화(和)해야
함에도 화를 이루지 않음으로써 사회를 어지럽힌다.

마을 사람이 모두 좋아하면 어떻습니까?

子貢問曰 鄕人皆好之何如
자 공 문 왈　향 인 개 호 지 하 여
子曰 未可也
자 왈　미 가 야
子貢問曰 鄕人皆惡之何如
자 공 문 왈　향 인 개 오 지 하 여
子曰 未可也 不如鄕人之善者好之 其不善者惡之
자 왈　미 가 야　불 여 향 인 지 선 자 호 지　기 불 선 자 오 지

자공: "마을 사람이 모두 좋아하면 어떻습니까?"

공자: "그것만으로는 좋지 못하다."

자공: "마을 사람이 모두 미워하면 어떻습니까?"

공자: "그래도 좋지 못하다. 마을 사람들 중에 착한 사람이 좋아하고 착하지 못한 사람이 미워하는 사람만 못하다."

第十三篇 子路 二十四章
제 십 삼 편　자 로　이 십 사 장

대중이 모두 좋아한다고 좋은 사람이고, 모두 미워한다고 나쁜 사람일 수는 없다. 여러 부류의 사람들이 모여 사는 사회는 선한 사람과 악한 사람이 섞여 함께 살고 있다. 이 중에서 선한 사람이 좋은 사람이라고 인정해 주고 악한 사람이 나쁘다고 비난하는 사람이 정말 좋은 사람이라 하겠다. 선한 사람이 나를 좋아하고, 악한 사람이 나를 미워한다면 나는 선을 좋아하고, 악을 미워하는 것이 분명하다. 여기에서 주자는 이렇게 말했다. 악자불오(惡者不惡), 즉필기유구합지행(則必其有苟合之行), 선자불호(善者不好), 즉필기무가호지(則必其無可好之)[악한 사람이 그를 미워하지 않는다면 반드시 구차하게

영합하는 행실이 있을 것이며, 선한 사람이 그를 좋아하지 않는다면 반드시 좋아할 만한 실상이 없을 것이다.]라고 했다. 선한 사람과 악한 사람이 섞여 사는 사회에서 여론이나 대중의 인기는 미묘한 것이다.

군중 심리에 휩쓸려 선악을 구분하지 못하는 경우가 많다. 요즘 미디어의 발달로 신문이나 TV 등에서도 군중 심리가 여론을 오도하는 경우도 있다. 많은 사람은 무심코 언론을 따라 부화뇌동(附和雷同)하여 옳고 그름을 판단하지 못하고 있는 경우가 있다.

진정한 군자는 자신의 판단을 정확하게 하고, 중심을 잡아 선악을 구분할 줄 알아야 하겠다.

군자는 섬기기는 쉽다

子曰 君子易事而難說也 說之不以道 不說也
자왈 군자이사이난열야 열지불이도 불열야
及其使人也 器之
급기사인야 기지
小人難事而易說也
소인난사이이열야
說之雖不以道 說也 及其使人也 求備焉
열지수불이도 열야 급기사인야 구비언

공자께서 말씀하셨다.

"군자는 섬기기는 쉬우나 기쁘게 하기는 어렵다.

바른 도리가 아닌 방법으로 기쁘게 해도 군자는 기뻐하지 않는다.

군자가 사람을 부려 쓸 때에는 각자의 기량과 재능에 맞게 쓴다.

소인은 섬기기는 어렵고 그를 기쁘게 해주기는 쉽다.

비록 도리가 아닌 방법으로 기쁘게 해주어도 그는 기뻐한다.

소인은 사람을 부리고 쓸 때에는 한 사람에게 모든 기능이 구비되기를 요구한다."

第十三篇 子路 二十五章
제십삼편 자로 이십오장

군자는 언제나 남을 이해하고 용서하는 마음이 관대하고 도량이 넓다. 그러므로 섬김에 있어서 일상생활에서 까다롭지 않고 온후하므로 섬기기에는 쉬운 것이다. 그러나 군자는 바른 도리로 행한 일로 얻은 것이 아니면 비록 이익이 있어도 결코, 기뻐하지 않는다. 공자께서는 이인(里仁) 5장에서 부여귀, 시인지소욕야, 불이기도득지, 불처야(富與貴, 是人之所欲也, 不以其道得之, 不處也)[부귀는 누구나 탐내는 것이지만 정도가 아니면 누리지 말라.]라고 했다. 또 군자거인, 오호성명(君子去仁, 惡乎成名)[군자가 인도(仁道)를 버리면 이름을 어찌 이루겠는가?]이라 했다. 이는 옳은 방법으로 취한 것만을 기쁘게 여긴다고 한 것이니, 기쁘게 하기가 쉽지 않은 것이다. 또한, 군자는 사람을 쓸 때에도 그 사람의 기량과 재능에 맞게 시킴으로써 일하는 사람이 편하게 일할 수 있게 한다.

그러나 소인(小人)은 이와는 반대로 섬길 때에는 요구하는 것이 많으며 까다롭다. 또한, 할 수 있는 것과 할 수 없는 것이 구분되지 않게 일을 시킨다. 때문에 섬김에는 어려움이 많다. 그리고 소인은 자신이 즐거운 일이나, 이익이 되는 것에는 그것이 비록 옳지 못한 방법으로 취한 것도 좋아하고 기뻐한다. 그렇기 때문에 그를 기쁘게 하기는 쉽다고 할 것이다.

공자께서는 자로(子路) 23장에서 소인동이불화(小人同而不和)[소인은 뇌동(雷同)하고 화합하지 않는다.]라 했다. 즉 소인은 이익을 위해 뇌동(雷同)은 하면서 대의(大義)를 위해 화합하여 나가지는 못하는 것이다. 그러므로 소인을 기쁘게 해주기 위해 간사한 행동이나 악덕도 서슴없이 하여서 사회를 어지럽게 하는 것이다. 또한, 소인은 백성들에게 무리한 요구를 하여 백성들의 삶을 고달프게 한다. 그러므로 소인에게 정사를 맡기면 나라가 어지러워지는 것이다. 소인은 사람을 쓸 때에도 적재적소에 쓰는 것이 아니라 한 사람이 모든 기능을 구비하기를 바란다. 그러므로 그 기능이나 효율이 떨어지고 능률이 저하되는 일이 많다.

군자는 태연하나 교만하지 않다

子曰 君子泰而不驕 小人驕而不泰
자 왈 군 자 태 이 불 교   소 인 교 이 불 태

공자께서 말씀하셨다.

"군자는 태연하나 교만하지 않고, 소인은 교만하고 태연하지 못하다."

第十三篇 子路 二十六章
제 십 삼 편   자 로   이 십 육 장

군자는 극기복례(克己復禮)[자기를 이기고 예로 돌아감] 함으로써 마음속에 품은 생각이나 사람을 대하는 언행이 예에 맞게 행하기 때문에 모든 일을 행함에 태연할 수 있다. 넓은 마음으로 모든 사람과 화합함으로써 사해지내개형제위(四海之內皆兄弟爲)[온 세상 사람들이 모두 형제 됨]가 될 수 있는 것이다. 이것이 곧 군자가 교만하지 않고 태연한 것이다.

그러나 소인은 극기복례(克己復禮) 하지 못하고, 자기주장만을 내세우고, 자기주장만이 옳다고 함으로서 남을 무시하는 교만에 빠지고, 스스로의 생각이 옳고 그름을 판단하지 못하여 늘 불안한 마음이므로 태연하지 못한 것이다.

간단한 문장이지만 우리 스스로 깊이 생각해볼 장이다.

말이 무거운 사람은 인에 가깝다

子曰 剛毅木訥近仁
_{자 왈　강 의 목 눌 근 인}

공자께서 말씀하셨다.

"강직하고 과감하고 질박(質朴)하고, 말이 무거운 사람은 인에 가깝다."

第十三篇 子路 二十七章
_{제 십 삼 편　자 로　이 십 칠 장}

공자께서 말씀하신 강·의·목·눌·근인(剛·毅·木·訥·近仁)을 자세히 살펴보자.

글자의 의미를 살펴보면, 강(剛)이란 덕성(德性)은 견고하여 사사로운 욕심에 사로잡히는 일이 없음을 말하며, 의(毅)란 의(義)와 통하는 의미로 의를 앞세우며 남을 위해 앞장서되, 강인하여 어려움을 극복하며, 목(木)은 성행(性行)이 질박(質朴)하여 화려하고 아름다운 것을 삼가는 것이며, 눌(訥)이란 말하는 것을 삼가고 항상 둔(鈍)한 듯하여 묵중(默重)하게 보이는 것을 말한다. 이런 것들은 모두 인에 가깝다고 했다.

공자께서는 지식이 많음도 중하게 생각했지만, 그보다 더 중요하게 생각한 것은 꿋꿋한 기개(氣槪)를 가지는 것을 중요하게 생각했으며 그 실례로, 학이(學而) 3장에서는 교언영색, 선의인(巧言令色, 鮮矣仁)[좋은 말이나 좋은 낯을 꾸미는 자는 인이 드물다.]고 했다. 즉 교묘히 말을 꾸미고, 남에게 말로서 환심을 사려고 하는 자보다는 도덕적 실천 즉 인을 실천하는 것을 좋아했다.

공자께서는 말재주만 피우는 것보다 인의 실천을 바랐으며 공야장(公冶長) 4장에서는 어떤 사람이 옹(雍)은 인덕은 있으나 언변이 없군요! 하자 공자께서는 언용영어인이구급(焉用侫禦人以口給), 누증어인(屢憎於人)[어찌 말 잘할 필요가 있겠는가! 남을 대할 때 말재주만 부리면, 남에게 자주 미움을 받는다.]이라 하고 말을 교언(巧言)하는 것을 경계하였다.

공자께서는 당시 각국의 혼란은 인(仁)의 부재로 인한 것으로 분석하고 인을 구현함으로써 인류를 구할 수 있다고 생각했던 것이다. 공자께서는 각국의 실권자들에게 인의 정치를 강조했다. 노(魯)나라 계강자에게는 정자정(政者正)[정치는 바로잡는 것]라 하면서 자수이정, 숙감부정(子帥以正, 孰敢不正)[선생께서 솔선하면 누가 감히 부정할 수 있겠습니까?]이라 하고 솔선하여 인을 실천하라고 말한다. 또 제(齊)나라 경공(景公)에게는 군군, 신신, 부부, 자자(君君, 臣臣, 父父, 子子)[임금은 임금답게, 신하는 신하답게, 지아비는 지아비답게, 부인은 부인답게]라 하여 신분에 따른 마땅한 도의를 다함으로써 인을 구현하려고 했다. 그러나 이는 나중에 군주들이 자신의 지위를 굳히고 신하들의 충성을 강요할 때 이용하므로 공자께서 지키고자 하는 정신을 왜곡시켰다. 물론 이것이 공자의 원래 뜻이 아님은 모두가 알 것이다.

또 이런 각 나라의 형편에 따라 다른 처방을 내는 공자에게 위(衛)나라는 훨씬 복잡한 것이 있어 자로가 위나라에서 선생님에게 정치를 맡긴다면 무엇부터 먼저 하겠습니까? 하고 질문하니 필야정명호(必也正名乎)[반드시 명분을 바로잡겠다.]라 했다. 당시 위(衛)나라에서는 영공(靈公)이 죽고 태자 괴외(蒯聵)는 진(秦)나라로 추방된 상태에서 괴외(蒯聵)의 아들 출공(出公)이 할아버지 영공(靈公)의 뒤를 이어 왕이 되었다. 그러니 명(名)이 바르지 못한 사태가 일어났다. 즉 아버지는 태자(太子) 그대로 남아 태자로 불리고, 그 아들은 군주가 되어 왕으로 불려 명분이 갈리고 분쟁이 일어난 상태였다. 그렇기에 공자께서는 명분을 바로 세워야 질서가 바로 잡히고 인도가 이뤄진다고 보았던 것이다. 그래서 필야정명(必也正名)을 강조했던 것이다. 명분이 바로 서야 질서가 잡히는 것이다. 이것이 정명(正名)이다.

그런데 지금의 위(衛)나라는 아버지가 아들의 자리에 있고[태자(太子)로 그대로 있음을 말함.] 아들은 이미 군주로서 왕이라 불리고 있으니 이것이야말로 부정명(不正名)인 것이다. 공자께서는 이러한 것을 좋아하지 않았다. 그리고 본장을 각각의 글자로 해석하기보다는 강의(剛毅)[강직하여 굴하지 않음.]한 것과 목눌(木訥)[고지식하고 말재주가 없는 과묵한 것]한 사람이 차라리 비굴하게 구는 사람이나 아는 척하고 말재주로 사람을 현혹시키는 사람보다 인에 가깝다고 한 것이다.

제14편
헌문(憲問)

제후나 대부가 인을 실천하고 수기안민(修己安民)의 도로 백성을 다스리는 것을 논한 것이 있고, 피세인과의 문답 등 다양한 것들로 구성되었다. 총 46장으로 12장을 수록했다.

덕이 있는 사람은 반드시 올바른 말을 한다

孔子曰 有德者必有言 有言者不必有德
공 자 왈 유 덕 자 필 유 언 유 언 자 불 필 유 덕
仁者必有勇 勇者不必有仁
인 자 필 유 용 용 자 불 필 유 인

공자께서 말씀하셨다.

"덕이 있는 사람은 반드시 올바른 말을 하지만, 올바른 말을 하는 사람이라고 반드시 덕이 있는 것은 아니다. 인자는 반드시 용기가 있지만, 용기가 있다고 반드시 인자는 아니다."

第十四篇 憲問 五章
제 십 사 편 헌 문 오 장

덕이란 올바른 정신에서 나오는 올바른 행동을 이르며, 유언(有言)이란 다음 세대 즉 후대까지 교훈이 될만한 말을 이르는 것이다. 덕자(德者)는 항상 올바른 정신에서 나오는 말을 하기 때문에 그 말은 언제나 올바른 것이다. 즉 덕자는 인을 바탕으로 하는 언행을 하기 때문에 말이 항상 올바르기 마련이다. 그러나 올바른 말을 하는 사람이라고 모두가 덕을 지닌 것은 아니다. 올바른 말을 하는 사람이라도 덕을 갖지 못한 사람은 있는 것이다. 말은 번지르르하게 하지만 덕은 없고, 행동은 전혀 말과 같지 않아 언·행이 일치하지 않는 사람을 말한다. 덕은 사람됨을 말하는 것이지, 말 자체가 덕은 아닌 것이다. 그러므로 말을 바르게 한다고 덕이 있는 것은 아니라고 하는 것이다. 이것이 바로 유언자불필유덕(有言者不必有德)[올바른 말을 하는 사람이라고 모두 덕이 있는 것은 아니다.]이다.

인자는 진정한 용기가 있어 위험을 보면 생명을 내놓고 행동할 줄 아는 사람이다. 이러한 용기가 진정한 인을 이루기 위해 하는 행동이다. 공자께서는 위령공(衛靈公) 8장에서 유살신이성인(有殺身以成仁)[몸을 죽여 인을 이룩한다.]라 했다. 이것이 바로 진정한 용기이다. 그렇지만 용기가 있다고 모두가 인자는 아니다. 명분이 없고 정의가 아닌 곳에서 용(勇)은 만용(蠻勇)일 뿐, 진정한 용기는 아니다. 공자께서는 술이(述而) 10장에서 폭호빙하(暴虎馮河), 사이무회자(死而無悔者), 오불여야(吾不與也)[맨손으로 범을 치고, 맨발로 얼어있는 강을 건너면서 죽어도 후회하지 않는 자와, 나는 같이 하지 않겠다.]라고 하면서 자로의 용기를 무모한 용기라고 나무라고 있는 것을 볼 수 있다.

자산, 자서, 관중은 어떤 사람?

或問子産 子曰 惠人也 問子西 子曰 彼哉 彼哉
혹 문 자 산　자 왈　혜 인 야　문 자 서　자 왈　피 재　피 재
問管仲 子曰 人也 奪伯氏騈邑三百 飯疏食 沒齒
문 관 중　자 왈　인 야　탈 백 씨 병 읍 삼 백　반 소 사　몰 치
無怨言
무 원 언

어떤 사람이 자산에 대하여 물었다. 공자께서 대답하셨다. "자애스러운
사람이다."

또 자서에 대해 묻자, 공자께서 대답하셨다. "그저 그런 사람이다."

또 관중에 대하여 물었다. 공자께서는 "그 사람으로 말할 것 같으면, 백씨
(伯氏)의 땅 병읍(騈邑)을 몰수하였다. 그러나 빼앗긴 백씨는 맨밥을 먹으면
서도 죽을 때까지 원망을 못했다."

第十四篇 憲問 十章
제 십 사 편　헌 문　십 장

　본장은 3인에 대한 공자의 인물평이다. 자산(子産)에 대하여 공자
께서는 간단하게 '자애스러운 사람'이라고 말했다. 그러나 자산을
좀 더 자세히 설명하면, 자산은 정(鄭)나라 목공의 손자로서 국사(國
事)를 맡아 볼 때에 농지를 정리하고, 토지를 개척하여 토지세를 더
많이 징수할 수 있게 함으로써 국가의 재정을 튼튼히 하였으며, 중
국 최초로 성문법(成文法)을 만들어 봉건적 통치를 엄격한 법치주의
통치로 바꾸었다. 그러나 그는 엄격한 법치만을 한 것이 아니라 백
성을 사랑하고 아꼈으므로, 공자께서도 자산의 인물됨을 칭찬했다.
그는 인애롭고 덕을 갖춘 사람으로 남을 사랑한 사람이다. 그는 소

국(小國)인 정(鄭)나라가 대국(大國)인 초·진(楚·晉) 사이에서 잘 견디어 나갈 수 있도록 한 것은 자산의 외교적 수완으로 평하고 있다. 현재 중국과 미국 사이의 한국 외교 방향을 생각해보게 하는 대목이다. 공자께서는 헌문(憲問) 9장에서 위명 −중략− 동리자산, 윤색지(爲命 −中略− 東里子産, 潤色之)[정(鄭)나라에서는 사령을 작성할 때에는 −중략− 동리에 사는 자산이 윤색했다.] 즉 외교 문서의 최종 검토를 자산이 했음을 말하는 것이다.

한편 자서(子西)에 관해서는 피재피재(彼哉彼哉)[그저 그런 사람이다.]라 하여 높게 평가하지 않았다. 당시 자서라고 부른 사람은 세 사람이 있었으니 정(鄭)나라의 사하(駟夏), 초(楚)나라의 대부인 투의신(鬪宜申)과 초(楚)나라 공자(公子) 신(申)[소왕(昭王)의 아우]이다. 이 중에서 정(鄭)나라 사하(駟夏)는 국정을 맡아 일한 적이 없으므로 평할 가치가 없고, 초(楚)나라의 투의신(鬪宜申)은 반란을 모의하다 발각되어 주살(誅殺) 되었으니 논할 만한 사람이 아니다. 다만 공자(公子) 신(申)만이 공자와 같은 시대의 사람으로서 업적도 많은 사람이다. 공자(公子) 신(申) 즉 자서는 초(楚)나라의 왕위에 오를 수 있었던 사람이나 형 소왕(昭王)에게 왕위를 넘겨주고, 정치를 하였으니 어진 정치를 하였음에도 참주(僭主)[스스로 왕이라 일컬음.]의 누명을 벗지 못했다.

본장에서 가장 중요하게 다루어야 하고, 3인 중 역사상 가장 중요한 인물은 관중(管仲)이다. 관중은 제(齊)나라 대부로서, 공자보다 200여 년 앞선 사람이다. 그는 제(齊)나라 환공(桓公)을 도와 제(齊)

나라를 패자(覇者)의 나라로 만들었고 유물사상(有物思想)과 목민사상(牧民思想)을 주장하였으며 이를 바탕으로 제(齊)나라를 부강한 나라로 만든 위대한 인물이다. 유물사상을 대표할만한 말 중에서 다음 말이 유명하다. 창실즉지예절, 의식족즉지영욕(倉實則知禮節, 衣食足則知榮辱)[창고가 차야 예절을 알고, 의식(衣食)이 충분해야 영욕(榮辱)을 안다.]이라 하여 백성을 부유하게 해야 예절을 지키고 염치를 안다고 했다. 목민사상은 백성을 지배하기보다 잘 가르치고 보살펴 잘 살게 하자는 것이다. 2,700년 전에 이미 백성을 위한 관중의 정치사상은 지금도 통하는 정치사상이라 할 수 있다. 다산(茶山)의 목민심서(牧民心書)가 관중의 목민사상에서 기초했다고 할 수 있으나 내용에 있어서 전혀 다른 책이다.

관중은 정치적 수완이 대단한 사람이다. 그러나 공자께서는 관중은 인·의·예(仁·義·禮)의 덕목이 부족하다고 부정적으로 보는 면과 정치적 수완이 좋은 긍정적인 면을 동시에 보고 그렇게 평한 것이 논어에 나타난다. 팔일(八佾) 22장에서는 관중지기소재(管仲之器小哉)[관중의 기량은 작다.], 언득검(焉得儉)[어찌 검박하다 하겠는가?], 관중이지예, 숙부지예(管仲而知禮, 孰不知禮)[관중이 예를 안다면 누가 예를 모르랴?]라고 하여 관중은 기량도 작고, 검박하지 않으며, 예도 모른다고 했다. 그러나 헌문(憲問) 18장에서 자공이 공자(公子) 규(糾)를 따라 죽지 않는 것은 인·의·예(仁·義·禮)의 덕목에 맞지 않는 처사가 아니냐고 질문하자, 공자께서는 관중상환공, 패제후, 일광천하(管仲相桓公, 覇諸侯, 一匡天下), 민도우금수기사, 미관중,

오기피발좌임의(民到于今受其賜, 微管仲, 吾其被髮左衽矣)[관중이 환공의 재상으로 그를 도와 제후들의 패자로 만들었고 한결같이 천하를 바로잡았다. 그리하여 백성들은 오늘에 이르도록 그 혜택을 입고 있는 것이다. 만약 관중이 아니었더라면 우리도 머리를 풀고 오랑캐 옷을 입었을 것이 아니겠는가?]라고 관중의 정치적 업적을 긍정적으로 평가하고 있다.

아무튼 본장에서는 백씨(伯氏)(이름은 언(偃), 제(齊)나라의 대부)가 전 재산을 몰수당하고 가난하게 살면서도 한마디 항의도 못하게 한 관중의 정치적 수완을 칭찬한 것이다. 주자집주(朱子集注)에는 어떤 사람이 관중과 자산을 비교하며 누가 더 나은가 하고 묻는 대목이 나온다. 혹문관중자산숙우, 왈(或問管仲子産孰優, 曰), 관중지덕불승기재, 자산지재, 불승기덕(管仲之德不勝其才, 子産之才, 不勝其德)[관중의 덕은 재주만 못하고 자산의 재주는 그 덕만 못하다.]이라 했다. 관중과 자산의 덕과 재주에 관한 재미있는 비교라 하겠다. 관중은 재주는 뛰어나지만 덕이 부족하고, 자산은 덕 있는 사람이지만 재주가 덕만큼 미치지 못한다고 하였다.

가난하면서 원망하지 않기는 어렵다

貧而無怨難
빈 이 무 원 난
富而無驕易
부 이 무 교 이

가난하면서 원망하지 않기는 어렵지만, 부(富)하면서 교만하지 않기는 쉽다.

第十四篇 憲問 十一章
제 십 사 편 헌 문 십 일 장

가난하고 힘들면 누군가를 원망하고 신세를 한탄하기 쉽다. 그래서 가난하면서도 남을 원망하지 않기는 어렵다고 하겠다. 살아보면 공감이 가는 것이다.

안빈낙도(安貧樂道)라고 하지만 그리 쉬운 일은 아니다. 꾸준히 자신을 다스리며 정진하고 노력하여야 하겠지만 우리가 생활 속에서 남을 원망하지 않고 안빈낙도한다는 것이 어렵다는 것은 공감이 간다. 부자들이 교만하지 않기는 쉽다고 했지만 그리 쉬운 것도 아니다. 그러나 그것이 마음먹기에 따라서는 실행에 옮기는 것은 가능하다. 다만 그것이 가식이 아닌 마음속으로 남을 이해하고 주변을 살피며 살아, 남에게 손가락질 받지 않는 부자였으면 좋겠다. 빈부에 대해서는 학이(學而) 15장에서 자공이 공자께 물었습니다. 빈이무첨(貧而無諂), 부이무교(富而無驕)[가난해도 아첨하지 않고, 부자라도 교만하지 않는다.]면 어떻습니까? 하고 여쭈어보았다. 공자께서는 그 자체는 좋은 것이라고 칭찬하면서 한층 높은 덕을 요구하는 것이다. 공자께서는 미약빈이락(未若貧而樂), 부이호례자야(富而好禮者也) [괜찮다. 그러나 가난해도 낙도(樂道)하고, 부자라도 예를 좋아하는 사람만 못하다.]라고 대답했다.

그러나 이것도 역시 그리 쉽다고 단정하기는 어려우니 가진 사람이 어떤 마음의 자세로 살아야 하겠는가? 가난한 사람을 이해하고 베풀되 결코 교만한 생각을 버리고 예(禮)를 지키며 쉽게 생각하지 말고 옆을 돌아보는 마음을 꼭 명심해야겠다.

오늘 우리 사회의 빈부 문제를 다시 생각하게 하는 장이다.

그 지위에 있지 않으면

子曰 不在其位 不謀其政
자 왈 부 재 기 위 불 모 기 정

공자께서 말씀하셨다.

"그 지위에 있지 않으면 그 지위에 따르는 정사에 대하여 논하지 말아야
한다."

第十四篇 憲問 二十七章
제 십 사 편 헌 문 이 십 칠 장

　다른 사람의 일에 간섭하는 폐단(弊端)을 막고, 자기가 맡은 일을
소신껏 하라는 말이다. 예에 벗어나서 다른 사람의 정사를 간섭하
지 말라는 것이다. 태백(泰伯) 14장에도 있다. 이는 중복 기재이다.

말이 행동보다 지나치는 것을 부끄러워한다

子曰 恥其言而過其行
자왈　치기언이과기행

공자께서 말씀하셨다.

"군자는 자기의 말이 행동보다 지나치는 것을 부끄러워한다."

第十四篇 憲問 二十九章
제십사편　헌문　이십구장

　군자는 말과 행동이 일치해야 한다. 말은 번지르르하게 해놓고 행동이 따르지 않는다면 신의를 배반하는 것이다. 그러므로 말하기 전에 먼저 행하고 말은 신중히 하라는 것이다.

　공자께서는 학이(學而) 14장에서는 민어사이신어언(敏於事而愼於言)[일에는 민첩하고 말은 신중하게 한다.]이라 했으며 위정(爲政) 13장에서는 선행기언, 이후종지(先行其言, 而後從之)[말하고자 하는 바를 먼저 행하고 그 후에 말하느니라.]라 했으며, 이인(里仁) 24장에서는 군자욕눌언, 이민어행(君子欲訥言, 而敏於行)[군자는 말은 어눌하되 행동은 민첩하니라.]하라 했다. 이렇듯 공자께서는 말을 신중히 하고, 실천을 민첩하게 하여 자신이 한 말을 반드시 행동과 일치하게 하여 믿음을 잃지 않게 하라고 강조하신다.

　「예기(禮記)」 잡기(雜記)에서도 말하길 유기언이무기행, 군자치지(有其言而無其行, 君子恥之)[말이 있고 실천이 없으면, 군자는 이를 부끄러워한다.]이라 했으며, 형병(刑柄)은 본장에 대하여 해석을 다음과 같이 말했다. 군자언행상고, 약언과기행(君子言行相顧,若言過其行)

[군자는 말과 행실을 서로 돌아보고, 만약 말이 그 행실에 지나치면, 군자는 부끄러워한다.]이라고 했다.

지금 이장을 보고 우리 사회를 돌아보면 말은 무성한데 실천하는 행동은 보이지 않고 싸움만 하니 부끄러운 정도가 지나치다 하겠다.

이제부터라도 옛날 공자 말씀대로 돌아가자.

군자의 세 가지 도

子曰 君子道者三 我無能焉
<small>자왈 군자도자삼 아무능언</small>
仁者不憂 知者不惑 勇者不懼
<small>인자불우 지자불혹 용자불구</small>
子貢曰 夫子自道也
<small>자공왈 부자자도야</small>

공자께서 말씀하셨다.

"군자가 밟아나갈 도가 셋이 있는데 나는 그 하나도 제대로 못하고 있다. 즉 인덕이 있는 사람은 근심하지 않고, 지혜로운 사람은 미혹되지 않고, 용감한 사람은 무서워하지 않는다."

자공이 말했다.

"선생님은 겸손하시어 저렇게 말씀하십니다."

第十四篇 憲問 三十章
<small>제 십 사 편 헌 문 삼 십 장</small>

스스로 자신을 책(責)함으로써 다른 사람들이 더욱 열심히 군자의 도를 닦도록 함이 있다. 자공이 한 말 그대로 공자께서 겸양(謙讓)하신 말씀이라 볼 수 있다.

남이 나를 알아주지 않는 것을 걱정하지 말고

不患人之不己知　患己無能也
불 환 인 지 불 기 지　환 기 무 능 야

공자께서 말씀하셨다.

"남이 나를 알아주지 않는 것을 걱정하지 말고, 내가 능력 없음을 걱정하라."

第十四篇　憲問　三十二章
제 십 사 편　헌 문　삼 십 이 장

　공자께서는 스스로 자기의 학덕을 쌓음으로 군자로서 사회에 기여할 수 있는 실력을 쌓는 것이 중요한 것이지 남이 알아주기를 바라지 말라는 것이다. 즉 남이 알아줄 수 있는 실력을 쌓음으로써 남이 알아줄 때가 온다는 것이다. 그러므로 남이 알아줄 것을 걱정하지 말고 학덕을 쌓고 기다리라는 것이다. 공자께서는 학이(學而) 16장에서 불환인지불기지, 환불지인야(不患人之不己知, 患不知人也)[남이 자기를 알아주지 않는 것을 근심하지 말고, 남을 알지 못함을 근심하라.]라 했고, 이인(里仁) 14장에서는 불환무위, 환소이입, 불환막기지, 구위가지야(不患無位, 患所以立, 不患莫己知, 求爲可知也)[자리 없음을 걱정하지 말고 나설 수 있는 능력을 걱정하라. 나를 몰라준다고 걱정하지 말고 알려질만한 일을 하고자 애써라.]라 했으며, 위령공(衛靈公) 18장에서는 군자병무능언, 불병인지불기지야(君子病無能焉, 不病人之不己知也)[군자는 자기의 무능을 걱정할 뿐, 남이 자기를 몰라줌을 걱정하지 아니한다.]라고 했다.

이와 같이 공자께서는 남의 평가에 집착하지 말고 스스로 덕을 쌓아 바른 도리를 지키고 있으면 언젠가는 사람들이 그의 진정한 덕을 알아줄 것이라고 강조하는 것이 논어 각 편에 나오는 것을 볼 수 있다.

천리마는 조련이 잘 된 보람으로 칭찬을 받는다

子曰 驥不稱其力 稱其德也
자 왈 기 불 칭 기 력 칭 기 덕 야

공자께서 말씀하셨다.

"천리마는 그 힘으로 칭찬받는 것이 아니고
조련이 잘 된 보람으로 칭찬을 받는 것이다."

第十四篇 憲問 三十五章
제 십 사 편 헌 문 삼 십 오 장

기(驥)는 좋은 말[馬]을 일컫는다. 아무리 좋은 말도 조련을 잘하지 않으면 양마(良馬)로서 역할을 할 수 없다. 인물도 재능만 보지 말고, 그가 덕을 쌓아 성실한지를 보아야 한다. 성실하지 않으면 쓸 수가 없는 것이다.

공자가어(孔子家語)에 보면 애공이 인재를 채택하는 법을 묻자 공자께서 마복이후양마(馬服而後良馬), 사필각이후구지능자(士必慤而後求智能者), 불각이다능(不慤而多能), 비지시랑(譬之豺狼), 불가이(不可邇)[말도 잘 순종하는지를 살피고 난 뒤에 양마를 찾고, 인물도 반드시 그가 성실한지 어떤지를 살피고 난 뒤에 지혜롭고 재능 있는 자를 구합니다. 성실하지 않는데 재능만 많은 자는 비유하건대 시랑(豺狼)[늑대 여우]과 같으니 가까이해서는 안 되는 자입니다. 라고 하였다. 아무리 좋은 지능을 가졌어도 학문을 잘 닦아 덕을 쌓아야 쓸모가 있는 것이다.

원한을 덕으로 갚는다면

或曰 以德報怨 何如
혹 왈 이 덕 보 원 하 여
子曰 何以報德 以直報怨 以德報德
자 왈 하 이 보 덕 이 직 보 원 이 덕 보 덕

어떤 사람이 물었다.

"악이나 원한을 은덕으로 갚으면 어떻겠습니까?"

이에 공자께서 말씀하셨다.

"착한 덕행은 무엇으로 갚겠느냐? 악이나 원한은 강직으로 갚고, 착한 덕행은 은덕으로 갚아라."

第十四篇 憲問 三十六章
제 십 사 편 헌 문 삼 십 육 장

혹왈(或曰)은 노자(老子)의 사상을 혹자(或者)[어떤 사람]가 공자에게 질문한 것이다. 노자(老子) 도덕경(道德經) 63장에 보원이덕(報怨以德)[원한을 갚는 데는 덕으로서 한다.]라고 하였다. 이것을 혹자가 공자께 질문한 것이다. 이 질문에 공자께서는 하이보덕(何以報德)[그러면 덕은 무엇으로 갚느냐?]이라고 힐문(詰問)하면서 이직보원(以直報怨)[원한은 바른 도리로 갚는다.]하고 이덕보덕(以德報德)[덕행은 좋은 덕으로 갚는다.] 하라고 가르치셨다. 공자께서 보원이덕(報怨以德)을 모른다거나, 잘못된 것이라고 생각한 것은 아니다. 다만 보통 사람들이 실천하기 어려운 경지를 요구하지 않았을 뿐이다.

공자께서는 인간이 살아가면서 지켜야 할 것으로 신(信)·의(義)·용(勇)·지(智)·덕(德)·애(愛)… 등 많은 것이 있지만 인간이 실천할 수 있는 것을 요구하였지 인간의 한계를 넘은 초월적인 인내를 요구하지 않았다.

성서(聖書) 마테오 복음 5장에 보면 예수께서는 여러 가지 예를 들어 인간이 감내하기 힘든 일들을 요구하고 있다.

'오른뺨을 치거든 왼뺨마저 돌려대라'

'억지로 5리를 가자고 하면, 10리를 가주어라.'

'속옷을 가지려 하거든, 겉옷까지 내주어라.'

'원수를 사랑하여라.' 등

보통 사람의 상식으로는 실천하기 어려운 것들을 요구하고 있다. 물론 실천하기 어려우나 틀린다고 할 수는 없다. 이러한 것은 노자께서 말한 이덕보원(以德報怨)에 해당하는 것들이다. 그러나 공자께서는 이러한 원(怨)을 덕(德)으로 갚는 보통 사람이 실천하기 힘든 것을 선언하여 종교적 의미를 부여하는 것은 하지 않았다.

본문에서 말하는 덕(德)과 직(直)은 어떤 의미를 지녔는가? 덕(德)이란 마음이 바르고 사람의 도리에 합당한 일이다. 또 도덕적 이상 혹은 법칙을 확실히 결정할 수 있는 인격적 능력을 갖춘 것을 말한다. 덕(德)을 위(魏)나라 하안(何晏)은 은혜지덕(恩惠之德)[은혜를 덕이라 한다.]이라 했다. 덕(德)이란 은혜(恩惠), 공덕(功德), 덕택(德澤)…등으로 쓰이기도 한다.

직(直)이란 바르고, 곧은 것을 말한다. 원(怨)[원한]을 직(直)으로 하라는 것은 그 상황과 형편에 따라 형평에 맞게 처리하라는 것이다.

직(直)을 송(宋)나라 주자는 이렇게 정의하였다. 애증취사, 일이지

공무사, 소위직야(愛憎取舍, 一以至公無私, 所謂直也)[사랑과 미움, 취하는 것과 내 버리는 것이 한결같이 공정하고 무사한 것이 직(直)이다.]라 하였다.

직(直)에 관해 공야장(公冶長) 25장에서는 익원이우기인, 좌구명치지, 구역치지(匿怨而友其人, 左丘明恥之, 丘亦恥之)[원한을 숨기고 친한 척하는 것을 좌구명(左丘明)이 창피하게 여겼는데 나도 창피하게 여겼다.]라 하였다. 익원(匿怨)이란 원한을 숨기는 것을 말한다. 이러한 행위는 직(直)이 아닌 것이다. 그러므로 좌구명이 창피하게 생각한 것 같이 공자께서도 창피하게 생각했다고 했다.

어지러운 세상을 피하는 법

子曰 賢者辟世 其次辟地 其次辟色 其次辟言
자왈 현자피세 기차피지 기차피색 기차피언
子曰 作者七人矣
자왈 작자칠인의

공자께서 말씀하셨다.

"현명한 사람은 어지러운 세상을 피하고, 그다음 가는 사람은 안색을 피하고, 그다음은 나쁜 말을 피한다."

공자께서 또 말씀하셨다.

"이렇게 실천한 사람이 7인이 있었다."

第十四篇 憲問 三十九章
제십사편 헌문 삼십구장

현자피세(賢者辟世)[현명한 사람은 세상을 피한다.]라 했다. 세상이 어지러우니 자신의 이름을 감추고 자취를 숨겨, 세상에 살면서도 세상이 자신을 모르게 은둔(隱遁)하여 천민들과 섞여 삶으로서 세상 사람들이 모르게 살아가는 것을 피세(辟世)라 한다. 예를 들어 장저(長沮)·걸익(桀溺)이 성시(城市)[성내(城內)의 시가]에서 농사를 지으며 피세한 것 같은 것이다. 또 피지(辟地)란 어지러운 나라를 떠나 잘 다스려지는 나라로 가는 것을 피지(辟地)라 한다. 예를 들어 백리해(百里奚)가 정사(政事)가 문란한 우(虞)나라를 떠나 진(秦)나라로 간 것 같은 경우가 피지라 할 수 있다. 피색(辟色)이란 안색을 보고 떠나가는 것을 말하는 것이다.

이에 대하여 논어정의(論語正義)에서 형병(邢昺)은 불능예택치란

(不能豫擇治亂), 단관지안색(但觀之顏色), 약유염기지색(若有厭己之色), 어사거지(於斯去之)[치란(治亂)을 미리 선택할 수는 없으나, 다만 군주의 안색이 자신을 싫어하는 빛이 있으면 거기를 떠난다.]고 하였다. 이에 대한 예로는 공자께서 위(衛)나라 영공(靈公)을 위수(渭水) 강변(江邊)에서 만났다. 그러나, 영공(靈公)은 창공(蒼空)에 나는 기러기만 바라볼 뿐 안색이 공자에게 있지 않았다. 이를 보고 공자께서는 영공(靈公)이 인의정치(仁義政治)에 전혀 마음이 없음을 알고, 즉시 위(衛)나라를 떠났다. 이것이 피색(辟色)이라 할 수 있다. 군주의 말 한마디를 들어보고 장차 난(亂)이 일어나려 함을 예견하고 떠나는 것을 피언(辟言)이라 한다.

공자께서 피색(辟色) 이후 다른 때에 위(衛)나라 영공을 다시 만났으나 영공이 진법(陳法)[전쟁 상황에서 진(陳)을 치는 방법]을 물어오자 공자께서는 제례(祭禮)에 관한 일은 알고 있으나 진법에 관한 것은 배우지 못했다고 답하고, 다음날 바로 위(衛)나라를 떠났으니 바로 피언(辟言)한 것이라 하겠다.

다음은 작자칠인의(作者七人矣)[이렇게 실천한 사람이 7인 있었다.]라 했다. 작(作)은 '하다'라는 뜻이 있다. 여기에서는 피세한 것을 일컫는 말이다. 즉 '피세한 사람 일곱이 있다.'라는 것이다. 이들을 진(晋)나라 포함(包咸)은 장저(長沮), 걸익(桀溺), 장인(丈人), 석문(石門), 하궤(荷蕢), 의봉인(儀封人) 초광접여(楚狂接興)라 했고 후한(後漢)의 정현(鄭玄)은 백이(伯夷), 숙제(叔齊), 우중(虞中)은 피세한 사람이고, 하조(荷蓧), 장저(長沮), 걸익(桀溺)은 피지(辟地)한 사람이며, 유하혜(柳下惠), 소련(少連)은 피색(辟色) 했고, 하궤(荷簣), 초광접여(楚狂接輿)는 피언(辟言)한 사람이라고 열 명을 꼽고 칠자(七字)는 십자(十字)의 오자(誤字)라고 주장하고 있다. 후한(後漢) 위(魏)나라 왕필(王必)은 백이(伯夷), 숙제(叔齊), 우중(虞仲), 이일(夷逸), 주장(朱張), 유하혜(柳下惠), 소련(少連)을 七人(칠인)이라 했다. 남당(南唐)의 마지막 황제이자 유학자인 이욱(李旭)은 사람을 찾아 7인을 맞추려 하는 것은 천착(穿鑿)[억지로 이치에 닿지 않는 말을 함.]라고 하였다.

군이 7인을 맞춰 생각할 이유가 없다는 것이다.

안 될 줄 알면서 굳이 하려는 사람

子路宿於石門
자 로 숙 어 석 문
晨門曰 奚自
신 문 왈 해 자
子路曰 自孔氏
자 로 왈 자 공 씨
曰 是知其不可而爲之者與
왈 시 지 기 불 가 이 위 지 자 여

자로가 석문에서 묵었다.

문지기가 "어디서 왔소."

자로가 "공씨 문중에서 왔소."

문지기가 "안 될 줄 뻔히 알면서도 굳이 하려는 사람들이군!"

第十四篇 憲問 四十章
제 십 사 편 헌 문 사 십 장

　자로가 묵은 석문(石門)에 관해서는 형병(邢昺)은 노(魯)나라의 성문(城門)이라 했고, 두예(杜五)[진대(晉代)학자]는 지명(地名)으로 제(齊)나라 땅이라 했다. 서경(書經)에 보면 노은공(魯隱公) 3년 겨울에 제(齊)나라 후(侯)와 노(魯)나라 정백(鄭伯)이 석문에서 회맹(會盟)했다고 나와 있다. 석문이 성문(城門)이라면 회맹(會盟)의 장소가 될 수 없다. 그러니 석문은 지명으로 봐야 하며, 회맹의 주관인 제(齊)나라 땅임에 분명하다.

　신문(晨門)은 새벽과 밤에 문을 여닫는 일을 맡은 관리이다. 당시 은자(隱者)로서 피세(辟世)하는 자들은 생계유지를 위해 벼슬을 하되 권한이 없는 문지기 같은 일을 맡아 하는 것이 보통이었다. 그중하나가 본장에 나오는 신문(晨門)[문지기] 같은 것이다. 이러한 신문(晨門)이 공자를 기롱(譏弄)[실없는 말로 농락함.]하는 말로 시지기불가이위지자여(是知其不可而爲之者與)[안 될 줄 뻔히 알면서도 굳이 하려는 사람들]라고 했다. 그 말을 곰곰이 생각해보면 현실을 정확히 표현했다고 할 수 있다. 또 말속에는 악의가 없고, 공자 일행을 사랑하는 마음이 느껴진다. 여기 신문(晨門)은 은자(隱者)임이 틀림없다.

한편 헌문(憲問) 34장에서는 미생무(微生畝)가 공자께 구하위시서서자여(丘何爲是栖栖者與), 무내위영호(無乃爲佞乎)[구(丘)는 무엇 때문에 저렇듯 악착같이 머뭇거리고 있느냐? 말재주를 피우고자 하는 것이 아니냐?]라고 부당한 평가를 하고 있다. 이에 공자께서는 비취위영야, 질고야(非取爲佞也, 疾固也)[감히 말재간을 피우고자 하는 것이 아니다. 세상의 고루함을 고치고자 하는 것이다.]라고 응수했다. 그런가 하면 미자(微子) 6장에서는 자로가 나루를 물으러 가니 나루는 가르쳐주지 않고 자기들[장저(長沮)와 걸익(桀溺)]과 같이 피세(辟世) 할 것을 권하니 자로가 돌아와 공자께 고하자, 공자께서 길게 한탄하시며 말씀하셨다.

夫子憮然曰 鳥獸 不可與同群 吾非斯人之徒與
부 자 무 연 왈　조 수　불 가 여 동 군　오 비 사 인 지 도 여
而誰與 天下有道 丘不與易也
이 수 여　천 하 유 도　구 불 여 역 야

[사람은 새와 짐승과 같이 어울려 살지 못한다. 내 천하의 사람과 더불어 살지 않고 누구와 더불어 살겠느냐? 또한, 천하에 도가 있으면 내가 구태여 변혁하고자 하겠느냐?]라고 자신의 감정을 토로(吐露)하고 있다.

자기 수양을 하고 백성을 평안하게

子路問君子
자로문군자
子曰 修己以敬 子路曰 如斯而已乎
자왈 수기이경 자로왈 여사이이호
子曰 修己以安人 子路曰 如斯而已乎
자왈 수기이안인 자로왈 여사이이호
子曰 修己以安百姓 修己以安百姓 堯舜 其猶病諸
자왈 수기이안백성 수기이안백성 요순 기유병제

자로가 군자에 대하여 묻자.

공자: "자기 수양을 하고 경건, 성실해야 한다."

자로: "그렇게만 하면 됩니까?"

공자: "자기 수양을 하고, 남을 안락하게 해주어야 한다."라고 하셨다.

자로가 또 "그렇게만 하면 됩니까?"라고 하자.

공자: "자기 수양을 하고, 백성을 안락하고 평안케 하여야 한다. 백성을 안락, 평안케 해 주기란 요(堯), 순(舜)임금도 고심하셨던 일이다."

第十四篇 憲問 四十四章
제십사편 헌문 사십사장

자로가 물은 군자란 위정자[군주]를 도와 정치에 참여하는 자를 말한다.

공자께서는 최종적으로 수기이안백성(修己以安百姓)[자기 수양을 하고, 백성을 안락하고, 평안하게 해주어야 한다.]고 말했다. 백성이란 노인, 젊은이, 어린이를 포함한 모든 사람을 말하는 것이다. 공야장(公冶長) 26장에서 공자께서는 노자안지, 붕우신지, 소자회지(老者安之, 朋友信之, 小者懷之)[노인을 평안하게 하고, 친구에게 신용 있게 하고, 어린이를 돌보아 준다.]고 하여 모든 백성을 돌보아 주어야 한다고 했다. 군자는 백성을 편안하게 하는 정치를 하려면, 학문을 연마(鍊磨)하고, 덕행을 쌓고, 선을 지키기 위해 불의와 싸우고, 이로써 백성을 안락하게 하여야 하는 것이다.

　본문의 수기이경(修己以敬)[자기 수양을 하고 경건·성실해야 한다.]라고 한 것은 성의정심(誠意正心)[뜻을 성실히 하고, 마음을 바르게 하는 것] 즉 수신(修身)[몸을 닦는 것]이며 수기이안인(修己以安人)[자기 몸을 닦아 남을 편안하게 한다.]은 자기 몸을 닦아서 집안을 가지런히 한다는 것이다. 즉 수신제가(修身齊家)라 할 수 있다. 수기안인백성(修己安人百姓)[자기 몸을 닦아 백성을 안락하고 평안하게 한다.]는 것은 치국평천하(治國平天下)[나라를 잘 다스리고 천하를 평화롭게 한다.]라는 것이니, 공자 이후 주자학에 이르기까지 유교의 금과옥조(金科玉條)로 여겨오는 수신제가치국평천하(修身齊家治國平天下)의 바탕이 본문의 공자 말씀이라 할 수 있다. 이는 명·청(明·淸) 그리고 우리나라, 일본, 동남아까지 영향을 미친 정치사상이라 할 수 있다.

　명(明)나라 유학자 손광(孫廣)[호: 월봉(月峰)]은 요(堯)임금이나 순(舜)임금은 자기 몸을 닦지 못하여 백성을 평안하게 하지 못하였음을 걱정하였다고 했다. 이것이 바로 인(仁)인 것이다. 지금 우리는 좋은 정치의 시대를 말할 때 요·순(堯·舜) 시대라고 말한다. 그럼에도 불구하고 실제로 요·순(堯·舜)은 백성들을 위하여 고심한 흔적이 보이나, 지금의 정치인들은 자기 몸을 닦아 의를 위해 희생하기보다 자신의 이익만을 챙기고 있다.

　방어리이행, 다원(放於利而行, 多怨)[자기 이익만 챙기면 원망이 많아진다.] {이인(里仁) 12장}

　　논어-지도자의 길 알아두면 쓸 데 있는

제15편

위령공(衛靈公)

공자께서 군사에 관한 것은 잘 모른다고 하고 바로 다음날 위나라를 떠나 어려운 처지에 슬기롭게 대처하는 1장을 시작으로 주로 인인(仁人)이 덕과 도를 행하는 처세를 논한다.

헌문이 총 46장인데 위령공은 총 41장으로 두 번째로 많은 장이다. 아쉽게도 11장만 수록하였다.

위나라를 떠나다

衛靈公 問陳於孔子
위 영 공 문 진 어 공 자

孔子對曰 俎豆之事 則嘗聞之矣 軍旅之事 未之學也
공 자 대 왈 조 두 지 사 즉 상 문 지 의 군 려 지 사 미 지 학 야

明日遂行
명 일 수 행

在陳絶糧 從者病 莫能興
재 진 절 량 종 자 병 막 능 흥

子路慍見曰 君子亦有窮乎
자 로 온 현 왈 군 자 역 유 궁 호

子曰 君子固窮 小人窮斯濫矣
자 왈 군 자 고 궁 소 인 궁 사 람 의

위(衛)나라의 영공(靈公)이 공자께 작전법을 묻자.

공자께서 "예교(禮教)에 관한 일은 듣고 있으나, 전쟁에 대한 일은 배우지 않았습니다."라고 대답하시고, 이튿날 위(衛)나라를 떠나셨다.

진(陳)나라에서 양식이 떨어지고 따르던 제자들이 병들어 일어나지 못하게 되었다. 이에 자로는 화가 나서 공자를 뵙고 물었다.

"군자도 이렇듯 곤궁함이 있습니까?"

공자께서 말씀하셨다. "군자는 원래 쪼들리게 마련이다. 소인배는 쪼들리면, 넘나는 짓을 하느니라."

第十五篇 衛靈公 一章
제 십 오 편 위 령 공 일 장

위(衛)나라 영공(靈公)이 공자께 진법(陳法)을 물어온 것은 전쟁을 준비하는 것으로 볼 수밖에 없다. 공자께서는 영공이 무도(無道)한 것을 알고 즉시 조두지사(俎豆之事)[예교·제례(禮敎·祭禮) 등을 위주로 하는 문화적 정치를 뜻함.]는 알고 있으나, 군려지사(軍旅之事)[군

사 작전 등 군에 관한 일체의 일을 하는 것. 1군은 1만 2천5백 명, 여(旅)는 500명의 군사를 거느리는 조직임.]는 배우지 않았다고 하여 영공과 함께 일하지 않을 것을 분명히 하고, 이튿날 바로 위(衛)나라를 떠난다.

　공자께서는 스스로 군려지사(軍旅之事)를 배우지 않았다고 했으나 군려지사를 모르는 것이 아니다. 제(齊)나라에서 대부 진성자(陳成子)가 자기의 주군인 간공(簡公)을 죽이므로 공자께서 주토(誅討)할 것을 노(魯)나라 애공(哀公)에게 청하였고[헌문(憲問) 22장] 협곡(峽谷)의 회맹(會盟)에 나가는 노(魯)나라 정공(定公)에게는 무비(武備)를 단단히 하고 갈 것을 건의했고 [『사기(史記)』 공자세가(孔子世家)에 있음.], 자로(子路) 29장에서는 '백성을 7년 동안 가르치면 전쟁에 나가 싸우게 할 수 있다.'고 하였다. 이런 것을 살펴볼 때 공자께서는 군려지사를 모르는 것이 결코 아니라 할 것이다. 다만 무도한 영공과는 정사를 함께 하지 않겠다는 것이다.

　공자 일행이 양식이 떨어진 것에 대한 것은 두 가지 설(說)이 있다. 우선 [『사기(史記)』 공자세가(孔子世家)]에서는 공자 일행이 진(陳)나라와 채(蔡)나라 사이에 머무르고 있었는데 오(嗚)나라가 진(陳)나라를 침공하고, 초(楚)나라가 진(陳)나라를 구하기 위해 성부(成父)에 군대를 주둔시키는 일이 일어났다. 이런 일이 발생함으로써 진(陳)나라가 혼란에 빠져 공자 일행을 챙기지 못했다고 하는 설이 있고, 또 한 가지는 진(陳)과 채(蔡) 사이에 머무는 공자를 초(楚)나라에서 초청하였는데, 진(陳)·채(蔡)의 대부들이 자신들이 정치를 잘못하고 있는 것을 공자가 싫어함으로 공자의 초(楚)나라 초청을 방해하여 초(楚)나라에서 등용되는 것을 못하게 하려고 하는 과정에서 진(陳)나라가 공자 일행을 소홀히 함으로써 진(陳)·채(蔡)의 대부들이 합동으로 군대를 출동시켜 공자 일행을 포위하여 식량마저 떨어졌다는 것이 또 다른 설이다. 당시 진(陳)나라와 채(蔡)나라는 초(楚)나라를 섬기고 있는 나라이므로 두 가지 설이 모두가 일리는 있다.

자로온현(子路慍見)이라 했는데, 온현(慍見)이란 성난 모습이 얼굴에 나타나는 것이다. 자로는 군자가 궁(窮)함은 이치에 맞지 않는다고 스승에게 말했던 것이고, 공자께서는 난세(亂世)에는 군자가 궁(窮)함은 상리(常理)[당연한 이치]라 하면서 군자와 소인(小人)의 궁(窮)할 때의 처신을 말씀하셨다.

인으로 관철한다

子曰 賜也 女以予爲多學而識之者與
<small>자 왈 사 야 여 이 여 위 다 학 이 식 지 자 여</small>

對曰 然 非與
<small>대 왈 연 비 여</small>

子曰 非也 予一以貫之
<small>자 왈 비 야 여 일 이 관 지</small>

공자께서 말씀하셨다.

"사(賜)야, 너는 내가 많이 배워서 그것을 다 기억하는 사람이라고 알고 있겠지?"라고 묻자.

자공이 대답하기를 "네, 그렇지 않습니까?" 하고 되물었다.

공자께서 말씀하셨다.

"그렇지 않다. 나는 오로지 인(仁) 하나로 관철할 따름이다."

第十五篇 衛靈公 二章
<small>제 십 오 편 위 령 공 이 장</small>

공자께서 자공에게 일이관지(一以貫之)[하나로 꿰뚫었다.]라고 하였다. 여기에서 일이관지는 인이라 할 수 있다. 이러한 인은 많은 의미를 포함하고 있다. 충서(忠恕)·애인(愛人)·인의(仁義)·충효(忠孝)… 등 모든 도를 행하는 행위를 말하는 것이다. 인은 절대선(絕對善)으로서 표현하는 방식에 따라 보이는 모습이 다양하다. 이러한 인의 표현을 공자께서 잘 설명한 문장이 있으니 위령공(衛靈公) 23장에서 자공이 유일언이가이종신행지자호(有一言而可而終身行之者乎)[한마디의 말로써 평생토록 지켜 행할 수 있는 것이 있습니까?]라고 물으니 기서호(其恕乎)[서(恕)라는 말이다.]라고 말하고, 서(恕)를 구체적으로

설명했으니, 기소불욕, 물시어인(己所不欲, 勿施於人)[내가 원하지 않는 바를, 남에게 시키지 말라.]라고 하였다. 이 말은 남을 용서할 때에는 자신이 그 일을 당했을 때 자신의 마음에 비추어 다른 사람의 마음을 헤아려 주라는 말이다.

또 이인(里仁) 15장에서 공자께서는 증자(曾子)에게 오도일이관지(吾道一以貫之)[나의 도는 하나로 관철되어 있다.]하니 공자께서 나간 뒤 제자가 '무슨 뜻입니까?' 하고 물으니 증자(曾子)는 '부자지도, 충서이이의(夫子之道, 忠恕而已矣)'[선생님의 도는 오직 충서(忠恕)이니라.]라 했으니 일(一)은 인이며 인은 처한 상황에 따라 충서(忠恕), 애인(愛人), 효제(孝弟), 신의(信義)… 등 모습이 다르게 나타나는 것으로 본장에서는 서(恕)로 표현한 것이라고 증자가 풀이한 것이다.

이에 대해 삼국시대 위(魏)나라 학자 하안(何晏)은 다음과 같이 주해(注解) 했다. 선유원, 사유회, 천하수도이동귀, 백려이일치(善有元, 事有會, 天下殊塗而同歸, 百慮而一致), 지기원, 즉중선거의, 고부대다학이일지지(知其元, 則衆善擧矣, 故不待多學而一知之)[선(善)에는 근본이 있고, 일에는 시기가 있으며, 천하는 길은 다르나 돌아가는 곳은 같으며, 생각이 백가지라도 뜻은 동일하다. 근본 원인을 알면 모든 선(善)이 드러나기 때문에 많이 배우지 않아도 하나로서 그것을 알게 되는 것이다.]라고 하여 일(一)은 원칙이 서고 이념이 확실하면 한 방향으로 일관하게 되는 것이라고 한 것이다.

일(一)을 석가는 만법귀일(萬法歸一)[일만가지 일은 하나로 돌아간다.]이라 하였고, 노자(老子)가 일생이, 삼생만물(一生二, 三生萬物)[하나는 둘을 낳고, 셋은 만물을 낳는다.]이라 했으니, 일(一)은 만물의 근원이라 할 것이며 '근원을 알면, 여러 가지를 배우지 않고도 이를 알게 될 것이다.'라고 한 것이다. 이것을 공자께서는 일이관지(一以貫之)라 한 것이다.

오늘날 흔히 쓰는 말로 '초지일관(初志一貫)'이나 '일관되게 주장한다' 등 일관이라는 말을 많이 쓰는데 그 근원은 논어에서 말한 일이관지(一以貫之)에서부터 시작된 것이라 할 것이다.

지혜로운 사람은 사람도 잃지 않고 말도 잃지 않는다

可與言而不與之言 失人
가 여 언 이 불 여 지 언 　 실 인
不可與言而與之言 失言
불 가 여 언 이 여 지 언 　 실 언
智者不失人 亦不失言
지 자 부 실 인 　 역 부 실 언

더불어 말할 수 있는 사람과 말을 하지 않으면, 사람을 잃고,

더불어 말할 수 없는 사람과 말을 하면, 말을 잃는다.

지혜로운 사람은 사람도 잃지 않고 말도 잃지 않는다.

第十五篇　衛靈公 七章
제 십 오 편 　 위 령 공 　 칠 장

말이란 사람과 사람 간의 의사소통의 수단이다. 의사소통이 되지 않으면 상대의 마음이나 생각하고 있는바를 모르고 마음을 모르면 서로 멀어진다. 서로 멀어지면 사람을 잃는다고 할 수 있다. 아무리 옳은 말을 해도 알아듣지 못한다면 할 말이 없다. 그러면 말을 못한다. 이것이 말을 잃는 것이다.

말이란 정말 여러 가지다.

① 해야 할 말, 하지 말아야 할 말

② 듣고 싶은 말, 듣기 싫은 말

③ 하고 싶은 말, 하기 싫은 말

④ 참말, 거짓말

일일이 예를 이곳에 나열할 수는 없다. 저마다 생각해보면 해당되는 말이 생각날 것이다.

지혜로운 자는 해야 할 말은 하고, 하지 말아야 할 말은 하지 않으며 꼭 해야 할 말도 받아들이지 않을 것 같으면 하지 않음으로 사람을 잃는 일도 없고 말을 잃는 일도 없다. 안연(顏淵) 23장에서 자공이 친구 사귀는 도에 대하여 공자께서 물으니 충고이선도지(忠告而善道之), 불가즉지(不可則止), 무자욕언(無自辱焉)[충고하여 좋게 인도하지만, 듣지 않으면 그만두어라. 충고로 도리어 욕을 당하는 일이 없게 하라.]이라 했다.

몸을 죽여 인을 이룩하다

子曰 志士仁人 無求生以害仁 有殺身以成仁
자 왈 지 사 인 인 무 구 생 이 해 인 유 살 신 이 성 인

공자께서 말씀하셨다.

"지사(志士)와 인자는 살기 위해 인을 해치는 일이 없고, 몸을 죽여 인을 이룩한다."

第十五篇 衛嶺公 八章
제 십 오 편 위 령 공 팔 장

인(仁)이란 인류의 지극한 덕이니, 맹자는 인을 사람이 편히 쉴 수 있는 집이라 했다. 지사(志士)는 인의 도를 구하는 선비를 말하며 인인(仁人)은 인의 덕을 갖춘 어진 마음을 타고난 사람을 말한다. 증자는 태백(泰伯) 7장에 사불가이불홍의, 임중이도원. 인이위기임, 불역중호사이후이, 불역원호(士不可以不弘毅, 任重而道遠. 仁以爲己任, 不亦重乎死而後已, 不亦遠乎)[선비는 반드시 넓고 꿋꿋해야 한다. 임무가 무겁고 갈 길이 멀다. 인을 제 임무로 삼고 있으니 무겁지 않겠느냐? 죽어야 비로소 가는 길을 멈추니 또한 길이 멀지 않겠느냐?] 했으니 인의 완성을 위해서 지치지 않고 꾸준히 노력하여야 할 것이다.

인(仁)을 이룩함에 있어서는 군신 간에는 충·서(忠·恕)로 이루고, 백성들 간에는 의를 실현함으로써 인을 이룰 수 있으며, 정치에서는 덕치를 이룩함으로써 인을 이룰 수 있을 것이다. 부모는 자식을 자애(慈愛)하며, 자식은 부모에게 효를 다하는 것이 인이라 할 것이다. 인은 여러 방면에서 다양한 모습으로 나타나기 때문에 한 가지로 이

것이 인이라고 획정(劃定)할 수는 없다.

인(仁)은 삶을 구하기 위해서 인(仁)을 해치는 일이 없으며, 인을 위해 몸을 죽인다고 했다. 본장에서 살신이성인(殺身以成仁)[몸을 죽여 인을 이룩한다.]이라 한 것이나 맹자 고자(告子) 상에 나오는 사생취의(舍生取義)[삶을 버리고 의를 취한다.]라는 말은 같은 것이라 하겠다. 맹자 고자(告子) 상에서는 구체적으로 생역아소욕야, 의역아소욕야, 이자불가득겸, 사생취의자야(生亦我所欲也, 義亦我所欲也, 二者不可得兼, 舍生取義者也)[삶도 내가 바라는 것이며, 의도 내가 바라는 바이지만, 두 가지를 겸할 수 없다면 삶을 버리고 의를 취해야만 한다.]라 하여 의를 취한 것은 본장의 인과 같은 것이다. 즉 살신이성인(殺身以成仁) 하는 것과 사생취의(舍生取義) 하는 것은 같은 것이다. 이것이 바로 의를 취함으로써 인(仁)을 이룩한 것이라 할 것이다.

사람은 멀리 생각지 않으면

子曰 人無遠慮 必有近憂
<small>자 왈 인 무 원 려 필 유 근 우</small>

공자께서 말씀하셨다.

"사람은 멀리 생각지 않으면 반드시 가까운 근심이 있느니라."

第十五篇 衛靈公 十一章
<small>제 십 오 편 위 령 공 십 일 장</small>

사람은 멀리 내다볼 줄 알아야 한다. 역사관, 세상을 보는 눈, 자신의 장래 등 모든 면에서 멀리 보아야 참된 결론을 낼 수 있다. 눈앞의 이익에 급급해서 근시안적으로 접근하다 보면 작은 것에 마음을 쓰고 그러다 보면 자신의 마음과 달리 실수를 하거나 오판을 하게 되고, 결국은 그것이 빌미가 되어 새로운 근심거리가 된다. 이런 것은 결국 욕심에서부터 시작된다.

바둑 격언에 보면 소탐대실(小貪大失)이란 말이 있다. 작은 것을 탐내면 큰 것을 잃는다는 격언이다. 결국, 멀리 보지 않으면 큰 손실을 볼 수 있는 것이다. 또 옛 성현 소식(蘇軾)은 여부재천리지외(慮不在千里之外), 즉환재궤석지하의(則患在几席之下矣)[생각이 천리밖에 있지 않으면, 걱정이 책상 아래에 있다.]라고 했다.

오늘을 사는 우리들의 세상은 너무나 눈앞의 이익과 자신의 영달을 위해 장래를 보지 못하는 것이 많다. 개인도 그렇고, 집단도 그렇고, 더구나 나라의 미래를 걱정해야 할 정치인들도 마찬가지다. 당장의 이익보다는 먼 장래를 보고 생각해야 근심이 줄어든다는 것을 명심하고 살자.

자기 책망은 엄하게 하고

子曰 躬自厚 而薄責於人 則遠怨矣
자왈 궁자후 이박책어인 즉원원의

공자께서 말씀하셨다.

"자기 책망은 엄하게 하고, 남의 잘못은 가볍게 책망하면, 원망이 멀어진다."

第十五篇 衛靈公 十四章
제 십 오 편 위 령 공 십 사 장

　사람이 자신의 잘못을 스스로 책망하고 고치려고 노력하면 남을 책망하는 일을 하지 않을 것이고, 남의 허물을 자신의 잘못으로 일어난 일이라 생각하고 남을 책망하지 않고 용서하는 마음을 가진다면 이것이 바로 서(恕)이다. 공자께서는 서(恕)를 기소불욕물시어인(己所不欲勿施於人) '내가 싫은 것은 남에게 시키지 말라', 기욕입이입인(己欲立而立人) '내가 일어서려고 하면, 남도 일어서도록 하라'라고 했다. 이는 곧 남의 처지를 먼저 돌아보라는 말이다. 서(恕)를 행하면 남의 원망이 적을 것이라고 생각하는 것이다. 내가 남을 원망하는 것이 적으면, 남도 나를 원망하는 것이 적을 것이다.

　남을 너무 원망하고, 남의 잘못을 지나치게 책망하면, 그것이 도리어 나에게 되돌아오게 된다. 그러나 내 잘못을 깊이 반성하고 개선하며, 남의 잘못을 관대히 넘기면 자연히 원망이 없을 것이다. 이것이 바로 인이라 할 것이며, 또한 성서에서 말하는 사랑이라 표현할 수도 있다. 자기를 엄하게 책망하면서 남을 가볍게 책망함은 사랑이 없이는 불가능하다. 이러한 사랑은 또한 서(恕)의 마음이 있어야 가능한 것이다. 궁자후, 이박책어인(躬自厚, 而薄責於人)[자기 책망은 엄하게 하고, 남의 잘못은 가볍게 책망한다.]은 용서를 이행하여 사랑을 얻은 것이다.

기미 독립선언서에도 똑같은 취지의 문장이 있어 여기에 소개한다. '자기를 책려(策勵) 하기에 급한 오인(吾人)은 타의 원우(怨尤)를 가(暇)치 못하노라.' 하여 본장의 뜻과 같은 뜻의 문장이다. 이는 자신을 책망함을 충분히 함으로써 상대방[일본]이 스스로 잘못을 돌아보게 하려는 것이다. 우리 선조들은 독립이라는 민족적 염원이 급한 상황에서도 자신을 수양하고, 책려(策勵) 함으로써 타인[일본]이 스스로 잘못을 알고 고칠 기회를 주었다. 그러면서 우리의 정당한 권리를 당당하게 주장하였던 것이다. 이러한 상황이라면 일본이 지금까지 약속한 역사적 사실에 의한 약속을 지키지 않음을 통렬히 성토하련만 그렇지 않고, 우리의 주장만을 내놓는 군자다운 면모를 세계에 보여 주었다.

참으로 군자로다

子曰 君子義以爲質 禮以行之 孫以出之 信以成之
자왈 군자 의 이 위 질 예 이 행 지 손 이 출 지 신 이 성 지
君子哉
군 자 재

공자께서 말씀하셨다.

"군자는 의로써 바탕을 삼고, 예로서 행하며, 공손하게 말하며, 신의로써
성취하니, 참으로 군자로다!"

第十五篇 衛靈公 十七章
제 십 오 편 위 령 공 십 칠 장

의이위질(義以爲質)[의로서 바탕을 삼는다.]이라 함은 의를 근간으
로 하여 그 근본을 삼고, 예이행지(禮以行之)[예로서 행한다.]라 하였
으니, 행은 예에 맞는 행동을 말하는 것이며, 손이출지(孫以出之)에서
손(孫)은 겸손을 말하며 출지(出之)는 언어로 표현하는 것이니 합해
서 말하면 겸손하게 말로 표현하는 것이다. 신이성지(信以成之)라 했
으니, 신(信)은 언·행 모두가 올바른 것이라야 이룰 수 있는 것이다.

종합해서 본문을 해석한다면, 의(義)의 근본을 예(禮)에 맞게 행
하고, 겸손하게 표현함으로써 신(信)을 이룩한다면 참으로 군자다운
것이라고 감탄한 것이다.

내가 원치 않는 일은 남에게 강요하지 마라

子貢問曰 有一言而可以 終身行之者乎
자공문왈 유일언이가이 종신행지자호

子曰 其恕乎 己所不欲 勿施於人
자왈 기서호 기소불욕 물시어인

자공이 물었다.

"한마디의 말로써 평생토록 지켜 행할 수 있는 것이 있습니까?"

공자께서 말씀하셨다.

"바로 서(恕)라는 말이다. 내가 원치 않는 일은 남에게 강요하지 말라."

第十伍篇 衛靈公 二十三章
제십오편 위령공 이십삼장

내가 원치 않는 일을 남에게 강요하지 말라는 것이 본장의 주제이다. 정말로 쉬워 보이면서도 어렵고, 말 자체도 서(恕)에 대한 설명이라서 파악하기 어렵다. 쉽게 생각하면 쉬운 것도 본장인 것 같다. 내가 하기 싫으면 다른 사람도 싫다고 생각하여 강요하지는 말아야 할 것이다. 그러나 내가 하기 싫어도 다른 사람은 좋아하는 것도 있고, 내가 좋아도 상대방은 싫은 경우도 있을 것이다. 서(恕)는 스스로 내 마음을 통해서 다른 사람의 마음을 이해한다는 뜻이 포함되어 있다. 그래서 용서하고, 충심을 다해 남을 이해하는 마음을 가져야 한다면 본장의 뜻이 조금은 이해된다.

증자는 부자지도, 충서이이의(夫子之道, 忠恕而已矣)[선생님의 도는 충서(忠恕)일 따름입니다.]라고 했다. 자신을 돌아보고 남을 용서하고 남을 이해하라는 말로 풀면서(恕)라고 한 공자의 말씀과 풀이가 이해될 줄로 생각한다.

간교한 말은 덕을 어지럽힌다

巧言亂德　小不忍則亂大謀
교 언 난 덕　소 불 인 즉 난 대 모

간교한 말은 덕을 어지럽힌다.

작은 것을 못 참으면 큰일을 흐트러뜨린다.

第十五篇 衛靈公 二十六章
제 십 오 편　위 령 공　이 십 육 장

　교언(巧言)은 말을 듣기 좋게 꾸미고 사람을 속이는 말이다. 주자는 '교언(巧言)은 시비(是非)를 가리지 못하여 옳고 그름을 지키지 못한다.'라 했고 명(明)나라 설방산은 교언(巧言)이란 '옳은 것처럼 보이지만 실은 옳지 않은 것이니, 그 말 자체가 이치에 가까울수록 진리를 어지럽게 하고, 사람의 생각을 혼란스럽게 한다.'라고 했다. 공자께서는 학이(學而) 3장에서 교언영색, 선의인(巧言令色, 鮮矣仁)[좋은 말이나 좋은 낯을 꾸미는 자는 인이 적으니라.]이라고 했다. 교언이 나쁜 것만 있는 것은 아니다. 그러나 대체적으로 좋은 뜻의 교언은 드문 것이다. 그러기 때문에 선의인(鮮矣仁)[인이 드물다.]이라고 말한 것이다. 그리고 본장에서는 덕을 '어지럽힌다.'라고 하여 좋지 않은 의미의 교언을 말하고 있다.

　난덕(亂德)은 덕을 흐트러뜨린다, 어지럽게 한다 등의 뜻이다. 소불인(小不忍)은 말 그 자체는 작은 것을 참지 못한다는 말이다. 그러나 다음에 나오는 즉란대모(則亂大謀)와 함께 의미를 해석해볼 필요가 있다. 소불인즉란대모(小不忍則亂大謀)는 작은 것을 참지 못하면 큰일을 그르치게 된다는 말이다. 이것을 주자는 '부인의 인(仁) 또는 필부(匹夫)의 용(勇)' 같은 것이라고 정의했고 태재순(太宰純)은 '마음이 부드러워 차마 하지 못하는 것은 부인의 인(仁)이고 기질이 강해서 참지 못하는 것은 필부(匹夫)의 용(勇)이다'라고 했다. 이러한 소불인(小不忍)은 큰일을 하려고 할 때에 방해하는 결과를 만들 때가 많다. 즉 일에 대한 기밀을 누설하여 큰일의 성사를 방해하거나 조그마한 억울함을 참지 못해 울분을 터뜨림으로써 하고자 하는 일을 그르치는 일이 바로 그런 것이다.

반드시 살펴봐라

衆惡之必察焉
_{중 오 지 필 찰 언}

衆好之必察焉
_{중 호 지 필 찰 언}

민중이 미워하는 것도 반드시 살펴볼 것이며,

민중이 좋아하는 것도 반드시 살펴볼 것이로다.

第十五篇 衛靈公 二十七章
제 십 오 편 위 령 공 이 십 칠 장

  우리는 정보의 홍수 속에서 살고 있다. 신문, 라디오, TV, 인터넷, 스마트폰… 등 그럼, 요즘 매체에서 쏟아내는 정보는 과연 정확할까? 한 번쯤 생각해보게 한다. 과연 여과 없이 보고 들어도 될만한 가치가 있는가를 잘 살펴보아야 하겠다. 대중 속에는 소인(小人)도 끼어 있다. 정확하지 않은 판단이나 특정한 사람의 이익을 위해서 군중을 선동하고 소인들은 거기에 부화뇌동(附和雷同)하여 군중심리에 쏠려 이성을 잃고, 옳고 그름을 모르고 마는 경우가 있다. 군자는 대중에 휩쓸리지 말고 자신이 생각하고 판단하여 옳고 그름을 판단해야겠다.

  공자께서는 이인(里仁) 3장에서 유인자, 능호인, 능오인(唯仁者, 能好人, 能惡人)[오직 인한 사람이어야 사람을 좋아할 수 있고, 남을 미워할 수 있다.]라 했고 자로(子路) 23장에서는 자공이 '마을 사람들이 모두 좋아하면 어떻습니까?' 하고 물으니 '그것만으로는 안 된다.' 하셨고 '마을 사람이 모두 미워하면 어떻습니까?' 하니 '그래도 좋지

못하다.' 하시고, 불여향인지, 선자호지(不如鄉人之, 善者好之), 기불선
자오지(其不善者惡之)[마을 사람으로서 착한 사람들이 좋아하고, 착
하지 못한 사람들이 미워하는만 못하다.]라 하셨다. 결국, 대중의 판
단보다 지혜로운 자의 판단이 옳을 경우가 많다.

언론들이 다투어 보도하는 각종 사건을 자신의 판단과 언론이 보
도하는 것 등을 우리는 반드시 잘 살펴보아야 하며 정치인들이 쏟
아내는 아전인수(我田引水)의 말들도 반드시 살펴보고 진실이 무엇
인지 자신이 판단할 것이다.

잘못하고도 고치지 않는 것이 잘못이다

過而不改 是謂過矣
과 이 불 개   시 위 과 의

잘못하고도 고치지 않는 것이 잘못이다.

第十五篇 衛靈公 二十九章
제 십 오 편   위 령 공   이 십 구 장

과(過)란 일을 지나쳐 버려서 중용(中庸)을 잃어버리고 고치지 않는 것을 말한다. 이것을 고쳐서 다시 중용에 이르면 과라고 하지 않는 것이다. 중용에 이른다는 것은 선해지는 것을 말한다. 선해졌다는 것은 일이 바로 되어서 정상 상태로 되었기 때문에 이르는 말이다. 예를 들면 저울이 추를 옮겨 균형이 맞을 때를 중(中)이라 말하며 일에서는 중용을 이루었다고 말하는 것이다.

사회가 복잡하고 어려운 일, 힘든 일이 많다 보면 본의는 아니라도 잘못하는 일이 많다. 잘못하는 일은 반복하지 않고 살면 좋겠지만 반복하는 일이 있다. 이는 결국 자신의 덕이 부족하기 때문이다. 잘못했으면 고쳐야 한다. 그럼에도 고치지 않는 것이 더욱 잘못이라는 것이 본장의 뜻이다.

공자께서는 학이(學而) 8장에서 과즉물탄개(過則勿憚改)[잘못했으면 꺼리지 말고 즉시 고쳐라.]라고 했다. 이 말은 사람들이 잘못할 수 있다는 것을 인정하는 말이라 하겠다. 우리는 잘못하지 않고 살기는 힘들다. 그렇지만 잘못을 고쳐가며 살아야겠다. 그러나 잘못을 계속 반복한다면 이것은 고의가 있다고 볼 수밖에 없다. 그것은 잘못했다기보다는 의도적인 일이라고 할 수 있다.

이것은 군자의 도에 어긋나는 행동이며 용서가 되지 않는다.

제16편

계씨(季氏)

다른 편과 여러 가지로 다른 점이 많다. 서술형으로 긴 것들이 있고, 다른 편에서는 공자의 말씀을 모두 자왈(子曰)로 시작하나 본편에는 공자왈로 시작하며, 삼우(三友), 삼락(三樂), 삼건(三愆), 삼계(三戒), 삼외(三畏), 구사(九思) 등 숫자로 말하는 것이 다른 편과 다르다. 이를 두고 제론(齊論)이 아닌가 하는 설도 있다. 논어는 고문(古文)으로 된 고론(古論), 노(魯)의 학자가 쓴 노론(魯論), 제(齊)의 학자가 쓴 제론(齊論)이 있는데 이를 삼론(三論)이라 한다. 계씨 편이 다른 편보다 독특하긴 하나 제론이라는 확증은 아니다. 총 14장 중 4장을 수록했다.

유익한 벗, 해로운 벗

孔子曰 益者三友 損者三友
공 자 왈 익 자 삼 우 손 자 삼 우
友直 友諒 友多聞 益矣
우 직 우 량 우 다 문 익 의
友便辟 友善柔 友便佞 損矣
우 편 벽 우 선 유 우 편 녕 손 의

공자께서 말씀하셨다.

"유익한 벗이 셋이고, 해로운 벗이 셋이다.

정직한 사람과 벗하고, 성실한 사람과 벗하고,

박학다식한 사람과 벗하면 유익하고,

편벽한 사람과 벗하거나, 굽실거리기 잘하는 사람과 벗하거나

빈말 잘하는 사람과 벗하면 해롭다."

第十六篇 季氏 四章
제 십 육 편 계 씨 사 장

사람을 사귈 때 손익을 따져 사귀는 것이 아니지만 그 사람이 사귀는 친구를 보면 그 사람의 인격을 판단할 수 있다. 유유상종(類類相從)이란 말도 있다. 선한 사람은 선한 사람과 사귀고 악한 사람은 악한 사람끼리 만나는 것이다. 그러므로 친구 중에는 유익하고 나에게 좋은 스승이 될만한 사람이 있는가 하면, 내가 도저히 따라 해서는 안 될 해로운 친구도 있다.

술이(述而) 21장에서 택기선자이종지(擇其善者而從之), 기불선자개지(其不善者改之)[좋은 점은 따르고 좋지 못한 점은 거울삼아 고치도록 하라.]라고 했다. 나에게 유익한 친구는 과연 어떤 사람이며, 해

로운 사람은 어떤 사람인지 본장에서 3가지로 제시하고 있다. 유익한 친구는 첫째, 언행에 굽음이 없고 정직한 사람. 둘째, 마음이 곧고 신의가 있는 사람. 셋째, 박학다식하고 견문이 높은 사람을 꼽았다. 그리고 해로운 친구는 첫째, 간사하고 아첨하기를 좋아하는 사람. 둘째, 성실하지 못하고 남의 눈치를 잘 보고 아첨하기를 좋아하는 사람. 셋째, 말은 그럴듯하게 하지만 보고 들은 것이 없어 무식한 사람은 해롭다고 했다.

학이(學而) 8장에 무불여기자(無友不如己者)[나만 못한 자를 벗하지 말라.]라고 했다. 여기에서 말하는 것도 결국 해로운 벗을 사귀지 말라는 것이다. 앞에서도 말했듯이 해로운 친구 옆에 있으면 결국 따라 할 염려가 있다. 그것이 인간의 타고난 본성이다. 그러니 해로운 사람과는 사귀지 않아야 한다.

군자를 모실 때 저지르기 쉬운 세 가지 허물

孔子曰
공자왈
侍於君子有三愆
시어군자유삼건
言未及之而言 謂之躁
언미급지이언 위지조
言及之而不言 謂之隱
언급지이불언 위지은
未見顔色而言 謂之瞽
미견안색이언 위지고

공자께서 말씀하셨다.

"군자를 모실 때 저지르기 쉬운 세 가지 허물이 있다.

말할 때가 아닌데 말하는 것을 조급하다고 하고

말할 때가 되었는데도 말하지 않는 것은 숨긴다고 하고

안색을 살피지 않고 말하는 것을 소경이라고 한다."

第十六篇 季氏 六章
제십육편 계씨 육장

윗사람을 모실 때 할 수 있는 실수들이다. 명심하고 항상 조심할
일이다.

나면서 아는 사람은 으뜸

孔子曰　生而知之者　上也　學而知之者　次也
공 자 왈 　 생 이 지 지 자 　 상 야 　 학 이 지 지 자 　 차 야
困而學之　又其次也　困而不學　民斯爲下矣
곤 이 학 지 　 우 기 차 야 　 곤 이 불 학 　 민 사 위 하 의

공자께서 말씀하셨다.

"나면서 저절로 아는 사람은 으뜸이요 배워서 아는 사람은 다음이고 막혀서 배우는 사람은 그다음이다.

그러나 막혔는데도 배우지 않는 사람은 누구나 하치라 한다."

第十六篇　季氏　九章
제 십 육 편 　 계 씨 　 구 장

　보통 사람은 배우고 익혀서 아는 것이다. 즉 사람은 교육으로 알게 되고 이를 학이지지(學而知之)[배워서 안다.]라 한다. 일찍 교육을 받지 못하였다면 생활 중에 모르는 것을 새롭게 힘써 배우고 익혀서 알게 되는 것을 곤이학지(困而學之)[막혀서 배운다.]라 하는 것이다. 배워서 알거나 생활 중 모르는 것이 있어서 배우거나, 배운다는 것은 같은 것이다.

　그런데 배우지도 못하고 생활 중에 모르는 것이 있어도 배우지 않는 사람은 다른 사람들이 평할 때 하등이라고 말한다. 그리고 생이지지자(生而知之者)[나면서부터 아는 자]는 실제로 있기 힘들다. 공자께서도 술이(述而) 19장에서 스스로 말하기를 아비생이지지자(我非生而知之者), 호고민이구지자(好古敏以求之者)[나는 날 때부터 아는 자가 아니다, 옛것을 좋아해서 민첩하게 그것을 찾은 것이다.]라

고 했다.

공자 같은 성인도 나면서부터 아는 사람이 아니라고 하는데 누가 감히 나면서부터 아는 사람이라고 할 수 있겠는가? 우리도 열심히 배우고 익혀서 좋은 인격자가 되도록 노력해야 하겠다.

군자가 생각할 바 아홉 가지

孔子曰 君子有九思
_{공자왈 군자유구사}
視思明 聽思聰 色思溫 貌思恭 言思忠
_{시사명 청사총 색사온 모사공 언사충}
事思敬 疑思問 忿思難 見得思義
_{사사경 의사문 분사난 견득사의}

공자께서 말씀하셨다.

"군자는 생각하는 바에 아홉 가지가 있다.

볼 때는 밝기를 생각하고, 들을 때는 총명하기를 생각하고, 안색은 온화하기를 생각하고, 태도는 공손하고자 생각하고, 일을 할 때는 신중하고 성실하고자 생각하고, 의심스러울 때는 물어서 밝히고자 생각하고, 분노가 일어날 때는 후환이 있을 것을 생각하고, 이득을 보면 의(義)를 생각한다."

第十六篇 季氏 十章
_{제 십 육 편 계 씨 십 장}

군자는 마음을 써서 생각하고 예의에 맞도록 해야 하는 9가지가 있으니 볼 때는 잘못 보아 착각하지 않도록 하고 들을 때는 정확히 듣고 옳은 판단을 하도록 할 것이며, 얼굴빛은 언제나 온화함을 잃지 말고, 용모는 항상 검소하고 공손하도록 할 것이며, 말은 남을 속이지 않고 충실해야 하며, 일은 게으르지 않고 최선을 다할 것이며, 모르는 것이나 의심스러운 것은 물어서 의심스러움을 풀어야 하고, 분하고 화가 나는 일이 있을 때는 아는 사람에게 물어 확실하게 할 것이며, 마음대로 행동하여 환난을 만들면 후환이 있을 것을 생각하여 분함을 참아 환난을 피해야 한다. 특히 이득이 있

을 때는 이득이 의에 맞는가를 살펴야 한다.

위의 구사(九思)를 마음과 행동으로 실천할 수 있는 사람이라면 이상적인 사람이라 하겠다. 구사를 실천하며 살아가는 사람은 공자께서도 군자로 정의하였으니 보통 사람은 이를 실천하며 살아가기는 쉽지 않을 것이니 실천하도록 노력하여야 한다.

견득사의(見得思義)[이득을 보면 의로운가를 생각한다.]는 우리가 욕심을 버려야 하는 것으로 생활 속에서 실천적으로 행할 수 있는 사람이 몇이나 될까? 이는 술이(述而) 15장에서 말한 불의이부차귀(不義而富且貴), 어아여부운(於我如浮雲)[의롭지 못하게 부하고 귀함은 내게는 뜬구름과 같다.]이라고 한 공자의 말을 실천하는 삶이라야 하는 것이니 평범한 우리는 따르기 쉽지 않다고 하겠다. 그러나 모두가 이를 따르도록 노력하고 실천하는 사회가 된다면 좋은 사회 좋은 나라가 될 것이다.

제17편

양화(陽貨)

난세(亂世)에 공자께서 처신을 밝히는 1장, 5장, 7장 등이 있으며 제자들이 힘써 배워야 할 학문과 도와 덕을 다양하게 일러주고 있다. 가치 기준을 설명하는 것도 이편의 특징이라 하겠다. 총 26장 중 7장을 수록했다.

양화가 공자를 만나고 싶어 했으나

陽貨欲見孔子 孔子不見 歸孔子豚 孔子時其亡也 而
양 화 욕 견 공 자　공 자 불 견　귀 공 자 돈　공 자 시 기 망 야　이
往拜之 遇諸塗
왕 배 지　우 제 도
謂孔子曰 來 予與爾言
위 공 자 왈　래　여 여 이 언
曰 懷其寶而迷其邦 可謂仁乎
왈　회 기 보 이 미 기 방　가 위 인 호
曰 不可 好從事而亟失時 可謂知乎
왈　불 가　호 종 사 이 극 실 시　가 위 지 호
曰 不可 日月逝矣 歲不我與 孔子曰 諾 吾將仕矣
왈　불 가　일 월 서 의　세 불 아 여　공 자 왈　낙　오 장 사 의

양화가 공자를 만나고자 했으나 공자께서 만나 주지 않으셨다.

그러자 양화가 공자께 삶은 돼지를 선물로 보내왔다.

이에 공자께서 양화가 집에 없는 듯한 때에 사례(謝禮)를 가다가 도중에
그를 만났다. 양화가 말했다.

"자! 오시오. 내 그대와 더불어 이야기하고 싶소. 당신이 나라를 잘 다스
릴 보배로운 도덕을 지니고 있으면서 나라를 구제하지 않고 혼란한 그대로
두는 것을 인이라 말할 수 있겠습니까?"

"할 수 없습니다."

"일을 하고자 하면서 자주 때를 놓치는 것을 지혜롭다 하겠습니까?"

"할 수 없습니다."

"세월은 나를 기다려 주지 않으니 나를 도와 일을 해 주시오."

공자께서 말씀하셨다.

"그러시오. 내 장차 나가서 일을 하겠습니다."

第十七篇 陽貨 一章
제 십 칠 편　양 화　일 장

양화(陽貨)는 양호(陽虎)이다. 이름이 호(虎)이고 자(字)가 화(貨)이다. 그는 본래 노(魯)나라의 공족(公族)[제후의 친족]인 맹씨였다. 그는 삼환(三桓)이 노(魯)나라의 권력을 잡자 삼환의 제일 위인 계평자(季平子)의 가신(家臣)이 되었다가 얼마 뒤 신분이 대부로 상승하여 노(魯)나라의 국정을 맡았다. 이때가 노(魯) 정공 6년이며 양화는 주사(周社)[노(魯)나라 사직(社稷)의 사(社)를 말함.]에서 삼환과 맹약으로 노(魯)나라 국정을 맡게 된다. 이는 좌전(左傳)에 있다. 이때에 양화는 공자를 국정에 참여시키려 해서 만나고 싶어 했던 것으로 보인다.

양화는 공자를 보고 싶어 했으나 공자께서 만나 주지 않았다고 본문에서 해석하고 있으나 볼 수 없었다고 하는 것이 정확할 것 같다.

그러므로 양화가 공자에게 삶은 새끼 돼지를 예물로 보냈다. 당시 예법으로 사(士)가 대부에게 예물을 받으면 반드시 가서 사례(謝禮)하는 것이 예였다. 물론 양화는 대부이고 공자께서는 사(士)이므로 임의로 불러 만날 수 있으나 공자께서는 이미 학문으로 명성이 높은 사람이라 함부로 불러볼 수 있는 사람이 아님을 양화는 이미 파악하고 있는 것이다. 양화는 공자께서 예를 중요하게 여기는 것을 이용하여 와서 보도록 했던 것이다. 이를 공안국(孔安國)은 욕사왕사, 고유공자돈(欲使往謝, 故遺孔子豚)[공자로 하여금 와서 사례하도록 하고자 하였기 때문에 공자에게 돼지를 예물로 보낸 것이다.]라고 했고, 주자는 예, 대부유사어사, 부득수어기가, 즉왕배기문(禮, 大夫有賜於士, 不得受於其家, 則往拜其門)[예(禮)에 대부가 사에게 예물을 주는 일이 있을 때, 자기 집에서 받지 못할 경우에는 그 대부의 집에 찾아가서 사례해야 한다.]라고 했다.

양화가 삶은 새끼 돼지를 예물로 보낸 것은 마음에서 우러나온 진정한 예물이 아니라 자신의 집으로 방문케 할 목적으로 보낸 것으로 예를 행함에 진정성이 결여된 예물이라 하겠다. 그것은 예물을 보낼 때를 보면 공자께서 집에 없을 때 보내서 다시 자기 집으로 오게 한 것만으로도 추측이 가능하다. 진정으로 공자에게 예를 갖춰 초청한 것이라면 예물뿐 아니라 자신이 직접 가는 것도 가능하지만 대부로서 사의 집을 방문하는 것이 바람직하지 않다고 생각한다면 사자(使者)를 함께 보내 자신의 말을 전하기라도 해야 하는 것이다. 그것이 선비를 보고자 하는 실권자로서의 예라 할 수 있다. 그러나 그는 그렇게 하지 않았다. 그러니 공자께서도 그를 만나지 않으려고 그가 없는 시간에 방문한 것이다.

이에 대해서 맹자께서도 등문공하(滕文公下)에서 다음과 같이 평했다.

陽貨欲見孔子而惡無禮 大夫有賜於士 不得受於其家
양 화 욕 견 공 자 이 오 무 례 　대 부 유 사 어 사 　부 득 수 어 기 가
則往拜其門
즉 왕 배 기 문
陽貨瞰孔子之亡也 而饋孔子蒸豚 孔子亦瞰其亡也而
양 화 감 공 자 지 망 야 　이 궤 공 자 증 돈 　공 자 역 감 기 망 야 이
往拜之
왕 배 지
當是時 陽貨先 豈得不見
당 시 시 　양 화 선 　기 득 불 견

[양화가 공자를 불러 만나고 싶었으나, 공자를 부르면 무례한 짓

을 했다는 비난이 싫었다. 그래서 대부가 사에게 물건을 내릴 경우 자기가 집에서 직접 받지 못하면 대부의 집에 가서 사례해야 하는 예를 이용하여, 양화는 공자가 집에 없는 것을 엿보아 삶은 돼지를 보냈는데, 공자도 또한 그가 없는 것을 엿보아 가서 사례하였다. 이 때를 당하여 양화가 먼저 예를 베풀었다면, 공자께서 어찌 만나지 않았겠는가?]라고 평했다.

그런데, 본문에서 보면 공교롭게도 공자께서 양화에게 사례를 갈 때 서로 만나게 된다. 여기에서 양화가 공자에게 회기보이미기방, 가위인호(懷其寶而迷其邦, 可謂仁乎)[보배를 품고 나라가 혼미하여 어지러워지는 것을 보고, 내버려 두는 것을 인이라 할 수 있습니까?]라고 질문하고 스스로 '불가(不可)'[아닙니다.]라고 자답하고 있다. 여기에서 마륭(馬隆)은 공자가 벼슬하지 않음을 회기보(懷其寶)[보물을 품음.]라 하고 이것은 나라가 혼미한 것을 내버려 두는 것이라 했다. 그러나 회기보(懷其寶)는 공자의 인의 정치사상을 말하며 미기방(迷其邦)이란 출사(出仕)하지 않아 나라가 혼미해지도록 내버려 두는 것이라 할 것이다. 즉 공자께서 출사하지 않음은 나라가 혼미해지고 어려워지게 내버려 두는 것이다. 또 '일에 종사하기를 좋아하면서 기회를 자주 잃는 것을 지혜롭다 할 수 없습니다. 날과 달이 가면 돌아오지 않고, 세월은 나를 도와주지 않으니 나를 도와주시오.' 하고 양화가 공자께 호소하고 있다.

여기에 공자께서 '나는 장차 벼슬할 것입니다.'라고 답했다. 그 후 좌전에 의하면 공자께서 출사하여 사구(司寇)[사법 장관]가 된 것

이 정공 8년이고 양화가 난을 일으킨 것이 정공 8년 10월이다. 양화
가 공자께 돼지를 선물하고 출사를 권유한 것이 정공 6~7년간이고
출사한 것이 정공 8년이니 양화의 추천으로 출사했다는 추론도 가
능하다. 다만 추론이 가능할 뿐 당시 상황을 알 수 있는 근거는 아
직 찾지 못했다.

공산불요가 공자를 초청했다

公山弗擾以費畔 召 子欲往 子路不說
<small>공 산 불 요 이 비 반 소　　　자 욕 왕　　자 로 불 열</small>
曰 末之也已 何必公山氏之之也
<small>왈　말 지 야 이　　하 필 공 산 씨 지 지 야</small>
子曰 夫召我者 而豈徒哉 如有用我者 吾其爲東周乎
<small>자 왈　부 소 아 자　　이 기 도 재　　여 유 용 아 자　　오 기 위 동 주 호</small>

공산불요가 비(費)에서 반란을 일으키고 공자를 부르자 공자께서 가시려
고 했다. 이에 자로가 기뻐하지 아니하며 말했다.

"가지 마십시오. 하필 공산씨에게로 가시려 하십니까?"

孔子(공자)께서 말씀하셨다.

"나를 부르는 것은 까닭이 없지는 않으리라. 만약 나를 써주는 사람이 있
으면 나는 나의 치도(治道)를 실천에 옮겨 노(魯)나라로 하여금 주(周)나라
와 같은 이상 국가 동주(東周)를 만들겠다."

第十七篇 陽貨 五章
<small>제 십 칠 편　양 화　오 장</small>

공산불요(公山弗擾)는 좌전(左傳)에 나오는 공산불뉴(公山不狃)이
다. 자(字)는 자설(子洩), 명(名)이 불요(不擾)이다. 공산불요는 성은 공
산(公山)이고 이름이 불요(弗擾)이며 자(字)는 자설(子洩)이다. 계씨
(季氏)의 영지(領地)인 비(費)의 읍재(邑宰)로 그는 좌전(左傳)에 나오는
공산불뉴(公山不狃)이다. 공산불요는 양화(陽貨) 1장에서 언급한 양
화와 함께 계씨를 배반한 것이다. 그러나 결코 노(魯)나라를 배반한
것은 아니었다. 그러므로 공자께서 부름에 응하려고 하였다. 살펴보
면, 공자께서는 이들 세력에 의지하여 삼환(三桓)을 척결(剔抉)할 수

있지 않을까 하고 기대한 것으로 보인다.

양화(陽貨) 1장의 양화와 5장에 언급한 공산불요가 저지른 배반이 다른 장으로 되어있어 마치 다른 사건 같으나 실은 공산불요와 양화는 계환자(季桓子)의 가신으로 자기의 주인인 계환자를 배반했던 것이다. 그러나 그들은 노(魯)나라를 배반하지는 않았으나, 그렇기 때문에 공자께서는 이들 세력과 힘을 합쳐 삼환을 척결하고자 했던 것으로 보인다. 그것은 5장에서 보듯이 자로의 반대에도 불구하고 다음과 같이 말하면서 '부소아자, 이기도재. 여유용아자, 오기위동주호(夫召我者, 而豈徒哉. 如有用我者, 吾其爲東周乎)'[나를 부를 때는 까닭이 없지는 않으리라. 만약 나를 써주는 사람이 있으면 나의 치도를 실천에 옮겨 노(魯)나라를 동주(東周) 같은 이상 국가로 이룩하고자 한다.]라고 하면서 강력히 동참하고자 한다. 그러나 그 이후 이유는 알 수 없으나, 공자께서는 그들과 함께하지 않았고, 그들을 피하는 처지가 되어 양화(陽貨) 1장에서 보듯이 양화와 마주치지 않으려 했으나 마주쳤고, 거기에서도 동참하지 않는다고 말하지 않고, '락, 오장사의(諾, 吾將仕矣)'[그러시오. 장차 내 나가 일하리라.]하고 얼버무리고 있다. 이는 공자께서도 확실하게 그들과 결별하기에는 아쉬움이 있었던 것이 아닌가 하는 짐작을 하게 된다. 그 후 공자께서는 정공 8년에 사구(司寇)로 출사(出仕)한다. 그 이전 양화가 출사할 것을 강권하는 것이 양화(陽貨) 1장에 나타나는 것으로 미루어 보아 양화의 추천에 의한 것이 아닌가 하는 생각을 해보게 한다. 이러한 사실은 좌전(左傳)에 기록이 있다.

공자께서는 출사 이후 언제나 공실(公室)[노(魯)나라의 왕실]의 실천이 삼환으로 간 것을 바로 잡아 공실로 되돌리려고 노력했다.

공실의 실천을 되돌리기 위해서는 공산불요, 양화 등의 세력을 이용할 수 있으리라 생각했으나, 그해 10월(정공 8년) 양화는 배반이 탄로 나서, 진(晉)나라로 도망가는 일이 일어났다. 그러므로 이들도 명분을 잃어 공자와 함께할 수 없었고, 공자께서도 그들과 함께할 수 없게 되었다.

그 후 정공 12년에 공자께서는 대사구(大司寇)가 되어 노(魯)나라의 대신으로서 국정에 중추로 참여하게 되었다. 이 무렵 정공 12년 여름, 자로가 계씨의 읍재(邑宰)가 되어 삼가(三家)의 도성을 무너뜨리려 했다. [비(費)·후(郈)·성(城)-이는 비읍(費邑)이 계씨의 식읍(食邑)이었으나 공산불요가 점령하고 있었으므로 계씨는 자로를 새로운 읍재(邑宰)로 임명하고 성을 허물려 한 것임.]

숙손씨(叔孫氏)는 후성(郈城)을 허물었고, 맹손씨(孟孫氏)의 읍재(邑宰) 공렴처부(公斂處父)가 막았다. 비(費)의 공산불요는 제(齊)나라로 도망가고, 비성(費城)은 함락되었다. 이때 공자께서는 삼가(三家)의 근거지를 모두 허물어 삼환의 세력을 약화시키려 했으나, 맹손씨를 제거하지 못하고 물러남으로써 결국 정계(政界)를 떠나 14년간의 망명의 길에 올랐다.

이때 공자 나이 56세에 인간의 할 일과 하늘의 뜻이 다르다면 인간의 힘으로 되지 않음을 알고 50세를 지천명(知天命)이라 했다. 즉 하늘의 명을 알 수 있는 나이가 50세라 했다.

여섯 가지 말속에 여섯 가지 폐단

子曰 由也 女聞六言六蔽矣乎 對曰 未也
자왈 유야 여문육언육폐의호 대왈 미야

居 吾語女
거 오어녀

好仁不好學 其蔽也愚 好知不好學 其蔽也蕩
호인불호학 기폐야우 호지불호학 기폐야탕

好信不好學 其蔽也賊 好直不好學 其蔽也絞
호신불호학 기폐야적 호직불호학 기폐야교

好勇不好學 其蔽也亂 好剛不好學 其蔽也狂
호용불호학 기폐야란 호강불호학 기폐야광

공자께서 자로에게 말씀하셨다.

"유(由)야! 너는 여섯 가지 말속에 숨은 여섯 가지 폐단에 대해서 아느냐?"

자로: "못 들었습니다."

공자: "거기 앉거라. 내 말을 해주마. 인애(仁愛)를 좋아하되 배우기를 좋아하지 않으면 그 폐(蔽)는 어리석고 맹목적이며, 알기를 좋아하되 배우기를 좋아하지 않으면 그 폐는 허황되고 방탕하며, 믿음을 좋아하되 배우기를 좋아하지 않으면 그 폐는 미신이나 경솔에 흘러 결국 남을 해칠 것이고, 정직함을 좋아하되 배우기를 좋아하지 않으면, 그 폐는 각박(刻薄) 절박(切迫)하고, 용감을 좋아하되 배우기를 좋아하지 않으면, 그 폐는 난동에 흐르는 것이고, 굳세기를 좋아하되 배우기를 좋아하지 않으면 그 폐는 망발(妄發)과 광적(狂的)이 되기 마련이다."

第十七篇 陽貨 八章
제십칠편 양화 팔장

육언육폐(六言六蔽)의 육언(六言)이란 군자가 갖추어야 할 여섯 가지 일 즉 육사(六事)를 가리키는 것으로 인(仁)·지(知)·신(信)·직(直)·용(勇)·강(剛)을 말하며, 육폐(六蔽)란 이런 군자가 갖추어 지킬 일을 올바로 배우지 않으면 그 속에 폐단(弊端)도 있으니 꼭 알아 두라는 공자의 가르침이다.

인을 좋아하면서 배우기를 좋아하지 않으면 어리석어진다고 했다. 만물을 사랑하기만 하고 제재할 줄 모르면 남에게 속는 어리석음을 당할 수 있다. 지자(知者)가 일을 도모하기만 하고 바른 이치로 행하지 못하면 허황되고 방탕해질 수 있는 것이다. 탕(蕩)이란 적당하게 지키지 못하는 것을 말한다고 했다.

신(信)은 누구나 지켜야 할 미덕이나, 변통할 줄 모르고 지나치며, 배우기를 좋아하지 않는 것을 적(賊)이라 했다. 적(賊)이란 소신(小信)[작은 신의]을 지키려 하니, 대신(大信)[큰 신의]을 모르는 것으로, 이로 인해 사람을 해롭게 하고, 잔인하게 하는 것이다. 예를 들자면 미생지신(尾生之信) 같은 것을 들 수 있다.

직(直)이란 바름, 올바름, 곧음을 말한다. 이는 사람이 살아가는 기본으로 항상 강조하는 바지만 곧음, 즉 정직을 너무 좋아하고, 그 기본을 배우기를 좋아하지 않으면 교(絞)라고 했다. 교(絞)란 졸라매는 것이니, 다른 말로 표현하면 각박(刻薄)하고 절박(切迫)한 것이다.

용(勇)은 정의를 실현하기 위해 꼭 필요한 것이지만 용만 있어 가볍게 행동하면서 배우지 않으면 난(亂)이라 했다.

난(亂)이란 난동을 말하는 것으로, 사람들을 놀라게 하고, 세상을 어지럽게 할 수 있다.

강(剛)이란 굳셈을 말하는 것이니, 자신의 굳셈만을 좋아하고, 이를 믿고 행동하면서, 배우기를 좋아하지 않으면 광(狂)이라 했다. 광

(狂)이란 방자(放恣)하면서 조급하고 경솔한 것을 말하는 것이다.

본장에서 불호학(不好學)이라 함은 인(仁)·지(知)·신(信)·직(直)·용(勇)·강(剛)의 좋은 점만 알고 지나치거나, 모자라면서 잘못됨을 깨닫지 못하면, 판단력이 없음을 말하는 것이라고 보아야 할 것이다.

폐(弊)는 폐단(弊端)을 말하는 것으로 소의(小義)·소절(小節)에 얽매여 대의(大義)·대절(大節)을 잃어버리는 경우 생기는 폐단이다.

향원은 덕을 해치는 도둑

鄕原 德之賊也
향 원 덕 지 적 야

속인(俗人)들의 틈에서 의리를 지킨다고 칭찬을 받는 사람은 큰 덕을 해치는 도둑이다.

第十七篇　陽貨 十三章
제 십 칠 편　양 화 십 삼 장

대도(大道), 대의(大義)를 얻지 못하고 대중의 인기에 영합하여 좋은 평판을 받는 사람들은 결국 덕을 해치는 도둑과 같다고 공자는 극히 미워했다. 공자는 대중의 판단보다는 대도(大道), 대의(大義)를 따르는 것이 옳다고 보았다. 요즘 말로 표현한다면 포퓰리즘이나 선동정치 등을 싫어했다는 것일 것이다.

공자께서는 위령공(衛靈公) 27장에서 중오지필찰언(衆惡之必察焉), 중호지필찰언(衆好之必察焉)[대중이 미워해도 반드시 살펴볼 것이요, 대중이 좋아해도 반드시 살펴보아야 한다.]이라고 했다. 이것은 군자는 대중의 인기만을 따를 것이 아니라, 대도를 택하고, 대의를 따르라는 말이다.

맹자는 진심(盡心) 하(下)에서 향원(鄕原)을 다음과 같이 정의했다.

非之無擧也　刺之無刺也
비 지 무 거 야　자 지 무 자 야
同乎流俗　合乎汚俗　居之似忠信
동 호 유 속　중 개 열 지　거 지 사 충 신
行之似廉潔　衆皆悅之　自以爲是
행 지 사 렴 결　중 개 열 지　자 이 위 시
而不可與入堯舜之道
이 불 가 여 입 요 순 지 도

[비난하자니 예로 들것이 없고, 꾸짖자니 꼬투리 잡을 것이 없다. 세상 풍속과 동조하고 세속에 합류하니 가만히 있는 것을 보면 믿음이 있는 것처럼 보이고, 행동하는 것을 보면 청렴하고 결백한 것처럼 보인다. 그래서 뭇사람들이 그를 좋아하고, 자신도 스스로 옳다고 여긴다. 그러나 요순(堯舜)의 도(道)에 함께 들어갈 수는 없다.]

2,500여 년 전 공자나 맹자 등 성현들은 이미 민중을 선동하거나 민중의 인기를 얻기 위해 옳은 일도, 나쁜 일도 자기의 의견을 당당히 말하지 않는 위선자들을 향원이라 해서 군자와 구별하였다.

공자께서는 이인(里仁) 3장에서 유인자, 능호인, 능오인(唯仁子, 能好人, 能惡人)[오로지 인자라야 좋아할 줄도 알고, 미워할 줄도 안다.]이라고 하여 군자와 향원을 구분하고 있다. 또 맹자 진심(盡心) 하(下)에서 공자께서는 향원에 대해서 다음과 같이 비유하고 있다. 오사이비자(惡似而非者). 오유(惡莠), 공기난묘야(恐其亂苗也). 오녕(惡佞), 공기난의야(恐其亂義也). 오이구(惡利口), 공기난신야(恐其亂信也). 오정성(惡鄭聲), 공기난악야(恐其亂樂也). 오자(惡紫), 공기난주야(恐其亂朱

也). 오향원(惡鄕原), 공기난덕야(恐其亂德也)[비슷하면서 아닌 것을 미워한다. 가라지를 미워함은 그것이 벼의 싹을 어지럽힐까 두려워서이고, 말재주 부리는 자를 미워함은 의를 어지럽힐까 두려워서이고, 구변(口辯)만 좋은 자를 미워함은 신의를 어지럽힐까 두려워서이고, 정(鄭)나라 소리를 미워함은 정악(正樂)을 어지럽힐까 두려워서이고, 자주색을 미워함은 붉은색을 어지럽힐까 두려워서이고, 향원을 미워함은 덕을 어지럽힐까 두려워서이다.]라 했다.

　공자께서는 향원의 잘못을 지적하기 위해 많은 예를 들었다. 이렇게 공자께서는 향원을 싫어했다.

길에서 듣고 길에서 말하는 것은 덕을 버리는 것이다

子曰 道聽而塗設 德之棄也
_{자 왈 도 청 이 도 설 덕 지 기 야}

공자께서 말씀하셨다.

"길에서 듣고 그것을 길에서 말하는 것은 덕을 버리는 것이다."

第十七篇 陽貨 十四章
_{제 십 칠 편 양 화 십 사 장}

듣고는 참지 못하고, 여기서 듣고 저기로 옮겨서 바로 떠들어 대어 말을 부풀리고 낭설이 되게 하는 행위는 덕을 버리는 것이라고 하였다. 주자는 수문선언(雖聞善言), 불위기유(不爲己有), 시자기기덕야(是自棄其德也)[비록 착한 말을 듣더라도 자기 몸에 지니지 않으면 이는 스스로 덕을 버리는 것이다.]하여 비록 착한 말이라 해도 함부로 말을 옮기는 순간 덕을 버리는 것이라고 하면서 말을 옮기는 것을 경계하였다.

공자께서는 위령공(衛靈公) 27장에서 중오지필찰언(衆惡之必察焉), 중호지필찰언(衆好之必察焉)[민중이 미워하는 것도 반드시 살펴볼 것이며, 민중이 좋아하는 것도 반드시 살펴볼 것이다.]라고 하였다. 민중이 싫어한다고 해도 반드시 살펴보고 좋다고 해도 반드시 살펴보라고 하면서 들었으면 깊이 살펴보고 판단하라는 것이다.

또 위령공(衛靈公) 7장에서는 가여언이불여지언실인(可與言而不與之言失人), 불가여언이여지언실언(不可與言而與之言失言)[더불어 말할 수 있는 사람과 말을 하지 않으면 사람을 잃고 더불어 말할 수 없는 사람과 말을 하면 말을 잃는다.]이라 하여 말의 중요성을 강조하고 있는 것이다. 살펴보면 2,500년 전 언론관이 지금보다 언론을 중요하게 여겼고 더 진취적인 면이 있다.

3년 상은 너무 깁니다

宰我問 三年之喪 期已久矣
_{제 아 문 삼 년 지 상 기 이 구 의}

君子三年不爲禮 禮必壞 三年不爲樂 樂必崩
_{군 자 삼 년 불 위 례 례 필 괴 삼 년 불 위 락 악 필 붕}

舊穀旣沒 新穀旣升 鑽燧改火 期可已矣
_{구 곡 기 몰 신 곡 기 승 찬 수 개 화 기 가 이 의}

子曰 食夫稻 衣夫錦於女安乎
_{자 왈 식 부 도 의 부 금 어 여 안 호}

曰 安
_{왈 안}

子曰 女安則爲之 夫君子之居喪 食旨不甘 聞樂不樂
_{자 왈 여 안 즉 위 지 부 군 자 지 거 상 식 지 불 감 문 락 불 락}

居處不安 故不爲也
_{거 처 불 안 고 불 위 야}

今女安 則爲之 宰我出
_{금 여 안 즉 위 지 재 아 출}

子曰 予 之不仁也 子生三年 然後免於父母之懷
_{자 왈 여 지 불 인 야 자 생 삼 년 연 후 면 어 부 모 지 회}

夫三年之喪 天下之通喪也 予也有三年之愛於其父母乎
_{부 삼 년 지 상 천 하 지 통 상 야 여 야 유 삼 년 지 애 어 기 부 모 호}

재아가 물었다.

"3년의 상(喪)은 기한이 너무 오래입니다. 군자가 3년이나 예(禮)를 지키지 않으면 예(禮)가 망쳐질 것이고, 3년이나 음악을 못하면 음악이 쇠퇴해질 것입니다. 그러니 이미 묵은 곡식이 없어지고 햇곡식이 났으며, 불씨를 일으키는 수나무를 바꾸어 뚫어 새 불씨를 일으킨 바에야 복상도 1년으로 끝내는 것이 좋을 것입니다."

공자께서 재아에게 되물었다.

"1년 만에 쌀밥을 먹고 비단옷을 입는 것이 네 마음에 편하냐."

재아: "편합니다."

공자: "네 마음이 편하거든 그렇게 해라. 원래 군자란 상중에 있을 때는 맛

있는 것을 먹어도 달지 않고, 음악을 들어도 즐겁지 않고, 편히 처해 있어도 편하지 않기 때문에 그렇게 하지 않는 것이다. 그러나 이제 네 마음이 편하다면, 그렇게 해라."

재아가 나가자 공자께서 말씀하셨다.

"여(予)는 참으로 인애롭지 못하다. 자식은 나서 3년이 되어야 비로소 부모의 품에서 벗어나듯 부모의 상을 3년 모시는 것은 천하의 공통된 상례 법이다. 여(予)도 자기 부모로부터 3년 동안 사랑을 받았을 터인데!"

第十七篇 陽貨 二十一章
제 십 칠 편 양 화 이 십 일 장

본장은 재아(宰我)가 스승 공자께 여러 가지 이유를 들어 3년 상이 너무 기니 1년으로 끝내는 것이 좋겠다고 제안하자 공자께서는 그렇게 하는 것이 네 마음이 편하냐고 다그쳐 물으니 재아가 편하다고 한다. 공자께서는 네 마음이 편안하면 그렇게 하라고 하시고는 재아는 인애롭지 못하다고 한탄한다. 이것이 본장의 요지이다. 여기에서 생각해볼 일이 있다. 우선 공자의 교육방식이다. 이미 굳어진 마음을 펴지 못한다면 강요하지 않고, 굳은 마음을 상처 내지 않는 배려다. 이미 재아는 삼년지상(三年之喪)을 포기한 상태로 스승에게 도전하는 것이니 스승의 말을 따를 생각이 없다고 판단한다면 굳이 그의 뜻을 꺾지 않겠다는 생각이다. 이는 재아가 나간 뒤에 다른 제자들에게 재아는 인애롭지 못하다 하고, 삼년지상(三年之喪)을 설명하면서 다른 제자들에게 교육하는 것을 봐도 알 수 있다.

재아는 갑자기 스승에게 반항하여 3년 상이 길다고 한 것이 아니다. 이미 춘추시대에는 변화가 되어 3년 상을 천자(天子)나 제후(諸

侯)들은 지키지 않았다. 이를 공자께서 옛사람들의 예(例)로 돌아가서 지키고자 했던 것이다. 살펴보건대 헌문(憲問) 42장에서 자장이 "고종(高宗)이 양암에서 3년간 말을 하지 않았다고 하는데 무슨 뜻입니까?" 하고 묻자 "옛사람은 모두 그랬다." 함으로서 공자 시대에는 이미 3년 상이 무너진 상태임을 알 수 있다. 그래서 공자께서 3년 상을 일으키려고 노력한 것이라 하겠다. 춘추의 기록에 의하면 노(魯)은공(隱公), 위(衛)혜공(惠公), 진(晋)양공(襄公), 정(鄭)정공(定公), 송(宋)양공(襄公), 진(陳)공공(共公) 등 제후들도 3년 상을 지키지 않고 모두 장사(葬事)도 치르기 전에 전쟁터로 가기도 하고 회맹(會盟)에 나가기도 하였으며, 진(晋)의 평공(平公)은 장사를 치르자마자 가무(歌舞)를 즐겼으며, 주(周)나라 혜왕(惠王)은 상(喪) 중에 장가를 들었다. 이러니 재아가 현실로 돌아갈 것을 스승에게 강력히 말했던 것이라고 본다. 그러나 공자께서는 인의 기본을 효로 두고 부모를 모시는 것을 중요히 여겼으니 사후에도 정성을 다해 모셔야 함을 강조하여 옛날로 돌아가 3년 상을 치를 것을 주장하였고, 그 근거를 어릴 때 부모가 자식을 돌보는 기간과 비교한 것이다.

재아에 관한 언급은 공야장(公冶長) 10장에 보면 재아는 낮잠을 자다가 스승에게 호되게 꾸중을 듣고, 옹야(雍也) 24장에서는 가상의 사건으로 스승에게 대답하기 곤란한 질문을 하여 스승 공자를 힘들게 하는 것을 볼 수 있다. 본편에서도 스승이 '1년 만에 쌀밥을

※여(予): 재아의 자(字)

먹고 비단옷을 입는 것이 네 마음에 편하냐?'고 물으니 '편합니다.'
라고 반항하듯 대답하는 대목이 나온다. 재아는 스승 공자를 곤란
하고 화나게 한다. 그래도 재아는 말은 그렇게 하여 스승을 화나게
만들지만, 스승을 적극 따랐고 모든 일에 앞장섰던 제자이다. 그는
공자 십철(十哲) 중의 한 사람일 정도로 공자의 가르침을 충실히 따
른 사람이다.

군자도 미워하는 것이 있습니까?

子貢曰 君子亦有惡乎
<small>자 공 왈 군 자 역 유 오 호</small>
子曰 有惡 惡稱人之惡者 惡居下流而訕上者
<small>자 왈 유 오 오 칭 인 지 악 자 오 거 하 류 이 산 상 자</small>
惡勇而無禮者 惡果敢而窒者
<small>오 용 이 무 례 자 오 과 감 이 질 자</small>
曰 賜也 亦有惡乎
<small>왈 사 야 역 유 오 호</small>
惡徼以爲知者 惡不孫以爲勇者 惡訐以爲直者
<small>오 요 이 위 지 자 오 불 손 이 위 용 자 오 알 이 위 직 자</small>

자공이 "군자도 미워하는 것이 있습니까?" 하고 묻자.

공자께서 말씀하셨다.

"미워하는 것이 있다. 남의 잘못을 떠들어대는 것을 미워하고, 아랫사람이 윗사람을 훼방하는 것을 미워하고, 용맹하기만 하고 예절을 가리지 못하는 것을 미워하고 과감하면서 막힌 것을 미워한다."

그리고 공자께서 "사(賜)야! 너도 미워하는 것이 있느냐?"

자공이 대답했다.

"엿보고 아는 척하는 사람을 미워하고, 불손한 태도를 용감하다고 생각하는 사람을 미워하고, 남의 비밀을 폭로하는 것을 강직(剛直)이라고 생각하는 사람을 미워합니다."

第十七篇 陽貨 二十四章
<small>제 십 칠 편 양 화 이 십 사 장</small>

군자역유오호(君子亦有惡乎)[군자도 미워하는 것이 있습니까?]라는 자공의 질문은 좀 진부한 데가 있다. 왜냐하면, 공자께서는 이미 이인(里仁) 3장에서 '유인자, 능호인, 능오인(唯仁者, 能好人, 能惡人)[오로지 인자라야 사람을 좋아할 줄도 알고, 미워할 줄도 안다.]'라

고 말하여 인자, 즉 군자이니, 군자도 미워하는 사람이 있다고 한 것이다.

공자께서는 이런 사람을 미워한다고 했다.

첫째, 남의 단점을 떠들고 다니는 사람, 이런 사람은 마음속에 악함이 들어 있다. 둘째, 아랫자리에 있으면서 윗사람을 비방하는 사람, 이런 사람은 질투심이 마음속에 있는 사람으로, 윗사람이 자기를 훼방한다고 생각한다. 셋째, 용감하나 예가 없는 자, 이런 자는 난(亂)을 일으킨다. 예를 들어 국회에서 최루탄을 뿌리는 난동을 부리는 것과 같은 것은 전형적인 용감하면서 예의가 없는 난동이라 하겠다. 넷째, 과감하지만 융통성이 없으면 꽉 막힌 것 같이 통하지 않는다.

자공 또한 미워하는 것들이 있다고 다음과 같은 것들을 들었다. 첫째 '오요이위지자(惡徼以爲知者)[엿보고 아는 척하는 사람]'라 했다. 요(徼)는 남의 말을 가로막고 마치 자기가 본래 알고 있는 것처럼 말하는 것을 말한다. 공안국(孔安國)은 요(徼)를 '훔치다'라는 뜻이라 했다. 즉 '남의 의중을 훔쳐 자기 것으로 표현하는 것'이라 했고 주자는 '엿보아 살피는 것'이라 했다. 둘째 '불손한 태도를 용감하다고 생각하는 사람을 미워한다.'고 했다. 불손한 태도란 윗사람이나 어른을 능멸(陵蔑)하는 것을 용맹이라고 생각하며 행동하는 태도를 말한다. 셋째 '오알이위직자(惡訐以爲直者)[남의 비밀을 폭로하는 것을 강직이라고 생각하는 사람]'을 들었다. 여기에서 알(訐)이란 남의 사사로운 비밀을 들추어내는 것을 말한다.

살피건대, 공자께서는 선한 행동을 장려하고 남의 악함이나 증(憎)을 지적하는 것을 삼갔다. 앞에서 언급한 바 있지만, 공자께서는 이인(里仁) 3장에서 '유인자, 능호인, 능오인(唯仁者, 能好人, 能惡人)[오로지 인자라야 사람을 좋아할 줄도 알고, 미워할 줄도 안다.]'이라 했다. 즉 선을 완전히 터득한 인자만이 사람을 사랑할 줄도 알고 미워할 줄도 안다는 것이다.

제18편

미자(微子)

성인, 현인 등의 출사(出仕)와 은퇴(隱退)에 대한 기록이 있고, 은자(隱者)와 공자가 만나는 장면들이 있고, 은자들이 공자 일행을 비웃는 듯한 장면들이 있다. 한 편의 영화 같은 장면이 서술형으로 쓰인 것이 독특하다. 총 11장 중 한 장인 6장의 일부만 소개했다.

은자를 만난 자로

長沮 · 桀溺 耦而耕 孔子過之 使子路問津焉
장 저 걸 닉 우 이 경 공 자 과 지 사 자 로 문 진 언

(中略)
중 략

桀溺曰
걸 닉 왈

滔滔者 天下皆是也 而誰以易之 且而與其從辟人之士也
도 도 자 천 하 개 시 야 이 수 이 역 지 차 이 여 기 종 피 인 지 사 야

豈若從辟世之士哉 耰而不輟
기 약 종 피 세 지 사 재 우 이 불 철

子路行以告 夫子憮然曰 鳥獸 不可與同群
자 로 행 이 고 부 자 무 연 왈 조 수 불 가 여 동 군

吾非斯人之徒與 而誰與 天下有道 丘不與易也
오 비 사 인 지 도 여 이 수 여 천 하 유 도 구 불 여 역 야

장저(長沮)와 걸닉(桀溺)이 짝지어 밭갈이를 하는데 공자께서 지나가다가 자로를 시켜 나루를 물었다.

(중략)

걸닉(桀溺)의 말이다.

"지금 세상은 무도(無道)함이 물이 도도히 흐르듯 한결같이 흐르는데 그 누가 고칠 수 있는가? 또한, 당신도 사람을 피해서 제국을 주유하는 공구(孔丘)를 쫓는 것보다는 우리 같이 세상을 피해서 숨어 사는 선비를 따르면 어떻겠소?"

걸닉은 연상 써레질을 하면서 나루터를 가르쳐주지 않았다. 자로가 와서 고하자 공자께서 길게 한탄하시면서 말씀하셨다. "사람은 새와 짐승과 같이 어울려서 살지 못한다. 내 천하의 사람과 더불어 살지 않고 누구와 살겠느냐? 또한, 천하에 도가 있으면 내가 구태여 변혁하고자 하겠느냐?"

第十八篇 微子 六章
제 십 팔 편 미 자 육 장

본장은 공자께서 어진 임금을 만나 인의 정치를 펴기 위해 여러 나라를 떠돌 때의 일이다. 사마천(司馬遷)의 『사기(史記)』 공자세가(孔子世家)의 기록에 따르면 공자의 방랑은 위·조·진·채… 등 각 나라를 다녔다. 오직 어진 임금을 만나 현실 정치에 참여하여 어지러운 세상을 바로 세우고 백성을 편하게 하기 위해서다. 이러한 방랑 중에 장저·걸닉(長沮·桀溺)을 만나고, 그들이 속세를 떠나 숨어사는 사람임을 알아보고 자로를 시켜 나루를 묻게 하였으나 나루는 가르쳐 주지 않고, 오히려 자로에게 자기들을 따라 은거하라고 권유한다는 말을 들은 공자께서는 한탄하며 말씀하신다.

인간으로 태어났으니 인간과 같이 살아야지 새나 짐승과 같이 살 수는 없지 않은가? 세상이 온통 혼란하고 도가 무너지고 혼동의 세상이기 때문에 내가 세상을 바로잡고 천하를 태평하게 하지 않으면 안 된다. 세상을 피해 은거하는 것은 쉬우나 천하를 태평하게 하는 것은 어려운 일이지만 이것이 내가 인간으로서 해야 할 일이라고 하는 취지로 말하고 있다. 공자께서는 춘추시대의 어지러운 현실을 피하지 않고, 정치에 참여하고자 하였으나 결코 탐욕이나 명리를 탐해서가 아니라, 인을 구현하여 백성을 편안하게 하고 나라를 안정시켜, 인을 실현하고자 했던 것이다.

그러므로 공자께서는 본장에서도 천하유도(天下有道), 구불여역야

※우(耦): 짝지어 나란히   ※경(耕): 논·밭을 갈다.
※우(耰): 써레질하다, 고무레질 하다.   ※철(輟): 중지하다.
※장저·걸닉(長沮·桀溺): 공자 시대 유명한 숨은 현인, 초(楚)나라 사람 −정현의 주장

(丘不與易也)[천하에 도가 있으면, 내가 구태여 변혁하고자 하겠느냐?]라고 하면서 천하에 도가 없으므로 도를 세우기 위해서 노력하는 것이라 한 것이다.

제19편

자장(子張)

공자의 말은 없고 제자들이 공자의 말을 인용한 것이 많다. 그러나 공자보다 먼저 죽은 안연, 자로의 말은 없고, 자하, 자공, 증자의 말이 있어 이편은 공자 몰후(歿後)에 공자의 유교(遺教)를 모아 서술하여 제자들끼리 절차탁마(切磋琢磨)하여 공부하고자 한 것으로 보인다. 특히 25장에서 자하의 스승에 대한 존경심은 모든 이들을 숙연하게 한다. 사람은 모두 자기를 칭찬해 주면 우쭐할 텐데 자공은 그렇지 않았다. 총 25장 중 9장을 수록했다.

선비의 대의

子張曰 士見危致命 見得思義 祭思敬 喪思哀
자 장 왈 사 견 위 치 명 견 득 사 의 제 사 경 상 사 애
其可已矣
기 가 이 의

선비는 위험을 보면 생명을 내걸고, 이득을 보면 도의를 생각하고,
제사 때는 경건하고, 장사 때는 애통해하면, 비로소 족하다 하겠다.

第十九篇 子張 一章
제 십 구 편 자 장 일 장

　선비란 벼슬을 하는 사람과 벼슬을 할 수 있는 신분을 가진 사람
을 통틀어 말하는 것이다. 즉 일반 백성들보다 높은 계급이라 할 것
이다. 고대사회에서 근대사회까지 동양 사회에서의 선비란 사회 지
도층이라 할 수 있다. 이러한 사회 지도층인 선비는 일반 백성의 모
범이 되어야 할 것이며, 이런 배경을 가진 선비는 그들이 지켜나가
야 할 행동의 규범이 있다. 이것을 선비의 도라고 한다. [이를 서양
의 예(禮)로 본다면 '기사도(騎士道)' 정도로 본다면 비슷할 것 같다.]
　첫째로 꼽은 견위치명(見危致命)[위급함을 보면 생명을 내건다.]은
주로 나라의 위험이나 절박한 상황을 말하는 것이다. 공자께서는 위
령공(衛靈公) 8장에서 유살신이성인(有殺身以成仁)[몸을 죽여 인을 이
룩한다.]이라 하였다. 이는 절박한 상황에서는 목숨을 걸고 인을 지
켜나감을 선비는 행하는 용기를 가져야 한다는 것을 말하는 것이다.
견득사의(見得思義)[이득을 보면 도의를 생각하라.]는 개인의 도덕적
표준으로서 선비는 자신만을 위한 이득만을 생각하지 말고, 이익이

정의에 맞는가? 백성들에게 정당한 것으로 보이는가? 사사로이 부당한 이득을 취하지 않았는지를 생각하고 행동해야 선비라 할 것이다. 또 제사는 공경하는 마음을 가지고 행하고, 상사(喪事) 때는 애통하는 마음으로 행하는 것이 선비가 지켜나갈 도리라 했다.

자장은 이 네 가지를 선비가 기본적으로 지켜나갈 도리로 제시했다.

지금의 우리도 깊이 생각해볼 장이다.

자장과 자하의 생각 차이

子夏之門人 問交於子長 子長曰 子夏云何
자 하 지 문 인　문 교 어 자 장　자 장 왈　자 하 운 하

對曰 子夏曰 可者與之 其不可者拒之
대 왈　자 하 왈　가 자 여 지　기 불 가 자 거 지

子長曰 異乎吾所聞 君子 尊賢而容衆
자 장 왈　이 호 오 소 문　군 자　존 현 이 용 중

嘉善而矜不能 我之大賢與 於人何所不容
가 선 이 긍 불 능　아 지 대 현 여　어 인 하 소 불 용

我之不賢與 人將拒我 如之何其拒人也
아 지 불 현 여　인 장 거 아　여 지 하 기 거 인 야

자하의 문인이 자장에게 친구 사귀는 도리를 물었다.

자장이 "자하는 무엇이라 말하더냐?" 하고 되묻자.

"자하께서는 좋은 사람과는 사귀고 좋지 못한 사람은 거절하라고 하셨습니다." 하고 대답했다. 이에 자장이 말했다. "내가 들은 바와 다르다. 군자는 어진 사람을 존중하지만, 또한 일반 중인(衆人)도 넓게 받아들인다. 우수한 사람을 칭찬하지만, 또한 재주 없는 사람도 동정한다. 만약 내가 크게 어질면 누구나 다 받아 주겠지만, 내가 어질지 못하면, 남들이 나를 거절할 것이니, 어찌 남을 거절할 수 있겠느냐?"

第十九篇 子長 三章
제 십 구 편　자 장　삼 장

공자께서는 교육받는 자의 능력이나 그때의 상황에 따라 교육의 내용이나 방법이 달랐으므로 자하와 자장은 각자의 성격이나, 능력, 당시 상황 등이 달라 공자께서 가르칠 때에도 강조하고, 역점을 둔 사안도 각자 달랐을 것이다. 그러므로 두 사람이 사람을 사귀고 행동하는 것도 달랐을 것이라는 것을 유추할 수 있다.

자하는 성격이 곧고 강직한 면이 있어 시시비비를 가리는 쪽이라 무불기자(毋友不己者)[자기만 못한 자를 벗하지 말라.]라는 학이(學而) 8장을 강조한 것이다. 이는 자신의 인격이 미처 완성하지 못한 상태에서 나쁜 행동을 하는 사람과 어울려서 자신이 물들어서는 안 된다는 것을 자기의 제자에게 가르치고 실천했던 것이며, 또한 좋은 사람의 좋은 행동을 본받으려면 사귀는 것도 좋은 사람을 골라 사귀라는 것이 자하의 의도라고 보아야 할 것이다. 술이(述而) 21장에 보면 택기선자이종지(擇其善者而從之)[좋은 점을 골라 따른다.]라 했다.

자장은 마음이 넓고 대범하여 학이(學而) 6장의 범애중이친인(汎愛衆而親仁)[모든 사람을 널리 사랑하고 어진이를 친애한다.]이라고 한 가르침을 따르려 하였고, 존현이용중(尊賢而容衆)[어진이를 존중하고 대중도 넓게 받아들인다.] 한 것이다. 즉 자기보다 못한 대중들도 교화하고 선도하여 서로 사랑하여야 하며 어진이를 친애해야 한다고 했다. 이것이 바로 범애중이친인(汎愛衆而親仁)인 것이다. 이는 덕을 이룩하는 바탕이다.

본문에서 자하의 문인과 자장의 문답은 공자가 죽은 이후에 제자들이 서로 스승의 가르침을 이야기함으로써 자연스럽게 스승의 가르침을 깨우쳐가는 과정의 하나이다. 이렇게 절·차·탁·마(切·磋·琢·磨)하며 스승의 가르침을 유지 발전시켜 나갔던 것이다.

모르는 것을 날마다 배운다

子貢曰 日知其所亡 月無忘其所能 可謂好學也矣
자 하 왈 일 지 기 소 망 월 무 망 기 소 능 가 위 호 학 야 이 의

날마다 모르는 것을 알고, 달마다 그 잘하는 것을 잊지 않으면 배우는 것을 좋아한다고 할 만하다.

第十九篇 子長 五章
제 십 구 편 자 장 오 장

모르는 것을 새롭게 알고, 아는 것을 잊지 않고 새롭게 익혀 나가는 것이 곧 배우는 것이다. 예전에 배우지 못한 것, 보지 못한 것, 듣지 못한 것은 새롭게 배워야 하고, 예전부터 알고 있는 것은 잊지 않도록 훈련하고 복습해야 한다. 위정(爲政) 11장에도 온고이지신, 가이위사의(溫故而知新, 可以爲師矣)[지난 학문을 충분히 습득하고 나아가서 새로운 것을 알면 스승이 될 수 있다.]라 했다.

일지(日知)란 지신(知新)[새로운 것을 알다.]이라 하겠고 월무망(月無忘)은 온고(溫故)[옛것을 따뜻하게 한다.]라 할 수 있다. 그러면 결국 위정(爲政) 11장과 같은 뜻이나 온고(溫故)와 지신(知新)이 바뀌었다고 볼 수 있다.

그러나 주자는 온고지신(溫故知新)과 같지 않다고 주장한다. 그는 온고지신은 온고 중에서 도리를 얻는 것이고, 위 장은 지신이 온고를 따르는 것이니 서로 같을 수가 없다고 했다. 그러나 다산(茶山)은 위정(爲政) 11장과 본장은 순서가 바뀌었을 뿐 온고와 지신은 실상은 서로가 먼저 될 수도 있고 나중 될 수도 있을 것이라고 하여 그

렇게 중요하게 보지 않았다.

그리고 시경(詩經) 주송(周頌) 편에서 일취월장(日就月將)[매일 앞으로 나아가고 매달 그것을 받들어 잊지 않고 유지 보전하는 것]과 같이 위 문장과 뜻이 같은 것이 있다.

널리 배워서 뜻을 두텁게 하고

子夏曰 博學而篤志 切問而近思 仁在其中矣
자 하 왈 박 학 이 독 지 절 문 이 근 사 인 재 기 중 의

자하가 말했다.

"널리 배워서 뜻을 두텁게 하고, 깊이 묻되 가까운 것부터 생각하면, 그러는 가운데 인은 저절로 나오게 마련이다."

第十九篇 子長 六章
제 십 구 편 자 장 육 장

널리 배워서 풍부한 지식을 쌓았어도 그중에서 자세한 내용을 깨닫지 못하는 것이 있을 때 자기가 생각하는 가까운 것부터 하나, 둘 익혀 나감으로써 인은 그러는 가운데 거기에서 이루어지며 인의 심오한 뜻을 알게 될 것이라는 것이 본장의 취지이다.

인에 관해서 공자께서는 술이(述而) 29장에서 인원호재, 아욕인, 사인지의(仁遠乎哉, 我欲仁, 斯仁至矣)[인은 멀리 떨어져 있는 것일까! 내가 인을 바라면 인은 바로 나를 따라오는 것이니라.]라 했다. 또 안연(顏淵) 1장에서는 극기복례위인(克己復禮爲仁)[자기를 이기고 예로 돌아감]이라 했다. 인은 자기 수양에서 온다는 것이다.

본장에서 자하의 말도 이와 같은 뜻으로 사람마다 자기 수양을 깊고 넓게 실천하면 될 것이라고 한 것이다. 즉 자신이 인을 간절히 바라서 박학이독지(博學而篤志)[널리 배워서 뜻을 두텁게 함.]하며 절문이근사(切問而近思)[깊이 묻되 가까운 것부터 생각함.]하면 인은 자기에게 가까이 오게 마련이라는 것이다. 인은 스스

로 예와 의를 지켜나가고 도를 실천하면 그 가운데 얻을 수 있다
고 한 것이다.

군자는 세 가지로 보인다

子夏曰 君子有三變 望之儼然 卽之也溫 聽其言也厲
<small>자 하 왈 군 자 유 삼 변 망 지 엄 연 즉 지 야 온 청 기 언 야 려</small>

자하가 말했다.

"군자의 태도는 세 가지로 다르게 나타난다. 외모로 바라보면 엄숙하게 보이고, 가까이하면 온화하고, 말을 들으면 바르고 엄숙하다."

第十九篇 子長 九章
<small>제 십 구 편 자 장 구 장</small>

자하는 군자의 모습이 변한다고 했으나, 그것은 변하는 것이 아니고 보는 사람이 보는 거리나 시각에 따라 느낌이 다른 것이라고 하는 것이 옳을 것이다. 즉 멀리서 볼 때 모습, 가까이서 볼 때 모습, 말하는 것을 들을 때 느끼는 감정이 다르다는 것이다. 멀리서 보면 장엄하고 엄숙하여 접근하기 거북해 보이지만, 가까이서 볼 때는 편안하고 온화하게 보이며, 말을 하는 것을 들을 때는 옳은 주장과 바른말에 사람들이 공감하고 엄숙해 보이는 것이 진정한 모습이라 하겠다.

그러나 군자는 까다롭지 않고, 사람을 대할 때는 언제나 진정으로 대하며 보이는 것만이 온화한 것이 아니라 실제로도 온화하다. 술이(述而) 37장에 보면 공자의 모습을 기술한 부분이 있다. 자, 온이려, 위이불맹, 공이안(子, 溫而厲, 威而不猛, 恭而安)[공자께서는 온순하시되 엄숙하고, 위엄이 있으시되 무섭지 않고, 공손하시되 안도감을 주신다.]라고 했다. 자하가 한 말이 곧 공자의 모습을 그린 것 같다.

군자는 신임을 받아야 백성을 부린다

子夏曰 君子 信而後勞其民 未信則以爲厲己也
자 하 왈 군 자 신 이 후 로 기 민 미 신 즉 이 위 려 기 야
信而後諫 未信則以爲謗己也
신 이 후 간 미 신 즉 이 위 방 기 야

자하가 말했다.

"군자는 신임을 받은 다음에 백성을 부려야 한다. 신임을 받지 못하고 백성을 부리면, 백성들이 자기를 괴롭히는 줄로 생각한다. 또 신임을 받은 다음에 간(諫)해야 한다. 신임을 받지 못하고 간(諫)하면 자기를 훼방하는 줄로 생각한다."

第十九篇 子長 十章
제 십 구 편 자 장 십 장

군자란 학식과 덕행이 높아 백성들의 신망이 두터운 사람으로서 정치에 참여하는 자를 말하는 것이다. 이러한 군자는 백성을 사역(使役)시키려 하면 군자는 먼저 백성들에게 신망을 받은 뒤에라야 부릴 수 있다. 신망을 받으려면 선덕(善德)으로 선정(善政)을 베풀고 나서 필요할 때 노고를 끼친다면 백성들은 이에 응할 것이다. 그러나 신망을 얻기도 전에 노역을 시키면 백성들은 자기들을 함부로 심하게 부린다고 불만을 할 것이다. 위정자가 백성의 신망을 얻으면 백성들은 기꺼이 노역에 응할 것이나 그렇지 못할 경우는 자신들을 못살게 괴롭히고 가혹하게 대한다고 생각하게 될 것이다.

또한, 군자가 위정자에게 신임을 받기도 전에 간언(諫言)을 하면 군주는 자기를 헐뜯는다고 생각하게 될 것이다. 이러한 간언을 경계한

말로 이인(里仁) 26장에서 자유(子游)는 사군삭, 사욕언(事君數, 斯辱焉)[지나치게 자주 간언을 하면 욕을 본다.]이라 했다. 자유가 한 말도 신임을 받았을 때와 받지 못했을 때 다르지만 대체로 사람은 충고를 흔쾌히 받아들이는 대인(大人)은 많지 않다.

기왕에 믿음에 대한 이야기가 나왔으니 역사적인 사실을 가지고 고찰해 보자. 춘추시대 위(衛)나라 문후(文侯)가 악양(樂羊)으로 하여금 중산(中山) 지방을 공격하여 차지하도록 하였다. 3년 후 중산 지방을 함락한 악양(樂羊)이 돌아와 전공(戰功)을 논의할 때 문후(文侯)는 악양(樂羊)을 비방하는 글이 가득한 상자를 내보였다. 이를 본 악양은 '이번 공(功)은 신(臣)이 아니고 임금의 힘입니다.'하고 머리를 조아렸다. 이처럼 믿음의 힘이 큰 것이다.

큰 덕은 테두리를 넘지 않아야 한다

子夏曰
자 하 왈
大德不踰閑 小德出入可也
대 덕 불 유 한 소 덕 출 입 가 야

자하가 말하기를

"기본적인 큰 덕행의 테두리를 넘지 않는 한

말단적인 행동에는 약간의 융통성이 있어도 무방하다."

第十九篇 子長 十一章
제 십 구 편 자 장 십 일 장

대덕(大德)은 예를 지키고 몸을 바르게 하며, 난동을 방지하며 세상 질서를 잘 지켜나가야 하는 군신지의, 부자지친(君臣之義, 父子之親) 같은 인간으로서 기본이 되는 덕행을 말하는 것이다. 그러므로 이런 기본적인 법도는 넘어서는 안 되는 것이다. 이것이 무너지면 난(亂)이 일어나고, 사회가 혼란스러워질 것이다. 그러므로 대덕은 넘을 수도 없고, 넘어서도 안 되는 것이다. 소덕(小德)은 사소한 행동, 사소한 범절 같은 것을 말하는 것으로서 대덕의 범위를 넘지 않는다면 사소한 허물은 용서하고 포용하여 대덕을 이룩할 기회를 주는 계기가 될 수 있을 것이다.

그러나 공자께서는 작은 예라도 삼가고 경계하지 않으면 대덕을 해칠 수 있다고 경계하면서 안연(顏淵) 1장에서 비례물시(非禮勿視), 비례물청(非禮勿聽), 비례물언(非禮勿言), 비례물동(非禮勿動)[예가 아니면 보지도 말고, 듣지도 말고, 말하지도 말고, 행동하지도 말라.]

이니 작은 것도 버릴 수 없음을 강조하였다.

한편 주자는 대덕과 소덕을 대절(大節)[대의를 위해 목숨을 바치는 절개]·소절(小節)[작은 예절]로 보았다. 그렇게 보면 소절·소의(小節·小義)는 대절·대의(大節·大義)를 지키기 위해 다소의 융통성이 있어도 된다는 해석이 가능하다. 역사(歷史)에서 대절·대의(大節·大義)를 위해 소절·소의(小節·小義)를 버리고 성공한 인물 관중(管仲)은 섬기던 공자(公子) 규(糾)가 죽고 소백(小白)이 환공(桓公)으로 등극하자 규(糾)와의 작은 절의(節義)를 접고, 환공을 모셔 濟(제)나라를 잘 다스리고, 백성을 선무했으며, 환공(桓公)을 춘추시대(春秋時代) 패자(覇者)로 만들었다. [자세한 내용은 사마천(司馬遷)의 『사기(史記)』 관중·안영(管仲·晏嬰) 전(傳)을 참조]

여력이 있으면 배우고

子夏曰 仕而優則學 學而優則仕
자 하 왈 사 이 우 즉 학 학 이 우 즉 사

자하가 말했다.

"일하고도 여력이 있으면 배우고, 배우고도 여력이 있으면 일한다."

第十九篇 子長 十三章
제 십 구 편 자 장 십 삼 장

자하가 한 이 말은 논어에서 이루고자 하는 진리의 뜻을 파악하지 못하면 도저히 알기 힘든 말이다. 보통 상식으로 보면 배워야 알고 알아야 일에 적용할 수 있지 않겠는가? 그런데, 자하는 일을 먼저 하고 여력이 있으면 배운다 하였고 그러고도 여력이 있으면 다시 일한다고 했다. 우리의 상식을 뛰어넘는 말이다. 일하고 여력이 있으면 배우고, 또 여력이 있으면 일하고, 다시 여력이 있으면 일한다고 한 것이다. 해석하기에 참 어려운 말이다.

그러나, 자하가 말한 사이우즉학(仕而優則學)[일하고 여력이 있으면 배운다.]이라 함은 학이(學而) 6장에 행유여력, 즉이학문(行有餘力, 則以學文)[행하고도 여력이 있으면, 학문을 하여라.]이라 한 것과 같은 것이다.

사(仕)란 학이(學而) 6장의 행이며, 행이란 제자입즉효, 출즉제, 근이신, 범애중, 이친인(弟子入則孝, 出則弟, 謹而信, 汎愛衆, 而親仁)[젊은이는 집에 들어가면 효도하고, 사회에 나가면 자애롭고 윗사람을 존경하고 순종하며, 근신하며 신의를 지키며, 넓게 여러 사람을 사랑하며, 더욱 어진이를 가까이할 것이라.]이라 했다. 특히 근이신(謹而信)이란 언행이 일치하고 언제나 근직(謹直)하게 행동한다는 뜻이다. 근(謹)이란 행동이 참되고 신중하고 변함이 없는 것이다. 이에 대해 송(宋)의 주자는 다음과 같이 말했다.

근자행지유상야, 신자언지유실야(謹者行之有常也, 信者言之有實也)
[삼가함은 행동이 항상 한결같은 것이고, 믿음은 말이 행동과 일치하는 것이다.]라 했다. 이것이 바로 사(仕)인 것이다. 그러니 사(仕)는 인간의 삶을 행하는 것이며, 진리를 탐구하는 것으로 사(仕)를 행함이 있고, 그 여력이 있으면 새로운 학(學)을 탐구한다는 것이다.

이것을 주자는 다음과 같이 주(注) 했다.

仕與學 理同而事異 故當其事者 必先有以盡其事
사 여 학   이 동 이 사 이   고 당 기 사 자   필 선 유 이 진 기 사
而後可及其餘
이 후 가 급 기 여
然仕而學 則所以資其仕者益深 學而仕則
연 사 이 학   즉 소 이 자 기 사 자 익 심   학 이 사 즉
所以驗其學者益廣
소 이 험 기 학 자 익 광

[벼슬살이(일)와 배우는 것은 이치는 같으나 일은 다르다. 고로 그 일을 다 한 자는 반드시 일을 다 하고, 그 나머지에 미칠 수 있다. 그러나 일하며 배우면 그 일하는 바탕을 더욱 깊게 할 수 있고, 배우면서 일하면 그 배운 것을 시험하는 것으로서 더욱 넓힐 수 있다.]이라 했다.

즉 행함과 진리 곧 경험과 학문은 서로 보완적으로 발전하는 것이다.

이것이 자하가 말한 사이우즉, 학이우즉사(仕而優則, 學而優則仕)라 할 수 있다.

군자의 말 한마디

陣子禽謂子貢曰　子爲恭也　仲尼豈賢於子乎
진 자 금 위 자 공 왈　자 위 공 야　중 니 기 현 어 자 호
子貢曰　君子一言以爲知　一言以爲不知
자 공 왈　군 자 일 언 이 위 지　일 언 이 위 불 지
言不可不愼也
언 불 가 불 신 야
夫子之不可及也　猶天之不可階而升也
부 자 지 득 방 가 자　유 천 지 불 가 계 이 승 야
夫子之得邦家者　所謂立之斯立　道之斯行　綏之斯來
부 자 지 득 방 가 자　소 위 립 지 사 립　도 지 사 행　수 지 사 래
動之斯和　其生也榮　其死也哀　如之何其可及也
동 지 사 화　기 생 야 영　기 사 야 애　여 지 하 기 가 급 야

진자금(陳子禽)이 자공에게 말했다.

"그대가 겸손해서 그렇지, 공자가 어찌 그대보다 더 현명하겠는가?"

이에 자공이 말했다.

"군자는 말 한마디로 슬기롭다고도 하고, 또 말 한마디로 어리석다고도 하는지라 말을 삼가지 않으면 안 되오.

우리 선생님으로 말하자면 절대로 우리가 따르지 못할 분으로 마치 하늘에 사다리를 놓고 올라갈 수 없음과 같소. 선생님께서 일단 나라를 맡아 다스리시기만 한다면 옛말에 있듯이, 백성들에게 생업을 주어 그들을 자립하게 하고, 백성들을 교화인도(敎化引導)하여 바른길을 가게 하시고 백성들을 순화(醇化) 평안케 하시어 먼 곳에서부터 귀순해 따라오게 하시고, 또 백성들을 고무(鼓舞)하여 일어서게 하시어 모두를 화목단결(和睦團結)하게 될 것이오. 그러므로 선생님께서는 살아계시면 백성들로부터 영광과 존경을 받으시고 돌아가실 때에는 백성들로부터 친부모같이 애통하게 슬픔을 받으실 것입니다. 어찌 그런 분에게 미칠 수 있겠소?"

第十九篇　子長　二十五章
제 십 구 편　자 장　이 십 오 장

자공의 스승에 대한 경애심(敬愛心)은 남다르다. 그는 스승 공자를 경애(敬愛)하고 존경했다. 보통의 사람들이라면 주변에서 자신에게 스승보다 현명하다고 하면 우쭐하고 그대로 받아들이려 할 것이다. 그러나 자공은 본편 23장에서 보는 바와 같이 노(魯)나라 대부 숙손무숙(叔孫武叔)이 다른 대부들에게 자공이 공자보다 현명하다고 했다. 그 말을 들은 대부 자복경백(子服景伯)이 자공에게 전하자 자공은 궁궐의 담장에 비유해서 스승 공자의 학문의 도는 워낙 심오하고 폭이 넓어 누구도 따라갈 수 없다고 하면서 숙손무숙이 공자의 학문의 도를 깨달을 수 없으므로, 그렇게 말하는 것도 무리가 아닐 것이라고 점잖게 충고한다.

또 본편 24장에는 숙손무숙이 공자를 비방하자 자공은 '우리 선생님을 비방할 수가 없습니다. 다른 사람은 현명하다 해도 언덕과 같은 것으로 누구나 넘어갈 수 있으나, 선생님은 해나 달 같은 높으신 분이라 누구도 넘지 못합니다. 비록 남들이 자기 스스로 선생님의 가르침을 끊는다 하더라도 해나 달 같은 선생님에게 무슨 흠이 가겠습니까? 오히려 그러는 사람의 분수없음을 더욱 드러낼 따름입니다.'하고 면박을 준다.

그리고 본장에서 또 다른 대부 진자금(陳子禽)도 자공에게 '그대가 겸손해서 그렇지, 공자가 어찌 그대보다 더 현명하겠는가?'하고 추켜세웠다. 그러나 자공은 여기서도 조금도 동요되지 않고 공자의 위대함을 역설하고 있다. 특히 하늘에 사다리를 놓고 올라가지 못하듯이 공자의 높은 학문 세계는 누구든지 따라가지 못한다고 강조한 것은 우리를 놀라게 하기에 충분한 비유라 할 만하다.

'그리고 정치에 참여하여 나라를 다스린다면, 백성들을 바른길로 인도하시고 순화시켜, 평안하게 함으로써 모두를 화목 단결하게 될 것이며, 살아계실 때에는 백성들에게 영광과 존경을 받으시고, 돌아가시면 백성들이 친부모를 잃은 것 같이 애통해 할 것입니다. 이러한 분을 저와 비교하는 것은 불가합니다.'라고 자공은 진자금에게 말하고 있다.

자공은 화식(貨殖)에도 밝아 많은 재화를 모았고 그 자금은 스승의 주유천하(周遊天下)에 많은 도움을 주었을 뿐 아니라, 천하의 공·경·대부(公·卿·大夫)들과 교유(交遊)하면서 공문(孔門)의 문하생들을 돌보는 역할도 했다. 자공은 자로 외에 8인과 함께 공자십철(孔子十哲)의 한 사람이다.

참고로 공자십철(孔子十哲)을 여기에 소개한다.

공문사과십철(孔門四科十哲)
덕행(德行): 안연(顔淵), 민자건(閔子騫), 염백우(冉伯牛), 중궁(仲弓)
언어(言語): 재아(宰我), 자공(子貢)
정사(政事): 염유(冉有), 자로(子路)
문학(文學): 자유(子游), 자하(子夏)

제20편

요왈(堯曰)

요왈은 논어 20편 중 마지막 편으로 제일 독특한 편이다. 우선 다른 편은 작으면 10장 많으면 40장 정도이나, 요왈은 3장이 전부이다. 1장과 2장은 서술형 나열식인 것이 다른 편과 다른 것이다.

1장은 중국 고대국가(실상은 전설의 나라) 하(夏)나라의 성왕으로 추앙하는 요(堯)·순(舜)·우(禹)의 선위(禪位) 하면서 한 말과 하(夏)나라, 은(殷)나라, 주(周)나라의 교체 시 은(殷)나라의 탕왕이 하(夏)나라의 걸왕을 치고 천자에 오른 것과 주(周)나라의 무왕이 은(殷)나라의 주왕을 몰아내고 천하를 통일하는 것과 주(周)나라의 문물제도와 도량형을 바로잡아 생활에 편리함을 주었다는 주(周)나라의 정치를 찬양한 것이다.

2장은 자장이 공자께 정치에 대해 묻고 공자께서 답했다. 5미(美) 4악(惡)을 들어 정치를 설명한 것이다. 총 3장 중 3장을 수록했다.

천명을 모르면 군자가 될 수 없다

子曰 不知命 無以爲君子也
<small>자 왈 부 지 명 무 이 위 군 자 야</small>

不知禮 無以立也
<small>부 지 례 무 이 입 야</small>

不知言 無以知人也
<small>부 지 언 무 이 지 인 야</small>

공자께서 말씀하셨다.

"천명을 알지 못하면 군자가 될 수 없고

예를 알지 못하면 세상에 나설 수 없고

말을 모르면 남을 알 수 없다."

第二十篇 堯曰 三章
<small>제 이 십 편 요 왈 삼 장</small>

명(命)은 하늘이 사람에게 부여하는 것이니 명을 알지 못하면 사생, 화복, 영욕(死生, 禍福, 榮辱)을 알지 못한다. 명은 곧 천명을 말하는 것이니 군자는 천명을 알고 그 명을 두려워하는 것이다. 공자께서는 계씨(季氏) 8장에서 외천명(畏天命)[천명을 두려워한다.]이라 하였다. 또 시경(詩經)과 주송(周頌), 아장(我將) 장에는 외천지위(畏天之威), 우시보지(于時保之)[하늘의 위엄을 두려워하여, 이에 보전할지어다.]라고 하였다. 이 모두가 명을 설명한 것이다. 사람은 하늘에서 받은 명에 따라 자신의 일에 최선을 다해야 한다. 명심보감(明心寶鑑)에도 진인사대천명(盡人事待天命)[사람으로서 해야 할 일을 다 하고 하늘의 명을 기다린다.]이라는 말이 있다. 하늘은 우리에게 명하여 인·의·예·지(仁·義·禮·知)를 실천하는 능력을 주어 다른 생물보다 높은 생활을 영위하게 하였다. 이것은 하늘이 인간에게 천명으로 만

물을 지배하고 소유하게 한 것이다.

예(禮)는 인간이 사회를 지켜가는 기본적인 규칙이라 하겠다. 예는 상·하를 구분하고 혐의(嫌疑)[꺼려 하고 싫어함.]를 구분함으로써 인을 구현하는 것이다. 공자께서는 안연(顔淵) 1장에서 예를 다음과 같이 말씀하셨다.

비례물시(非禮勿視), 비례물청(非禮勿聽), 비례물언(非禮勿言), 비례물동(非禮勿動)[예가 아니면 보지도 말고, 듣지도 말며, 말하지도 말고, 행동하지도 말라.]이라고 하였다. 또 주자는 '예를 알지 못하면 이목을 둘 곳이 없고 수족을 쓸 곳이 없다'라고 하여 예의 중요성을 강조하였다. '말을 모르면 사람을 모른다.'고 하는 것은 그 사람이 가지고 있는 마음속의 생각이나 그 행위의 진의를 모른다는 것이다. 말을 들어보면 그 시비를 분별할 수 있고 시비를 분별하면 선악을 알 수 있을 것이다. 그러기에 말을 안다는 것은 사람을 알아보는 데에 중요한 요소다.

공자께서는 위정(爲政) 13장에서 선행기언(先行其言), 이후종지(而後從之)[말하고자 하는 바를 먼저 행하고, 그 후에 말하라.] 했고, 위령공(衛靈公) 7장에서는 가여언이불여지언(可與言而不與之言), 실인(失人), 불가여언이여지언(不可與言而與之言), 실언(失言), 지자불실인(智者不失人), 역불실언(亦不失言)[더불어 말할 수 있는 사람과 말을 하지 않으면 사람을 잃고, 더불어 말할 수 없는 사람과 말을 하면 말을 잃는다. 지혜로운 자는 사람도 잃지 않고 또 말도 잃지 않는다.]이라 하여 말의 중요성을 강조하고 있다.

이 장은 논어의 마지막 장이다. 이 장에서는 지명, 지례, 지언(知命, 知禮, 知言)을 가지고 논어를 마치고 있다. 공자께서는 하늘의 뜻과 인간의 행동을 규율하는 것을 마지막으로 강조하면서 책을 끝마치고 있다.

참고문헌

『論語』(張基槿, 평범사)

『論語古今註』(정약용 저, 이지형 주, 사암)

『孟子』(張基槿, 평범사)

『周易』(李家源, 평범사)

『禮記』(南晩星, 평범사)

『詩經』(河正玉, 평범사)

『書經』(全寅初, 權德周, 평범사)

『春秋左傳』(李錫浩, 평범사)

『大學 · 中庸 · 孝經』(張基槿, 李民樹, 평범사)

『史記』(사마천 지음, 김진연 편역, 서해문집)

『史記英選』(사마천 지음, 정조 엮음, 정약용 · 박제가 교정, 노만수 옮김, 일빛)

『당태종 평전』(쟈오커야오[趙克堯], 쉬다오쉰[許道勳], 김정희 옮김, 민음사)

『治을 말하다』(이중톈 지음, 유소영 옮김, 중앙)

『人을 말하다』(이중톈 지음, 심규호 옮김, 중앙)

『국어대사전』(금성출판사)

『에센스 국어사전』(민중서림)

『실용한자 중사전』(교학사)

『漢韓대사전』(동아출판사)